KB137680

Beyond the Thrills

범죄 전문 피디의 묻기, 뚫기,
그리고 뒤집어엎기

Beyond 스릴 너머 the Thrills

범죄 전문 피디의 묻기, 뚫기,
그리고 뒤집어엎기

도준우 지음

글항아리

3부 그렇게「그알」피디가 된다

4부 방송국에서 유튜브 하는 사람

뒤늦게 밝히는 본거지

TV에 나오고 싶었디

어릴 적 우리 집은 세차장과 카센터 사이에 있었다.

널찍한 대로를 옆구리에 낀 세차장과 카센터가 서로 마주 보고 있었고 세차장에선 솨아아아 물 뿌리는 소리가, 카센터에선 지기징지기징 각종 전동공구 돌아가는 소리가 하루 종일 시끄럽게 들려 왔다. 우리 집은 마치 둘 중 누가 더 시끄러운지 가름하는 심판처럼 세차장과 카센터를 정면으로 바라보는 위치에 생뚱맞게 서 있었다.

집 뒤편으로는 커다란 공터가 있었다. 하교 후엔 동네 친구 몇 명과 약속이나 한 듯 그곳에 모여 구슬치기, 딱지치기, 땅따먹기를 하며 놀았다. 가끔 동네 형들이 끼워주는 날엔 공터에 굴러다니는 각목으로 테니스공을 치는 엉터리 야구를 하기도 했다. 그러다 해가 뉘엿거리면 자식새끼 저녁 먹으러 들어오라는 엄마들의 목소리가 이 집 저 집에서 들려왔다. 같이 놀던 친구들이 하나둘 내일을 기약하며 집으로 돌아가고, 놀이하는 데에 정신이 온통 팔렸던 애들마저 엄마 손에 이끌려 떠난 뒤에야 나는 집에 돌아왔다. 어스름한 그 시각에도 한창이었던 쏴아아아 지기징지기징 소리와 함께 들어간 집 안은 어쩐지 딴 세상 같았고 그 작은 소요를 잇는 유일한 소리가 텔레비전 소리였다. 맞벌이하는 부모님은 늘 저녁 늦게 귀가했고, 내겐 형제도 없었기에 자연스레 집에서 혼자 TV를 보는 시간이 많았다.

나는 당시 국내 유일의 가요 순위 프로그램이었던 KBS 「가요톱10」을 매주 빼놓지 않고 챙겨 봤고, 같은 방송국의 「가족오락관」「유머 1번지」 등 '온 가족이 함께 즐기는 예능 프로그램'들도 썰렁한 방에 앉아 혼자 보곤 했다. 「가요톱10」이 방송되는 날엔 받아쓰기라도 하듯 해당 주의 인기 순위를 종이에 꼼꼼히 옮겨 적어뒀다가 일을 마치고 귀가한 부모님께 브리핑해드렸다. 주말엔 「가족오락관」에서 하던 '스피드 퀴즈'를 흉내 내어 스케치북에 문제를 적은 다음 부모님이 서로 퀴즈를 내고 맞히게 하기도 했다. 나는 그런 걸 즐겼다.

정확히 내가 언제부터 피디가 되고 싶었는지는 기억나지 않지만, 피디라는 직업이 존재하는 줄도 몰랐던 시절 TV 방송 내용을 받아 적고 흉내 내던 그 마음에서 네모 속 세상에 대한 호기심과 동경이 자라난 건 분명하다.

막연하게나마 처음으로 품었던 꿈은 코미디언이었다.

나에게 최고의 코미디언은 아버지였다. 누구와 함께 있든, 어느 자리에 있든 아버지는 가장 웃긴 사람이었다. 어릴 땐 이경규보다 우리 아빠가 더 웃긴데 왜 우리 아빠 TV에 안 나오는지 당최 이해할 수 없었다. 변변한 직업 없이 세차장과 카센터 사이에 있는, 화장실도 없는 가건물에 살면서도 아들 앞에서는 늘 유머를 잃지 않았던 아버지는 영화 「인생은 아름다워」 속 귀도 그 자체였다(곱슬머리에 엠 자형 탈모가 있었던 것까지 정확히 일치한다).

유머도 유전이 되는 건지 나도 중학생이 되면서 주변 친구들에게 '웃긴 놈'이란 소리를 종종 들었다. 애초에 웃기겠다는 열망이 큰 건 아니었으나 내 말과 행동에 웃음을 터트리는 사람들의 모습에 쾌감을 느꼈고, 웃기다는 피드백이 차곡차곡 쌓일수록 그에 대한 부담감과 책임감도 조금씩 커져갔다. 그러다 보니 어느 순간부터 나는 거울 앞에서 당대인들을 압도한 유행어를 따라하며 연습할 정도로 남을 웃기는 일에 진심을 다하게 됐다. 어딘가에서 재미난 이야기를 들으면 꼭 기억해뒀다가 그 이야기를 더 웃기게 전달하기 위해 재구성도 해보고 MSG도 적절히 섞어 친구나 사촌들에게 들려줬고, 당시에 유행했던 참새 시리즈[1], 최불암 시리즈, 사오정 시리즈도 재밌는 에피소드만 쏙쏙 엄선해 들려주곤 했다. 특히 최불암 시리즈는 최불암 선생님이 "파아~" 하고 터트리는 파안대소가 정수인 까닭에 제아무리 서두에서 이야기를 맛깔나게 풀어낸다 하더라도 하이라이트 부분에서 "파아~"를 제대로 구현해내지 못하면 큰 웃음을 이끌어내기가 어려웠는데, 매일 밤 거울에 침 튀어가며 연습한 보람이 있었던지 친구들은 내 버전의 최불암 시리즈를 가장 좋아했다.

남을 웃길 수 있다는 자신감이 비대해질 대로 비대해졌던 나의 기대는 KBS 「전국노래자랑」이 우리 동네에 오기만을 기다리는 데까지 미쳤다. 「전국노래자랑」에 나가면 김흥국의 〈호랑나비〉를 부를 생각이었다. 노래보단 춤에 방점을 찍고 쓰러질 듯 쓰러지지 않는 〈호랑나비〉 특유의 춤을 선보이다 끝내 무대 위에 쓰러진 뒤 고개를 들어 관객을 향해 김흥국의

1990년대 말기를 강타한 유머 시리즈로 허무를 중심 코드로 삼는다. 주로 다음과 같은 식이다. 참새 두 마리가 전깃줄에 앉아 있다. 포수가 그중 한 마리를 향해 총을 쏜다. 총 맞은 참새가 떨어지며 말한다. "왜 저만 쏴요? 쟤도 쏴요!" 그 말을 들은 다른 참새가 말한다. "쟤 아직 안 죽었어요. 한 발 더 쏘세요!"

트레이드 마크였던 웃음소리를 흉내 내며 엔딩을 장식할 참이었다. 목표는 오로지 인기상이었다. 최우수상, 우수상은 탐내본 적도 없다.

　그러나 「전국노래자랑」은 내가 살던 부산광역시 북구 만덕엔 단 한 번도 오지 않았다. 만덕은 낙동강 인근에 자리한 산동네인데, 부촌이 조성되어 있는 서울 한강변과 달리 부산 낙동강변은 그냥 촌이었다. 부산에서도 만덕은 촌동네로 통했고, 집이 만덕에 있다고 하면 그 특유의 촌스러운 어감 때문에 비웃음을 사는 일도 많았다. 이 탓에 「전국노래자랑」도 만덕을 비켜간 걸까. 그러나 제작진은 결코 예상하지 못했을 것이다. 촌 동네 만덕에서 '월드 스타' BTS 정국이 탄생하리라는 걸. 이제 만덕은 「전국노래자랑」은 물론 「정국노래자랑」을 해도 될 만큼 세계적인(?) 동네가 되었다.

　내가 다니던 고등학교는 집에서 차로 30분 정도 거리인 구포에 있었다.

　구포 역시 낙동강 근방의 산동네였는데, 특히 우리 학교는 산 바로 아래에 있어 차량을 이용하지 않으면 등산하는 마음으로 등교에 임해야 했다. 다행히 교문 앞까지 올라가주는 버스가 딱 한 대 있었는데,

버스를 타더라도 등굣길이 만만해지는 건 아니었다. 누가 노선을 짠 건지 그 버스는 구포 시장을 정면으로 관통하여 학교로 향했다. 당시 구포 시장에는 개, 닭, 오리 등을 도축해 파는 가게가 많았기에 차창으로는 늘 살육의 현장이 펼쳐졌고 동물들의 비명이 길을 지나는 내내 끊이지 않고 들려왔다. 창문을 닫을 수 있는 계절엔 그나마 견딜 만했지만 더운 날이면 아무런 가림막도 없이 시장에서 풍겨오는 매스꺼운 피비린내를 그대로 들이마셔야 했다(1990년대 후반 부산 버스는 에어컨 없는 차량이 대다수였다).

하교 때는 교통비도 아낄 겸 내리막길을 걸어가곤 했는데, 지리를 잘 모르던 1학년 학기 초엔 길을 한 번 잘못 들었다가 화들짝 놀란 적이 있다. 성매매 업소가 밀집한 골목이었기 때문이다. 우리 학교는 그런 곳이었다. 고등학교 지망 1순위에도, 2순위 3순위에도 쓴 적 없고 심지어 입학 전엔 그 존재조차 몰랐던 곳. 부산에서 공부 못하는 학생들이 모인 고등학교 톱 3 중 한 곳으로 꼽힌다는 사실도 입학 후에야 알았다.

그래도 학교에 큰 불만은 없었다. 거친 친구들이 있었지만 적당한 거리를 유지하며 지냈고, 거친 선생님은 더 많았지만 그분들의 주 타깃은 성적이 안 좋은 학생들이었다(나는 의외로(?) 성적이 좋은 편이었다. 중학생 내 담임선생님이 "넌 IQ는 전교 1등인데 왜 성적은 10등밖에 안 되냐?"라며 혼냈던 걸 보면 머리도 나쁘진 않았나 보다). 학생들 앞에서 당당하게 촌지의 필요성을 설파하는 담임선생이 좀 짜증 나긴 했지만, 돈 없는 집 학생들에게까지 강요하는 건 아니었기에 앞장서 문제를 제기할 일도 아니었다. 그러던 내게 학교에 대한 불만을 쥐어짜내야 할 일이 생겼다. 바로 SBS 「영파워! 가슴을 열어라」였다.

「영파워! 가슴을 열어라」는 우리 세대에게 가장 인기 있는 프로그램 중 하나였다. 매주 새로운 중·고등학교를 찾아가 학생들의 가슴속 이야기를 듣는 프로였는데, 할 말이 있는 학생은 옥상으로 올라가 운동장에 모인 학우와 선생님 들을 바라보며 하고 싶은 이야기를 큰 소리로 전하는 형식이었다. 사랑 고백을 하는 이가 가장 많았고, 선생님에 대한 불만을 시원하게 토로하는 이, 친구들에게 서운했던 사연을 털어놓는 이, 그리고 딱히 할 얘긴 없지만 이때다 싶어 카메라 앞에서 자신의 끼를 맘껏 펼쳐 보이는 이도 있었다.

나는 방송을 보며 내가 저기에 출연한다면 무슨 얘길 하면 좋을지를 늘 상상했다. 연정을 고할 사람도 없고, 친구들에게 딱히 서운한 점도 없고…… 그렇다면 학교에 대한 불만이나 하나 만들어볼까? 기왕

이면 특이하고 웃긴 불만으로! 혹시 모르는 거였다. 「영파워! 가슴을 열어라」에 출연했다가 데뷔한 판유걸처럼 인기 스타가 될지도? 그렇게 우리 학교 옥상을 나의 코미디언 데뷔 무대로 만들어보겠다는 일념으로 평소 학교에 대해 품고 있던 사소한 불만을 머릿속에서 차츰 키워나갔다. 그리고 매일 밤 내가 방송에 나오는 장면을 그렸다.

　　사회자: 자, 오늘의 마지막 학생 모셔보겠습니다. 도준우 학생! 아~ 겉모습부터 범상치 않은데요. 빡빡 민 머리에 수염 기른 고등학생은 처음 봅니다. 교장 선생님! 이분 정말 여기 학생 맞나요?

　　교장: (껄껄 웃으며 두 팔로 동그라미 표시.)

　　사회자: 아~ 맞다는군요. 제가 실례했습니다. (꾸벅) 그렇다면 도준우 학생은 오늘 어떤 이야기를 하고 싶나요?

　　도준우: (비장하게) 저는 오늘 학교와의 전쟁을 선포하고자 나왔습니다.

　　(교사와 학생 모두 웅성거린다.)

　　사회자: 아니, 전쟁 선포라니! 벌써부터 흥미진진한데요. 도저히 못 참겠습니다. 바로 시작할게요. 영파워~!

　　일동: (가슴을 열어라~!)

　　도준우: 너거들 우리 학교 두발 기준 잘 알

18

제? 앞머리 3센티미터 아이가! 그거 짧다고 5센티로 늘려 달라고 맨날 징징거리는데 나는 1센티도 괘안타. 난 빡빡머리니까!

(교사, 학생 모두 내 머리를 가리키며 낄낄거린다.)

근데 쌤들! 왜 두발 검사할 때 머리카락 1센티도 안 되는 저한테 뭐라 하십니까? 우리 학교에 두발 기준은 있어도 수염 기준은 없는데!! 왜 수염 자르라 그랍니까!!

(학생들 킥킥거린다.)

야들아 이참에 기준을 아예 정해달라 카자! 두발, 수염 합쳐서 5센티! 어떻노? 수염 없는 너거는 머리카락 5센티까지 기를 수 있고 빡빡머리인 나는 수염 맘껏 기를 수 있다 아이가!

(학생들 환호하고 교장은 난감해한다.)

교장 쌤! 수염 기를 수 있게 해주믄 김흥국의 〈호랑나비〉 함 보여드리겠심다!

학생들: 보여줘! 보여줘!

교장: (난감해하다 분위기에 떠밀린 듯 두 팔로 또 동그라미 표시.)

허락을 받아낸 내가 노래보단 춤에 방점을 찍고 쓰러질 듯 쓰러지지 않는 〈호랑나비〉 춤을 선보이다 끝내 바닥 위에 쓰러진 뒤 고개를 들어 교장 선생님을 향해 김흥국의 유행어 "아 응애예요"를 응용한 "아 감솨해요"를 날리며 무대를 마무리하는 흥미진진한 시나리오. 그러나 「전국노래자랑」에 이어 「영파워! 가슴을 열어라」 또한 내가 고등학교를 졸업할 때까지 단 한 번도 우리 학교를 찾지 않았다. 그땐 그게 너무나 분하고 원통했는데 피디가 된 지금, 그 이유를 알 것도 같다. 부산 촌구석에 있는 우리 학교까지 오기엔 담당 피디 입장에서 제작비가 부담됐을 것이다.

국내 최초로 대학교에 코미디학과가 신설된다는 신문 기사를 읽은 건 고3 때였다. 초대 학과장은 전유성 씨가 맡는다고 했다. 신문 모퉁이에 자그맣게 실린 기사였는데, 신문을 스크랩하다 우연히 소식을 접하고는 가슴이 쿵 울렸던 기억이 난다. 운명이라 생각했고, 코미디학과에 지원하면 어떨지 가족, 친구들에게 진지하게 말을 꺼내보았다. 그러나 다들 그저 웃긴 놈이 하는 웃긴 소리로 가볍게 듣고 넘길 뿐이었다. 이제 와 돌이켜보면 나 역시 코미디언이라는 꿈에 아주 진지하진 않았던 것 같다. 코미디언이 될 기회가 내 앞에 똑 떨어지기만을 기다렸을 뿐, 적극적으로 그 꿈에 다가서기 위한 노력을 해본 적은 없었으니까.

두 번의 학사 경고가 남긴 것

내겐 코미디언 외에도 꿈이 많았다.

미 항공우주국NASA에 가서 외계인의 존재 여부와 그 정체도 밝혀보고 싶었고, 원자핵공학자도 되고 싶었고, 우장춘 박사의 뒤를 이어 씨 없는 포도, 씨 없는 딸기도 만들어보고 싶었다(씨 없는 수박의 개발자가 우장춘 박사가 아닌 기하라 히토시 박사라는 사실은 한참 뒤에 알게 되었다). 하지만 재수 끝에 내가 선택한 전공은 국어국문학과였다.

고3 때 외계인의 정체를 밝히겠다는 순수한 마음으로 기계항공공학부에 원서를 냈다가 최종 면접에서 무력하게 떨어진 나는 재수를 하며 내가 뭘 해야 할지 진지하게 고민하기 시작했다. 돌아보니 그동안 내가 바랐던 것들은 막연하기 그지없었다. 그렇다면 내가 하고 싶은 일 중 현실적으로 해낼 수 있는 일은 뭐가 있을까. 이러한 고민 끝에 어릴 적부터 호기심과 동경심을 품어왔던 TV 속 세상을 만들어내는 피디라는 직업에 관심을 두게 됐다. 그렇게 두 번째로 지망하게 된 곳이 언론정보학과였다. 두 번째 수능시험 직전에 이과에서 문과로 틀었고, 곧이어 시험을 치렀지만 점수가 좀 모자라 낙방하고 말았다. 결국 점수에 맞는 학과에 들어갈 수밖에 없었는데, 그게 국어국문학과였다.

대학에 가서도 내 목표는 오직 언론정보학과로의 전과였다. 그러기 위해선 높은 학점을 따야 했고 그러기 위해선 누구보다 더 공부를 열심히 해야 했지만, 대학교 신입생으로서 처음 받아 든 내 성적은 학고…… 학사 경고였다(무려 두 학기 연속). 한 학기 학점이 1.70점 미만일 때 학사 경고를 받는데, 내 성적은 두 학기 모두 1점대 초반에 그쳤고, 두 번 다 학과에서 꼴찌를 기록했다. 당시 우리 학과에 교환학생으로 유학을 와 있던 몽골인, 중국인 학생보다 더 낮은 점수였기에 한국어를 다루는 국어국문학과에서 외국인보다 한국어를 더 못한다며 동기들에게 놀림도 많이 받았다.

하지만 내게 학사 경고, 학과 꼴찌, 친구들의 놀림은 아무런 타격을 주지 않았다. 문제는 재수까지 한 자식을 만덕에서 서울로 올려 보낸 부모님께 이 시대를 어떻게 설명하느냐였다. 여러모로 머리를 굴려봤지만 어떻게 해도 그분들을 납득시킬 수 없을 것 같아서, 결국 당시 엑셀과 워드프로세서를 잘 다루던 동기에게 부탁해 가짜 성적표를 만들었다. 실제 학점에 3을 곱해 3점 중반대로 뻥튀기했고, 방학을 맞아 그렇게 선의로 무장한 성적표를 들고 부산에 내려갔다. 그러나 부모님의 반응은 예상과 달랐다. 어머니는 당황스럽게도 고작 이런 점수(세 배나 부풀린 것인데⋯⋯)나 받으려고 힘들게 대학에 간 거냐며 눈물을 글썽이며 화를 내셨다. 만약 그때 내 진짜 성적표를 보여드렸더라면⋯⋯ 생각만 해도 아찔하다.

당시 내가 공부에 소홀했던 이유는 우선 학과 수업이 그다지 흥미롭지 않았기 때문이다. 수능 점수에 맞춰 전공을 택한 자의 업보였다. 지루한 수업을 묵묵히 견디며 목표를 향해 나아갈 수도 있었겠지만, 내겐 미래의 큰 목표보다 현재의 작은 즐거움이 더 중요했다. 친구들과 어울려 수다를 떨거나 '팩 차기'¹를 하다 수업에 빠지기 일쑤였고, 새벽까지 음주와 가무를 즐긴 날엔 오전 강의에 어김없이 결석했다.

2학기에는 출석률이라도 올려보고자 오전 강의는 신청 자체를 하지 않고

1 빈 우유갑을 제기 차듯 발로 차서 주고받는 놀이로, 학생들은 주로 공강 시간에 즐겼다. 나는 강의 시간에도 즐겼다는 점에서 약간의 차이가 있다.

오후 강의를 하루의 첫 수업으로 꾸렸으나 대단한 반향이 일진 않았다. 피디를 꿈꾸며 전과를 목표로 삼았던 내가 이토록 애먼 우유갑이나 차며 학업과 친하게 지낼 수 없었던 가장 큰 이유는 음악, 그중에서도 힙합 때문이었다.

신입생 시절, 갓 상경한 나는 또 다른 부산 친구와 함께 강남 압구정에 자주 놀러 다녔다. 나는 지방인의 태를 벗고 진정한 서울 사람이 되고 싶었고, 그땐 왠지 압구정에서 놀아야 더 빨리 서울 사람이 될 수 있을 것 같았다. 나와 친구는 그날도 어김없이 압구정을 찾았고 평소처럼 통신사 멤버십 카드로 공짜로 이용할 수 있는 카페, PC방, 노래방을 순회하곤 자취방이 있는 신림으로 돌아가고 있었다. 그때 저 멀리서 쿵짝쿵짝 하는 소리가 들려왔다. 무시하고 발길을 옮기는 나를 붙잡고 소리 나는 곳을 향해 달린 건 친구였다. 그렇게 도착한 곳은 갤러리아 백화점 앞이었고, 그곳에 설치된 간이 무대에서 공연 중이던 가수는 드렁큰 타이거였다.

"채워줄게 가득히~ one shot! 잔을 위로 come on!
머리 위로 come on!"

24

거꾸로 돌려 비뚤게 쓴 선 캡과 얼굴을 압도하는 큼지막한 선글라스, 가슴이 보일락 말락 하는 헐렁한 농구 저지…… 무엇보다 자유롭고 열정 넘쳐 보이는, 아니 열정이 넘치는 걸 넘어서 신이 들린 듯한 무대 매너. 난 랩 하는 타이거 JK에 홀딱 반해버렸다. 그렇게 우연히 힙합에 빠졌고, 무대 위에서 랩을 하고 싶다는 생각이 머릿속을 온통 뒤덮었다.

학교로 돌아간 나는 무작정 힙합 동아리를 만들었다. 처음엔 과 동아리로 만들어볼 생각이었으나, 우리 과는 한 해 정원이 35명에 불과했고 대부분이 힙합보다 사회운동에 더 관심이 있었다. 이왕 이렇게 됐으니 아예 중앙 동아리를 만들면 되는 거였다. 나는 그때부터 전공 서적과 필기구 대신 붐박스를 들고 등교했다. 학생들이 가장 많이 오가는 인문대와 사범대 사이 '해방터'라는 공간 한구석에 자리를 잡고 붐박스로 힙합 음악을 크게 틀었다. 뒤로는 우리 학교에 힙합 동아리가 필요한 이유를 꾹꾹 눌러 쓴 대자보를 붙였고, 앞에는 간이 테이블과 의자를 놓고 앉아 동아리 지원서를 받았다. 그런 나를 신기한 듯 쳐다보는 학생은 많았지만 막상 지원자는 많지 않았다. 관심을 보이며 다가오는 학생들도 있었지만 보통 "버벌진트도 있어요?"라는 싱거운 질문만 던지고 떠날 뿐이었다.

그래도 몇 주간 수업을 깡그리 빼먹어가며 해가 뜨고부터 지기 전까지 대대적인 홍보를 감행한 덕이었는지 2001년 가을, 학교 곳곳에 숨어 있던 힙합퍼 10여 명이 한자리에 모이게 됐다. 그렇게 탄생한 동아리 명칭은 바운스 팩토리. 처음엔 국어국문학도답게 「홍길동전」의 율도국을 벤치마킹해 '힙합국'으로 지었으나 촌스럽다는 비판이 빗발치는 바람에 변경했다. 본격적으로 힙합 동아리 활동에 전념하며 피디라는 꿈은 멀리 잊혀갔다. 대학 수업은 더 부질없게 느껴졌고 학교에 가는 날도 점점 줄었다. 밤낮으로 동아리 친구들과 가사를 쓰고 랩 연습을 하기에 바빴다.

동아리원 중에서도 가장 가깝게 지내며 함께 음악을 만들었던 친구는 '이집션'과 '할배'였다. 이집션은 이집트에서 살다 온 한국인 친구로 한국어 실력은 조금 부족했지만 영어 가사를 멋들어지게 쓰는 래퍼였으며 셋 중 유일하게 프로듀싱도 할 줄 알았다. 늘 우리의 쇼핑을 이끌 정도로 옷에도 관심이 많아, 공연 전날이면 그의 자취방에 가서 공연용 의상을 빌리기도 했다. 할배는 스무 살 같지 않게 어른스러운 구석이 있는 친구였다. 요즘 말로 하면 인생 2회차를 사는 것 같았달까. 랩 하는 스타일도 할배스러워서(?) 자연스레 할배로 불렸다. 그는 동아리원 중 힙합을 가장 오래, 많이 들어온 훌륭한 리스너였고 그만큼 힙합에 대한 식견이 높아 힙합의 '힙' 자도 모른 채 무작정 힙합 동아리를 만들었던 내게 많은 도움을 주었다. 나는 '빨대'였다. 당구 칠 때 공의 아래쪽을 타격해 공이 앞으로 갔다 다시 돌아오게 만드는, 속된 말로 공을 빨아 당겨 치는 타법을 잘 구사한다는 이유로 붙은 별명이었다.

이집션, 할배, 빨대. 이 셋이 주축이 된 바운스 팩토리는 중앙 동아리로 출범하긴 했지만 신생인 데다 인원수도 적다 보니 당연히 생길 줄로만 알았던 동아리방도 없었고 학내 존재감도 미미했다. 당시 우리 학교엔 HIS라는 내력 있는 힙합 춤 동아리가 있었기에 사람들은 '서울대 힙합 동아리' 하면 HIS를 떠올렸지 바운스 팩토리를 떠올리진 않았고, 힙합이 지금처럼 대중적인 장르도 아니어서 캠퍼스에서 거리 공연을 한다고 해도 봐주는 사람은 거의 없었다. 당시 학우들은 바운스 팩토리를 '야구 모자를 거꾸로 쓰고 스쿠터를 타고 다니는 무리'쯤으로 인식했다(현재 바운스 팩토리는 한 기수 인원이 60명인, 매년 2회의 정기 공연과 연합 공연을 하는, 대학 힙합신에서 인정받는 동아리가 되었다).

래퍼가 되고 싶었다.

하지만 실력이 한참 부족했기에 2학년 때부터는 휴학을 하고 본격적으로 음악 활동에 전념

하기로 했다. 래퍼가 되는 데 서울대 졸업증 유무는 중요치 않다고 판단했기에, 1년 정도 휴학하며 내 꿈에 더욱더 확신이 생긴다면 자퇴를 해버릴 생각까지 했다. 휴학을 하며 나는 오히려 더 부지런해졌다. 새벽 여섯 시에 일어나 교내 스포츠센터에서 아르바이트를 했다. 하는 일은 카운터에서 손님을 맞고 한 시간에 한 번씩 탈의실 청소를 하고 수건을 개는 것이었다. 서울대 국어국문학과 타이틀을 내세워 과외를 하면 더 적은 시간을 들여, 더 많은 돈을 벌수 있었지만 야구 모자를 뒤집어쓰고 헐렁한 티셔츠에 통넓은 청바지를, 그것도 날바닥에 질질 끌린 청바지를 입고 방문하는 과외 선생을 학부모들은 반기지 않았다. 나 역시자본에 굴복해 스타일을 바꾸는 건 힙합이 아니라고 생각했기에, 쿨한 부모님을 둔 학생들만이 나와 매칭될 수 있었다. 그러다 보니 한 달에 과외만 서너 개씩 하는 주변 친구들과 달리 나는 과외 하나를 겨우 유지했고 그마저 짤리는 달엔 통장 잔고가 제로로 수렴했다.

돈 쓰이는 곳이래야 뻔했다. 아르바이트로 번 돈은 어김없이 꿈에 투자됐다. CD, CD플레이어, 헤드폰, 나이키 올백 에어포스, 팀버랜드 워커 등. 그 외의 것들엔 돈을 철저히 아꼈다. 당시 나는 신림동 자취촌에 위치한 월세 13만 원짜리 옥탑방에 살았는데, 책상 아

28

레로 발을 뻗어야 겨우 몸을 펴고 잘 수 있는, 가로 세로 길이가 각 2미터쯤 되는 작은 방이었다. 문을 열면 곧장 야외여서 겨울엔 몹시 추웠고, 화장실도 밖에 있어서 세차장과 카센터 사이에 있던 예전 그 집만큼이나 불편했지만 딱 하나 장점이 있었다. 방에서 시끄럽게 랩 연습을 해도 된다는 것. 그 점 하나만 보고 계약한 방이었다.

하지만 3개월 뒤, 나는 월세 13만 원도 내기 어려운 형편에 처했다. 도둑이 든 것이다. 평소라면 훔쳐 갈 물건도 없었을 테지만 그날은 마침 내가 수중의 현금을 탈탈 털어 CD플레이어를 사고 남은 돈 전부를 넣어둔 지갑을 서랍 위에 두고 외출한 날이었다. 그사이 누군가 허술한 내 방문을 열고 들어와 정확히 CD플레이어와 지갑을 훔쳐 달아난 것이다(지금 돌이켜보면 내 사정을 잘 아는 면식범의 소행일 가능성이 매우 높다. 절도죄의 공소 시효인 7년이 훌쩍 지났으니 이 책을 읽고 있다면 꼭 내게 자백해줬으면 한다. 이제는 당신을 웃으며 용서해줄 용의가 있다). 난 그야말로 오갈 데 없는 빈털터리가 되었고, 마침 기숙사 2인실에 살던 친구의 룸메이트가 본가에 간 덕에 남은 자리에서 기생을 하게 됐다. 돈이 없어 압구정에 가지도 못하고 반 강제로 기숙사에 갇힌 궁지에 몰린 시기였지만, 한편으로는 그랬기에 음악에만 집중할 수 있었던 시기이기도 했다. 결과적으로 그 시기에 난 가장 많은 가사를 썼고 음악적으로도 가장 많이 성장했다. 그때를 추억하며 직접 쓴 가사로 당시 내 상황을 전한다.

〈쉽게 쓰여진 시*〉 (미발표곡)

그 밤을 아직도 기억하지
자취방의 월세를 낼 길이 없어 친구네 방에 얹혀 살던
그때
그때는 자기 전에 잠시 가사를 써보려 이어폰을 꽂고
흥얼대도 눈치 보여
추운 밤 볼펜과 노트 그리고 낡아빠진 MP3만 들고
기숙사 앞 운동장에 나와
차가운 돌계단 위에 홀로 앉아 언 손으로 가사를
써 내려갔네
텅 빈 운동장은 객석이 되고 콘크릿 계단은 무대가 됐네
차가운 바람을 맞으며 탄생한 수많은 가사들
뜨거운 열기로 뱉어지기만을
바라는 내 소망과 열정이 범벅돼
나만의 운명의 시가 됐네

시인 윤동주의 마지막 시로 알려진 동명의 작품에서 차용한 제목.

추운 밤 더운 입김을 내뿜으며 연습했던 내 노력은 헛되지 않았다.

그해, 이집션·할배와 함께 바운스 팩토리 1기의 타이틀곡 〈KING OF THE RING〉(링 위의 제왕)을 만들었고, 우리 셋은 이 곡으로 2002년 당시 가장 큰 규모의 아마추어 랩 경연 대회였던 MTV「힙합페스티벌」랩 부문에 출전해 쟁쟁한 후보들을 제치고 우승을 거머쥐었다.

과장을 살짝 보태 그 시절의 MNET「쇼미더머니」와도 같았던 이 대회에서 우승한 뒤 바운스 팩토리의 위상은 급격히 높아졌다. 다른 대학 힙합 동아리가 정기 공연 게스트로 우리를 초대하기 시작했고, 전에 없던 외부 공연 요청도 들어와 백화점, 복합 쇼핑몰의 야외무대에서 공연을 하고 돈도 벌었다. 그해 학교 축제에서는 초대 가수를 제외하곤 맨 마지막 무대를 장식하기도 했는데 관객 수백 명이 우리 노래에 맞춰 손을 위아래로 흔들며 환호성을 지르던 모습은 아직도 잊을 수 없다(〈KING OF THE RING〉은 '우리가 최고다'라는 단순한 주장을 프로레슬링 경기에 빗대어 풀어낸 곡이다. 유튜브에 '바운스 팩토리 KING OF THE RING'을 검색하면 라이브 버전을 들을 수 있다).

랩 경연 대회에서 우승도 하고 무대에 서는 기분도 맛본 우리는 진지하게 래퍼를 꿈꾸며 전역 후 다시 음악 활동을 이어가기로 하고 비슷한 시기에 입대했다. 하지만 2년 뒤 다시 만난 우리는 모두 다른 곳을 보고 있었다. 누구 하나 속마음을 시원하게 털어놓진 않았지만 셋 다 랩에 대한 열정이 사그라든 건 분명했다. 우리는 'KING OF THE RING'이 아니라 아마추어 랩 경연 대회에서 단 한 번 우승해본 우물 안 개구리일 뿐이라는 걸 2년 사이 깨달았을 수도 있고, 막상 군대를 다녀와 보니 음악하느라 팽개쳐두었던 학점이 더 신경 쓰였을 수도 있다.

바운스 팩토리 1기는 이렇게 뿔뿔이 흩어졌다. 우리 셋을 연결하던 힙합이라는 고리가 사라지자 우리 사이의 거리도 걷잡을 수 없이 멀어져 한때 동고동락하며 가장 가깝게 지냈던 우리 셋은 지금은 소원해진 상태다.

내게 힙합은 단지 한때 빠져 있던 음악의 한 장르 정도가 아니었다. 래퍼에 대한 꿈이 일소되지 않았던 몇 년간은 힙합 공연을 보러 갈 수조차 없었다. 무대 위가 아닌 아래에서 공연을 즐기는 게 너무나 힘들었기 때문이다. 이제는 래퍼의 꿈을 완전히 접었다. 내가 특별히 랩을 잘하는 게 아니란 사실도 이제는 안다. 그럼에도 나는 아직 랩을 한다. 이집션과 할배가 떠난 자리를 채워준 '가당찮'이라는 친구와 함께.

이제 내게 힙합은 삶 그 자체가 되었다. '남

눈치 보지 않고 하고 싶은 말을 하는' 힙합 정신의 피가 40대가 된 내게 여전히 흐르고 있기 때문이다(가당찮과는 20년째 누구도 알아주지 않는 느리고도 끈질긴 음악 작업을 이어가고 있으며 현재 정규 앨범 하나, 싱글 앨범 두 개를 냈고 새로운 싱글 앨범을 준비 중이다).

원래는 슈퍼액션 쪽이었습니다

래퍼의 꿈이 시들해질 무렵, 격투기의 매력에 빠져들었다. 60억 분의 1의 사나이라 불린 이종격투기 선수 예멜리야넨코 표도르의 경기를 보고 만 것이다. 타이거 JK가 무대 위에서 포효하는 호랑이였다면, 표도르는 링 위에서 상대에게 거침없이 돌진하는 불곰이었다. 누구와 맞붙어도 백스텝을 밟는 일이 없었다. 자신보다 덩치가 훨씬 더 큰 선수 앞에서도 물러서지 않고 돌격해 주먹을 얼굴에 정확히 꽂아 넣었다. 내가 여러 해 전 무대 위에서 수없이 외쳤던 'KING OF THE RING'의 주인공이 그였던 것이다.

격투기 경기가 주는 흥분과 쾌감은 다른 무엇과도 비교하기 어려웠다. 경기를 보는 내내 마치 내가 링 안에 있는 것처럼 아드레날린이 치솟았고, 머릿속으로 함께 주먹을 뻗고 다리를 휘둘렀다. 격투기 경기를 보다 상대의 서브미션 공격[으로] 팔이 꺾인 선수의 고통이 내게도 그대로 전해져 힘들었던 적이 한두 번이 아니다. 그만큼 나는 격투기라는 스포츠에 완전히 매료되어 있었다. 힙합 무대를 보며 느꼈던 감정이 격투기 무대로 그대로 옮아 온 것처럼. 아마도 나는 내게 격정을 불러일으키는 무대에 매력을 느꼈던 것 같다. 나를 흥분시키거나 환호성을 지르게 하는, 혹은 배꼽이 빠지도록 웃게 만드는 그런 무대.

그때부터 난 없는 돈에 PMP를 구매해 깨어 있는 시간 대부분을 격투기 경기 영상을 보는 데 썼다. 학교에 오가는 시간, 강의 사이 쉬는 시간, 침대 위에서 잠들기 전까지의 시간 동안 전 세계 격투기 대회 영상을 1회부터 정주행했다. 1993년부터 시작된 UFC, 1997년부터 시작된 프라이드FC의 전 경기를 불과 몇 달 만에 빠짐없이 다 봤으니, 잠자는 시간 외에는 격투기 영상만 봤다고 해도 과언이 아니었다(PMP엔 고배속 재생 기능도 없었다. 모든 영상을 정속으로 봤단 뜻이다).

상대의 항복을 받아내기 위해 관절을 꺾거나 조르는 기술.

격투기에 대한 나의 열정은 대학 졸업 학기에도 식지 않았다. 다들 취업 준비를 하던 때, 나는 막연히 격투기 경기를 가까이서 보고 싶단 생각만으로 격투기 웹진에 대학생 통신원으로 지원했다. 하는 일은 경기 관련 기사를 작성하는 것이었는데, 돈 한 푼 안 받고 일했지만 격투기 경기를 공짜로 직접 관전할 수 있다는 사실에 힘든 줄도 몰랐다. 그러다 선배들의 권유로 격투기 덕후로서의 내 정체성을 살려 당시엔 국내에서 보는 사람이 거의 없었던 TUF[*]에 관한 칼럼도 썼는데, 당시 UFC 중계를 맡고 있던 슈퍼액션(현재는 OCN Movies 2 채널로 바뀌었다)이라는 방송 채널에서 내가 쓴 칼럼을 보고 함께 일하자는 제안을 해왔다. 격투기 프로그램을 새로 기획하고 있는데, 격투기를 잘 아는 사람의 아이디어가 필요하다는 것이었다. 나는 그렇게 슈퍼액션에서 처음으로 월급이라는 것을 받으며 인턴 생활을 시작했다. 미쳐 있던 격투기를 소재로 방송 프로그램을 만들 수 있다는 사실에 가슴이 뛰었다. 나의 첫 '방송 일'이었다.

그러나 막상 일을 시작해보니 생각만큼 흥이 나지 않았다. 실제 프로그램 제작은 외주 제작사가 맡았고, 선배들과 나는 일주일에 한 번씩 제작사에서 만들어온 영상을 보고 피드백이나 할 뿐이었다. 회의 시간에도 프로그램의 방향성과 구성을 치열하게 논의하기보다는 형식적인 의견만 교환

세계 1위 이종격투기 단체인 UFC에서 제작하는 리얼리티 쇼. 유망주나 무명 선수들을 훈련시켜 UFC에 데뷔시키는 과정을 다룬다.

아기니 출연자들이 뒤이야기나 나누었다. 기대와는 달리 기획보다는 방송 운영에 필요한 사무적인 일을 하는 데 훨씬 더 많은 시간을 쏟아야 했다.

정작 하고 싶었던 일은 못 하고 주변부에 머물며 변죽만 울리는 시간을 보내다 보니, 방송 제작에 제대로 참여해보고 싶다는 생각이 내내 뇌리를 맴돌았고, 이러한 갈증 속에서 내 마음속 한편에 방치해뒀던 피디라는 꿈이 다시 스멀스멀 고개를 들었다. 그 시절의 나는 그저 방송사에서 일하는 1인일 뿐 피디는 아니었기에 인턴 계약이 끝남과 동시에 팀에 작별을 고하고 피디 시험을 준비하기로 마음먹었다(그때 내게 함께 일하자고 제안했던 슈퍼액션 선배는 "사실 너를 젊은 격투기 해설가로 키워볼 마음으로 스카우트했다"고 뒤늦게 고백했는데, 만약 처음부터 내게 그런 본의를 꺼내놓았다면 지금 난 격투기 해설가의 길을 걷고 있었을지도 모른다).

네? 조회수 10만 회라고요?

짧은 인턴 생활을 마치고 본격적으로 피디 준비를 시작하려던 그 시기엔 UCC[1]가 유행이었다. 전통적인 미디어 생산자였던 방송국이나 기업이 아닌 일반인이 카메라로 영상을 찍고 편집해 네이버나 다음, 판도라TV 등 동영상 사이트에 자신이 제작한 영상을 올릴 수 있게 된 것인데, 유튜브가 지금처럼 성행하지 않았던 당시 UCC는 제작과 시청의 주와 객이 완전히 뒤바뀐, 꽤나 전복적이고도 획기적인 콘텐츠였다.

그러던 어느 날, 당시 여자친구가 내게 영상 하나를 보여줬다. 아는 선배가 만든 UCC라고 했는데, 1인 밴드 영상이었다. 기타, 베이스, 건반, 드럼을 각각 혼자 연주한 뒤 그 영상을

'User Created Contents'의 약자로 이용자 제작 콘텐츠, '손수제작물'이라고도 한다. 2000년대 중반에 인기를 끌었으나 현재는 사실상 사장된 단어다.

4분할로 편집해 한 사람이 네 가지 악기로 한 곡을 완벽히 합주해내는 모습을 연출한 영상이었다. 신선한 시도였던 만큼 조회수도 무려 10만 회에 달했다(스마트폰도 없던 당시 조회수 10만 회는 매우 큰 숫자였다. 지금으로 치면 유튜브 조회수 100만 회에 비견될 만하다).

분명 인정할 만한 구석이 있었지만 괜히 질투가 나 "이 정도는 나도 만들 수 있어!"라며 급발진을 해버렸다. 여자 친구는 그런 나를 "이게 뭐 쉬운 줄 아냐"며 은근히 놀려왔고, 그런 그녀에게 무언가 보여줘야겠다는 생각, 그리고 '피디가 되려면 이쯤은 만들 수 있어야 한다'는 급조된 자기 인식이 더해져 나는 그날로 당장 동영상 촬영 기능이 탑재된 디지털카메라를 구입했다. 내 인생 첫 카메라였다.

내 첫 영상의 제목은 '돈춘호의 우리말 랩교실'이었다. 띄엄띄엄 들어갔던 전공 수업이었지만, 고전문학 강의를 들으며 우리나라의 고전 시가가 꽤나 긴밀한 운율을 갖추고 있으며, 현대의 랩을 그 운율에 맞춰 풀어내면 좋을 것 같다는 생각은 늘 했었다. 그중에서도 한국에서 나고 자랐다면 언젠가 한번은 들어봤을 "나랏말싸미 듕귁에 달아"로 시작하는 훈민정음 언해본 서문을 비트 위에 얹어 랩으로 읊기로 했다. 국어국문학도, 그리고 래퍼라는 나의 두 가지 정체성이 혼합되어 튀어나온 아이디어였다.

　UCC 제작은 일사천리로 진행됐다. 우선 무료 힙합 음원을 다운로드받아 그중 가장 잘 어울릴 만한 비트를 고른 뒤 자취방의 컴퓨터 스피커로 비트를 틀어놓고 조금 변형한 훈민정음을 카메라 앞에서 랩으로 읊었다. 그리고 무료 동영상 편집 프로그램인 소니 베가스를 설치해 내 방식대로 편집도 했다. '돈춘호의 우리말 랩교실' 첫 작품, 〈훈민정음랩〉은 그렇게 탄생했다. 내가 직접 촬영하고 편집한 최초의 영상 콘텐츠였다('돈춘호'는 나의 랩 네임이다. 앞서 밝힌 대로 나는 '빨대'였지만 가당찮과 음악을 시작하며 개명했다).

　밤늦게 영상 편집을 마친 뒤 '훈민정음랩'을 포털 사이트에 업로드하고 잠들었다. 반응은 이튿날 바로 왔다. 점심 즈음 일어나 컴퓨터를 켜고 포털 사이트를 확인하는데, 믿을 수 없는 화면이 눈앞에 펼쳐졌다. 하룻밤 사이 영상 조회수가 10만 회를 훌쩍 뛰어넘은 것이다. 영상이 신선하고 특이하다는 댓글이 줄을 이었고, 다음 영상을 내놓으라는 요청도 쏟아졌다.

　내가 공들여 만든 영상을 사람들이 재밌게 보고 그에 호응해주는 것이 얼마나 큰 즐거움인지, 나는 그때 처음 알았다. 더불어 '아는 선배'의 영상　　40

보디 조회수가 더 많이 나왔으니 그녀 앞에서도 어깨에 힘을 잔뜩 줄 수 있었다.

각 포털 사이트의 조회수를 더한 〈훈민정음랩〉의 총 조회수는 30만 회 이상이었다. 기세를 몰아 나는 〈용비어천가랩〉 〈관동별곡랩〉으로까지 시리즈를 확장해갔고 매번 폭발적인 반응이 쏟아졌다. 급기야 네이버에 '돈춘호 그리고 한글..'이라는 팬 카페가 개설됐고 100명 가까운 사람들이 가입해 나, 돈춘호를 추앙했다. 학문적으로만 느꼈을 고전문학을 랩으로 풀어낸 점이 사람들에게 친숙함을 줬을 거라고, 세 편의 영상을 통해 전하려던 '영어가 아닌 우리말로 랩을 하자'는 메시지가 공감을 불러일으켰을 거라고 조심스레 추측해본다(나의 처음이자 마지막 팬 카페는 여전히 존재하고 있지만 살아 있다고는 할 수 없는데, 회원수는 절반 이상 줄어 41명이 되었고 2008년 5월 7일 이후 추가 게시물이 올라오지 않고 있기 때문이다).

본격적인 피디 준비를 위해 우리말 랩 시리즈는 〈관동별곡랩〉을 끝으로 중단했지만, 이 영상들은 새로운 경험의 세계로 나를 이끌었다. 소주 광고 제의를 받게 된 것이다. 당시 H사 소주의 메인 모델은 당대 최고의 인기 드라마였던 「뉴하트」의 주연인 지성과 김민정 씨였는데, 같은 상품의 UCC 광고 모델로는 내가 섭외된 거였다. 〈용비어천가랩〉을 소주 광고에 맞게 살짝 개사해 내 영상 스타일로 제작하면 됐다. 그렇게 만들어진 광고 영상은 한동안 지하철역과 포털 사이트에서 재생됐고, 덕분에 지금도 H사 소주를 먹을 때면 대한민국 최초로 소주 광고를 찍은 래퍼는 염따가 아니라 돈춘호라고 건방을 떨 수 있게 됐다. 광고 이후에는 라디오 방송에도 나가고, KBS 「우리말 겨루기」에도 서울대 국어국문학과 출신의 〈훈민정음랩〉 제작자로 큰 기대를 받으며 출연했다. 비록 큰 점수 차로 꼴찌를 하는 망신을 당했지만 지상파 방송에 나 자신을 노출시킨 최초의 경험이었다.

〈훈민정음랩〉이 고등학교 국어 교과서에 실리는 영광도 누렸다. 이 때문에 고등학생들이 보내오는 'MR 요청' 쪽지를 수없이 받았다. 문화관광부에서 시상하는 '제1회 대한민국 동영상 UCC 대상'에서 '2007 대한민국 10대 UCC 상'을 받기도 했는데, 돌이켜 생각해보면 이른바 '화려한 스펙'으로서의 증명하기식, 보여주기식 경험이 아닌 자발적 도전의 결과로서 이런 성과가 피디가 되는 데 분명 도움이 됐을 것이다. 피디라는 꿈을 갖고 대학에 진학했지만 힙합에 빠지고, 다시 격투기에 빠지며 그 꿈에서 멀어지는 듯했다. 하지만 돌이켜보면 그 모든 과정이 결국 나를 피디라는 직업으로 이끈 원동력이었다. 42

피디는 만들어내는 사람이다. 새로운 것을 만들기 위해서는 새로운 것에 관심을 가져야 한다. 그리고 그 새로운 건 달나라에 있는 게 아닌 우리 주변에 존재하는 무언가를 다른 시각으로 깊게, 오래 바라볼 때 발견된다. 그렇기에 피디는 만들기 이전에 바라보는 사람일 수밖에 없다. 만사가 궁금한, 궁금증을 불러일으키는 것에 천착한 끝에 남들은 보지 못하는 '새로운 것'을 건져내는 사람 말이다.

스무 살이 되던 해, 나는 피디라는 목적지를 설정했지만 그 길로 가는 일반적인 항로에서는 자꾸만 벗어났고 생각지 못한 곳에 연달아 도착했다. 아마도 내가 먼 미래의 목표를 향해 달려가는 사람이 아닌, 지금 하고 싶은 일을 하는 데 더 큰 즐거움을 느끼는 사람이어서 그랬을 거다. 하지만 의외의 항로에서 겪은 다양한 일은 나 스스로 내가 어떤 사람인지, 무엇을 하고 싶어하는지를 깨닫게 해주었다. 내가 그때그때 전력으로 몰입했던 다양한 일이 새로운 도로를 내주어 결국 그리던 목표로 나를 인도한 것 같다는 생각이 든다. 나의 20대를 가득 채운 모든 생뚱맞은 경험은 내가 피디라는 목적지에 도착하기 위해 꼭 들러야만 했던 경유지가 아니었을까. 나는 지금에 이르러서야 그렇구나 하고 깨닫는다.

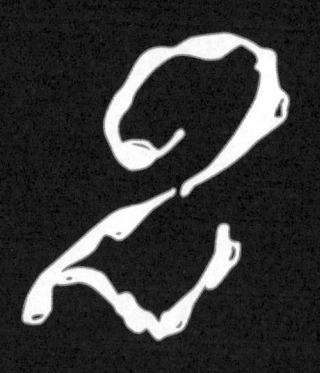

어쩌다

교양 피디

목표는 MBC, 어쩌다 보니 SBS

처음엔 예능 피디, 그것도 MBC 예능 피디에 지원할 생각이었다.

선택에 특별한 이유는 없었다. 어릴 적부터 나는 남 웃기는 걸 가장 좋아하는 예능형(?) 인간이었고, 친구들도 나도 '도준우가 피디를 한다면 당연히 예능'일 것이라 생각했다. 내가 좋아하는 힙합, 격투기도 굳이 장르를 따지자면 예능에 가까웠다. 더욱이 때는 2000년대 중후반, 예능 피디에 지원하는 자라면 누구나 MBC를 1지망으로 꼽았다. 「무한도전」이 독보적인 인기를 끌던 시기였기 때문이다. 덧붙이자면 어릴 적 가장 좋아했던 예능 프로그램도 MBC의 「일요일 일요일 밤에」였다.

지상파 방송사 피디가 되려면 총 다섯 개의 관문을 통과해야 한다. 1차 서류 전형, 2차 필기 전형(시사 상식, 작문, 기획안 작성), 3차 역량 면접, 4차 합숙 면접, 5차 최종 면접. UCC 스타(?)로서의 삶을 짧고 굵게 마무리한 나는 소위 언론고시라는 이 지난한 과정에 뛰어들었다. 이 시험을 준비한다고 하면 보통 두꺼운 시사 상식 책을 사서 달달 외우고 그룹 스터디를 통해 작문, 기획안 쓰기 등을 연습하는데 나는 그 두꺼운 책을 읽을 엄두가 도저히 나지 않아 우선 작문, 기획안 쓰는 요령이라도 익히고자 스터디 그룹을 물색했다.

그런데 명망 있는(메이저 언론사 합격자를 다수 배출하는 '명망 있는' 스터디 그룹은 실제로 존재한다……) 스터디 그룹에 들어가는 건 생각보다 더 어려운 일이었다. 그들은 언론고시를 준비한 지 얼마나 됐는지, 전년도 언론사 공채에서 몇 차까지 올라갔는지 등 신규 스터디원을 뽑는 데 다양한 경력을 요구했다. 그러다 보니 시험 준비를 갓 시작한 나를 받아주는 그룹은 단 한 곳도 없었다. 그렇다면 방법은 하나밖에 없었다. 대학 시절 힙합의 '힙' 자도 모른 채 힙합 동아리를 만들었던 경험을 되살려 피디의 '피' 자도 모르는 채 스터디 그룹을 만드는 것. 난 잘 알지도 못 하면서 추진하는 능력 하나는 타고난 듯하다.

스터디 그룹의 활동은 크게 두 가지로 나뉘었다.

서로의 글, 기획안을 읽고 피드백을 하는 게 하나, 서로의 경험을 공유하는 게 나머지 하나. '작년 MBC 면접에선 면접관이 이런 질문을 하더라' 'SBS는 합숙 면접에서 이런 점을 유심히 보더라'와 같은 경험에 기반한 정보를 주고받는 게 후자의 활동에 속한다. 쟁쟁한 스터디 그룹들이 그렇게나 경력을 재고 따진 이유를 그제야 이해할 수 있었다. 우리 그룹 멤버들은 경험이 많지는 않았지만 적어도 아예 생짜인 나보다는 많았기에 그들과 한 달쯤 스터디를 해보니 대략 작문 시험은 어떻게 출제되며, 기획안은 어떤 형식으로 쓰면 되는지 감을 잡을 순 있었다. 작문과 기획안 쓰기 모두 시험 당일 현장에서 주어지는 키워드로 정해진 시간 안에 말이 되는, 재밌는 글을 써내야 하는 순발력과 창의력의 싸움이었다.

시험의 성격이 이렇다면, 스터디가 무슨 소용이 있겠나 싶었다. 예상한 키워드가 출제되는 게 아니라면 평소의 작문 실력과 아이디어로 승부를 볼 수밖에 없는 것 아닌가? 그런 능력은 어차피 단기간에 글 몇 편 써본다고 향상되는 게 아니었다. 그렇게 나는 한 달 만에 내가 만든 스터디 그룹에서 가장 먼저 빠져나왔다. 다소 무모했지만 전략이 전무했던 건 아니다. 단기간에 최대의 효율을 낼 수 있는 것에 집중하자고 생각한 나는 토익 점수를 올리기 위해 어학원에 등록했다. 방송사 피디가 되려면 토익 900점 정도는 되어야 한다는 이야기를 스터디 멤버들에게 들어서였다. 당시 내 토익 점수는 겨우 700점 초반대였기에, 그 부분에 대한 보강이 시급하다고 생각했다.

그러던 중 SBS 공개 채용 공고가 떴다. SBS는 항상 MBC보다 한두 달 먼저 공고를 내왔는데, 언론고시 초짜인 데다 준비생들과 교류도 하지 않던 내가 그런 상식을 알 리가 없었다. 나는 MBC 시험에 대비해 예행연습이나 해보자는 심산으로 SBS 시험에 한번 지원해보기로 했다. 토익 점수도 한참 부족했고 시사 상식 공부는 시작하지도 않은 상태였기에, 사실 아무런 기대 없이 지원한 것이었다.

난 1차 서류 전형에서 떨어졌어야 했다. 지원서에 학점, 토익 점수를 적어야 했는데, 전역 후 재수강을 열심히 하긴 했지만 여전히 학점은 4.5점 만점 중 3점에 턱걸이한 수준이었고, 토익 점수는 경신되기도 전이었기 때문이다. 그럼에도 나는 1차에 합격했다. 자기소개서에 쓴 힙합 동아리 창단 경험, 격투기 프로그램 기획 참여 경력과 UCC 영상 제작 경험이 면접관의 호기심을 자극했기 때문이 아닐까 지금도 추측하고 있다.

2차 필기 전형이야말로 가장 자신 없는 단

게였다. 그중에서도 시사 상식 시험은 전혀 준비가 안 된 상태였기에 절반은 포기하는 심정으로 시험장에 들어갔다. 그런데 그해 시사 상식 시험은 유형이 전과는 180도 달랐다. 기존 시험에서는 일상과는 동떨어진, 그래서 따로 공부하지 않으면 알 수 없는 문제만 출제됐는데 그해엔 평소에 TV를 자주 보거나 예능 프로그램에 관심을 갖고 있었다면 비교적 쉽게 맞힐 수 있는 문제가 주로 나왔다. 예를 들면 '다음 TV 광고의 배경 음악은?' '소녀시대, 빅뱅, 원더걸스의 멤버 수를 합치면?'과 같은 식이었다. 공부는 안 했어도 TV는 그 누구에게도 뒤지지 않을 만큼 열심히 봤던 내겐 아주 쉬운 문제였다(지금도 당해 연도 시험 문제를 출제한 선배께는 감사한 마음을 갖고 있다).

그다음 관문은 기획안 작성이었다. 출제자가 당시 인기를 끌었던 미국 드라마 「24」를 좋아해서였는지 '24'라는 키워드로 프로그램 기획안을 쓰라는 문제가 나왔다. 당시 내가 뭘 썼는지 정확히 떠오르진 않지만 일반인들이 24시간 동안 각자 무언가에 도전하는, 뭐 엄청나게 참신하진 않은 기획안을 써냈던 것으로 어렴풋이 기억한다.

필기시험에서 가장 큰 배점을 차지하는 작문 시험에서는 역대 최초로 텍스트 키워드가 아닌 이미지 키워드가 제시됐다. 아마도 그룹 스터디를 통해 관성적으로 글을 써온 언론고시생들의 허를 찌르자는 게 출제자의 의도였던 것 같다. 작문 연습을 별로 하지 않았던 나는 그 찔릴 허마저 없었지만 더 결정적인 문제는 출제된 이미지가 뭔지 전혀 모르겠다는 거였다. 사람의 옆모습과 앞모습이 절반씩 섞인 추상화였는데, 일반 교양도 부족했던 내게 그 이미지는 피카소가 그린 덜 유명한 그림 정도로 보일 뿐이었다.

알지도 못하는 이 그림으로 뭘 써야 할지 잠시 고민에 잠긴 내게 문득 고등학생 시절 영어 선생님이 떠올랐다. 나이가 지긋한 분이었는데 한쪽 눈은 앞을 보고 다른 한쪽 눈은 옆을 보는 사시였다. 그걸로 학생들에게 은근히 무시를 당했는데 유일하게 아이들이 그 선생님을 두려워하는 시간이 있었다. 바로 시험 시간. 그가 시험 감독으로 들어오는 때엔 교실에 미묘한 낭패감과 긴장감이 감돌았다. 선생님이 어디를 보는지 도통 짐작할 수 없었기에 커닝을 할 수 없었던 것이다.

나는 당시의 기억을 되살려 글을 써내려갔다. 실제 겪은 일을 있는 그대로 기술하는 것이기에 그리 어려운 작업은 아니었다. 지난 추억을 되씹고 정렬하며 지금이 작문 시험 시간이라는 걸 잊을 정도로 글쓰기에 몰입했다. 그렇게 시험이 끝났는데, 직후에 감독관이 의미심장한 웃음을 띠며 지원자들에게 묵직한 한마디를 던졌다. "이 그림을 알고 있던 사람은 좋은 점수를 받을 것이고, 몰랐던 사람은…… 말 안 해도 알겠죠?"

떨어졌구나 싶었다. 지원자들 사이에 섞여 고사장을 빠져나가는 길에 어깨너머로 들려온 대화로 뒤늦게 알았다. 출제된 그림이 뮤지컬 「아이다」의 대표 이미지였다는 것을. 그렇다면 감독관이 의미심장하게 던진 말의 의미는 '너희가 뮤지컬 「아이다」의 소재나 정서를 활용해 작문하지 않았다면 탈락할 거야'일 터였다.

하지만 감독관의 단언과는 달리 나는 뮤지컬 「아이다」를 모르고도 2차 시험에 덜컥 붙었다. 이후 피디가 되어 필기시험 출제도 하고, 채점도 해보고서 알게 된 사실이지만 출제자와 채점자는 보통 일치하지 않는다. 채점자는 출제자의 의도를 참고해 점수를 매기지만 출제 의도에만 충실해 모범적이기만 한 글보다는 의도에서 살짝 벗어나더라도 수험자의 재기가 드러나는 흥미로운 글을 선호한다. 이 역시 나중에야 알게 된 사실인데, 그해 나와 함께 예능 피디에 최종 합격한 두 명의 동기 역시 출제된 이미지가 뭔지 모른 채 답안을 써냈다고 했다. 피디의 중요한 소양 중 하나가 '남들과 다르게 보기'일 텐데, 내가 시험을 치렀던 그해, 단어가 아닌 이미지 키워드를 제시한 작문 시험 출제자, 남들과 다른 글을 써냈던 합격자, 그런 우리를 선택한 채점자 모두 무언가를 남들과 다르게 보려던 사람들 아니었을까? 그들 결국 모두 피디를 하고 있으니까.

피디 시험 준비가 덜 됐던 내게 1, 2차 전형은 부담스럽고 까다롭기 그지없었지만, 넓게 보아 면접 전형이라 할 수 있었던 3~5차 전형은 오히려 수월했다. 평소에도 이런저런 사안에 대해 골몰하며 자기만의 관점을 갖고 있던 내게 면접은 그저 면접관들이 던지는 질문에 원래 품고 있던 내 것을 꺼내 보여주기만 하면 되는 시간이었고, 3박 4일간의 합숙 면접 역시 있는 그대로의 나를 보여주면 되는 시간이었다. 면접을 앞두고 면접 스터디를 하는 지원자들도 있었지만, 특정 질문에 대비해 답변을 미리 준비해두는 건 오히려 긴장을 더하고 답변을 꼬이게 만들 거라고 생각했다. 떨어지더라도 MBC에 지원하면 그만이라는 생각이 컸기 때문에 긴장할 것도 없었다. 오히려 면접 전형 내내 현직에 있는 면접관들과 대화하는 게 즐거웠다.

면접은 회사가 나를 평가하는 시간이기도 하지만, 내가 회사와 직무를 평가할 기회이기도 하다는 말이 있지 않나. 면접을 통해 나는 "피디라는 직업을 가진 사람들과 대화가 잘 통하는구나"라는 걸 느

떴고, 그렇다면 "이런 사람들과 일하기로 한 내 선택이 틀리진 않겠다"라는 확신도 가질 수 있었다. 만약 내 목표가 MBC가 아닌 SBS 입사였다면 면접 준비 과정과 면접을 대하는 태도가 조금 달랐을 수도 있을 것이다. 그럼에도 면접은 단기간에 만들어낸 작위적인 이미지보다는 평소의 치열함과 솔직한 태도로 승부 보는 게임이라는 생각에는 변함이 없다.

준비가 한참 미흡했다고 생각했던 나는 그럼에도 최종 합격자가 되었다. 초심자의 행운이라고도 할 수 있다. 하지만 그해 예능, 교양, 드라마, 라디오 각 부문에서 합격한 내 동기들의 면면을 살펴보면 시험을 오랫동안 준비한 사람은 몇 없었다. 이건 무엇을 뜻할까? 나는 피디 될 준비가 부족했다고 생각했지만, 정확히 말해 당시 내게 부족했던 건 피디 될 '시험' 준비였다. 그렇다면 시험을 철저히 준비한 사람이 있다고 할 때, 그가 피디 될 준비를 마쳤다고도 할 수 있을까. 막상 피디가 되면 토익 점수는 물론이고 시사 상식 책을 보며 외웠던 상식조차 써먹을 일이 많지 않다. 오히려 시험만 준비해선 알 수 없는 것들을 활용해야 하는 경우가 더 많다. 시험 준비를 기가 막히게 해서 피디가 된다 하더라도 피디로서의 타고난 성향이 이 직업과 맞지 않는다면 업무 수행이 어려울

수밖에 없다. 높은 경쟁률을 뚫고 피디가 된 이들 중 상당
수가 다른 부서로 옮겨가거나 이직하는 것만 봐도, 피디의
자질을 가늠하는 척도가 규격화된 시험 그 자체는 아닌 것
이다.

크리스마스이브의 사직서

2008년 10월, 나는 SBS 예능 피디가 되었다. 당초 목표했던 회사는 따로 있었지만 길디긴 다섯 관문을 또 한 번 무사 통과할 자신이 없었다. 게다가 MBC 필기시험 날짜가 SBS 최종 합격자 임시 모집일과 겹쳐 MBC에 지원하려면 SBS의 합격자 신분을 포기해야만 했다. 결국 나는 나의 부족함을 끌어안아주고 잠재적 능력을 알아봐준 데 감사하는 마음으로 첫 회사에 입사했다.

하지만 입사 2년 뒤, 나는 예능본부가 아닌 시사교양본부 소속 피디가 된다. 코미디언, 우주학자, 원자핵공학자, 유전학자, 래퍼, 격투기 해설가, 예능 피디 등 다양한 꿈이 내 삶을 거쳐가는 동안 단 한 번도 꿈꾼 적 없고, 상상조차 해본 적 없던 직업, 시사교양 피디가 된 것이다. 내가 피디, 그중에서도 예능 피디가 되고자 했던 여러 이유 중 하나는 예능국이 그들이 만드는 프로그램처럼 자유롭고 유쾌한 분위기일 거라는 기대 때문이었다. 비록 래퍼에 대한 꿈은 이미 접었지만 힙합은 그럼에도 내 삶의 일부였고, 그렇기에 나는 '남 눈치 안 보고 하고 싶은 말은 해야 하는' 정신을 체화한 사람이었다. 공무원이나 위계가 존재하는 빡빡한 조직의 일부가 될 생각은 애초에 없었고, 그래도 방송사 예능국이라면 일반 직장보다 훨씬 더 유연한 조직일 거라는 믿음이 있었다.

하지만 입사 첫날부터 예상은 완전히 빗나갔다. 예능국은 위계가 매우 분명한 조직이었다. 프로그램 메인 피디의 권한이 막강했고 서브 피디와 조연출의 역할은 엄격히 구분되어 있었다. 메인 피디의 말이 곧 법이었기에 내 기준에서 합리적이지 않은 일도 위에서 시키면 해야 했고, 잘못한 게 없어도 위에서 잘못이라고 하면 잘못이 되었다. 만약 그 권위에 맞서려 한다면 굉장한 용기가 필요했다. 예능 피디가 조연출, 서브 피디를 거쳐 메인 피디가 되는 전 과정은 도제식으로 이뤄졌고, 개인이 오랜 기간 공고화된 구조를 거스르기란 성깔과 의지만으로 되는 게 아니었다. 알고 보니 조직의 성격에 대한 이 정도 정보는 피디 직군에 관심이 조금만 있어도 금방 알 수 있는 것이었다. 내가 예능국에 갖고 있던 인식은 밝고 쾌활

힐 수밖에 없는 예능 프로그램 특유의 피상적인 이미지에 기반한 착각과 환상이었던 것이다.

되고 싶었던 예능 피디였기에 나는 이 조직에 남을 구실을 스스로에게 끊임없이 제공해야 했다. 위계 질서가 가장 엄격한 부문은 드라마라고 했다. 예전에는 드라마 촬영 현장에 메인 피디의 의자 챙기는 일만 담당하는 스태프도 있었다고 하니 말 다 한 거다. 그다음이 예능, 그다음이 시사교양이라는데, 예능은 그래도 중간은 되니까…… 이 사실로 위안을 삼아보려 했다. 그럼에도 메인 피디가 되기까지 인내해야 하는 시간이 너무나 길었다. 군대는 1년 6개월만 되어도 병장이 되는데 왜 예능 피디는 빠르면 7~8년, 길게는 10년이나 견뎌야 메인이 되는 건지. 더욱이 그 시간을 인내하는 행위가 수직적인 조직 문화에 대한 암묵적인 인정이나 헌신처럼 느껴지는 것을 내가 견딜지조차 확신할 수 없었다.

편집실 복도에서 마주칠 때마다 90도로 깍듯이 인사하지 않는다고 혼내는 선배, 툭하면 편집실 문을 벌컥 열고 들어와 뒤통수에 대고 알아들을 수 없는 말을 화풀이하듯 쏟아내는 선배, 일이 밤을 새워도 못 끝낼 만큼 쌓여 있는데 도움은 고사하고 5분 안에 술자리로 튀어나오라고 강요하는 선배들을 견뎌내며 조연출

생활을 이어가는 건 내 성격상 불가능에 가까웠다. 나는 선배가 시킨다고 90도 인사를 할 수 있는 성격이 아니었다. 선배의 바람과 달리 나는 늘 가벼운 인사만으로 그를 지나쳤고, 내 뒤통수에 꽂히는 선배의 비아냥을 받아낼 뿐이었다. 후배가 업무 과중에 시달리는 걸 뻔히 알면서 밤에 술자리로 불러내는 선배들의 목적이 격려나 위로를 해주려는 게 아닌 누가 더 빨리 후배를 불러내는지로 자신들의 세를 확인하려는 데 있다는 걸 직접 경험한 뒤로는 단 한 번도 그들의 부름에 응하지 않았다. 비상식적이거나 불합리하다고 여겨지는 일을 그들의 비위를 거스르지 않기 위해 수행할 생각은 전혀 없었다. 이런 근성으로 꼿꼿하게 지낸다 한들 내가 투명인간이 아닌 이상 편집실, 녹음실, 촬영 현장 등 곳곳에서 수시로 연출 선배의 욕받이가 되는 일까지 피할 순 없었다.▮ 그래서였을까. 언젠가부터 나는 아침 이슬을 맞으며 퇴근(출근이 아니다)하는 길에 버릇처럼 혼잣말을 내뱉곤 했다. "내일은 꼭 그만둬야지."

2009년 크리스마스를 하루 앞둔 밤. 그날도 난 어김없이 편집실에 있

당시의 악질 선배들은 현재 모두 SBS를 떠났다. 내 경험은 비록 한 회사의 한 조직에 국한되어 있지만 당시의 수직적 조직 문화는 방송사를 불문하고 퍼져 있던 공기 같은 것이었다. 15년이나 지난 현재는 모든 방송사가 전보다는 더 합리적인 제작 환경이 되었으리라 믿고 싶다.

었다. 크리스마스부터 사흘간의 연휴가 시작될 터였지만 내일도 모레도 글피도 나는 편집실에 있을 운명이었다. 일반 직장인들은 평일에 일하고 주말에 쉬지만 주말 예능을 만드는 피디는 사람들이 주말에 쉬면서 볼 방송을 완성하기 위해 주말에도 일을 한다. 크리스마스 날도 예외는 아니다. 사람들에게 크리스마스 시즌은 연인, 가족과 함께 시간을 보내는 설레이는 축제와도 같은 나날이겠지만 피디에게는 크리스마스 특집 방송을 위해 평소보다 더 분주히 움직이는 과로 시즌일 뿐이다.

그날도 한 선배가 편집실 문을 벌컥 열고 잔뜩 상기된 얼굴로 내게 분풀이를 하고 갔고, 나는 하던 일을 잠시 멈추고 복도로 나갔다. 어디선가 잔잔한 음악 소리가 들려왔다. 소리가 들려오는 아래쪽을 바라보니 크리스마스이브를 맞아 회사 1층 로비에서 임직원 가족을 위한 음악회가 열리고 있었다. 큼지막한 트리에 반짝이는 조명, 육중하고 고급스러워 보이는 악기들로 연주되는 캐럴, 티 없이 환하게 웃고 있는 사람들. 같은 공간에 있지만 나와 그들은 너무 다른 시간을 보내고 있었다. 문득 정신이 들었다. 내일도 모레도 오늘과 비슷한 하루가 이어질 테고, 그 하루들이 모여 1년이 되고, 10년이 되겠지. 몸 좀 편해질 그날을 위해 10년의 세월을 내가 나 아닌 채로 살아가는 게 맞는 걸까. 10년 뒤의 행복을 위해 10년 간의 불행을 참는 건 나답지 않다는 생각이 들었다. 지금 당장 행복할 수 없는데 10년 뒤의 행복을 어떻게 장담할 수 있겠는가!

퇴근길마다 내일은 꼭 그만두리라 다짐하고도 막상 새날이 밝았을 때 간밤의 다짐을 실천에 옮기지 못했던 건 내 마음을 온전히 들여다보지 못하고 바깥의 일에 더 신경을 썼기 때문이다. 아들이 방송국 피디가 됐다고 주변에 실컷 자랑하셨을 부모님, 예능 피디면 연예인 자주 보는 것 아니냐며 부러운 눈빛을 보내던 친구들, 그리고 친구들의 그런 눈빛이 싫지 않았던 나. 크리스마스 음악회를 즐기는 사람들의 행복한 표정을 보고 있자니 그 모든 게 부질없다고 느껴졌다. 정답은 간단했다. 지금의 내가 행복한 삶을 살아야 한다는 것. 주변 사람의 생각, 주변 사람의 생각을 살피는 나의 생각을 모두 배제하고 오로지 내 마음만 들여다보니 정답이 금방 보였다. 한동안 아래쪽을 바라보던 나는 그대로 편집실로 돌아와 노트북을 켰다. 그리고 예능국장에게 메일을 보냈다.

제목: 사직서.

제발 사표 좀 받아주세요

그 당시 예능국 조연출들에게 '사표 내겠다'는 말은 실질적인 의지가 담긴 말이라기보다는 너 나 할 것 없이 내뱉는 입버릇 같은 것이었다. 이렇다 보니 실제로 사표를 낸다 한들 선배들이 그다지 진지하게 받아들이지 않는다고 했다. 사표를 낸 선배가 없었던 건 아니지만, 국장실에 불려가 적당한 위로와 정신 교육(?)을 받고 업무에 복귀했다는 카더라가 있었기에 나는 사직서를 낸 뒤 이것이 홧김에 내린 충동적인 결정이 아니라는 것을 확실히 하고 싶었다. 그래서 메일을 보낸 뒤 곧장 휴대전화 전원을 끄고 부산으로 향했다.

갑작스러운 내 결정에 가족과 친구들은 예상외로 덤덤하게 반응했다. 그간의 고민을 잘 알고 있던 여자친구는 아무것도 묻지 않고 함께 부산으로 가주었고, 부모님은 여태까지의 내 사정을 잘 몰랐음에

63

도 자식이 내린 큰 결정을 가만히 존중해주었다. 가장 친한 친구 '가당찮'은 이 소식을 듣고는 그동안 내가 몸에 안 맞는 불편한 옷을 억지로 입고 있는 것 같았다며 오히려 기뻐했다.

크리스마스 연휴가 지나고 며칠 뒤 휴대전화 전원을 켜자 예상대로 수십 통의 문자 메시지가 수신함을 가득 채우고 있었다. 맨 처음 받은 메시지부터 차근차근 읽는데, 시간이 흐름에 따라 문자의 성격이 차츰 달라져갔다.

사표 낸 당일
"야! 낼모레 방송인데 전화 끄고 뭐해? 바로 전화해!"
» 조연출 선배
"너 뭐하냐 지금? 오기만 해봐. 가만 안 둔다."
» 서브 연출 선배

이튿날
"너 사표 냈다며? 무슨 일이야. 연락 좀 받아봐."
» 조연출 선배
"어제 무슨 일 있었니? 일단 돌아와서 얘기해. 뭐라고 안 할게." » 서브 연출 선배

크리스마스 여휴 이후

"준우야, 소식 들었어. 회사 안에서 해결할 방법도

있으니 연락 부탁할게." » 인사팀 선배

"준우가 많이 힘들었구나. 만나서 이야기 정리하자."

» 예능국장

사표는 한동안 수리되지 않았다. 사직이라는 건 결단
만으로 수리되는 게 아니었다. 상대가 받아줘야 끝나는 쌍
방의 이벤트였다. 나는 국장님의 연락을 받고 다시 서울로
향했다. 뚜렷한 대책은 없었지만 해가 가기 전 방송국과의
인연을 정리하고 오는 해에는 세계 여행이라도 다니며 새
로운 꿈을 찾아볼 생각이었다. 국장님과의 만남은 회사 근
처 카페에서 이뤄졌다. 그리고 생각보다 빨리 마무리됐다.
나는 예능국 생활을 하며 느낀 힘든 점을 이야기했고, 국
장님은 그런 내게 한 가지 제안을 했다.

"그럼 팀을 바꿔주면 될까?"

"아니요."

"정말 이 일 자체를 그만두고 싶다는 거지?"

"네."

국장님은 알겠다며 먼저 자리를 떴고, 혼자 된
나는 남은 커피를 들이켜며 생각했다. '아……

이제 정말 끝났구나.' 그런데 다음 날 밤, 합숙 면접 면접관이었던 예능국 선배에게서 전화가 왔다. 술에 취한 달뜬 목소리였다.

"준우야 내가~ 내가 국장이 됐다아~ 내가 국장인데 네가 떠나면 되겠니이~"

이게 무슨 말이람? 어제 카페에서 나와 이야기를 나눈 그분이 국장인데? 그리고 그 국장님과 이야기가 다 끝났는데? 알고 보니 연말은 늘 회사 내 굵직굵직한 인사가 있는 시기였고 마침 내가 사표를 낸 직후에 예능국장이 교체된 것이었다. 그랬기에 어제의 국장과 이야기를 마무리했음에도 다시 오늘의 국장과 이야기를 시작해야 하는 상황이 된 것이었다. 어쩐지 전날 국장님이 대화의 끝을 너무 싱겁게 맺는다는 생각이 들었다. 어제의 국장은 내 의사만 정확히 확인한 뒤 오늘의 국장에게 이 일을 인계한 것이었으리라.

합숙 면접에서 나를 뽑아준 선배. 피디들에게 이것은 꽤나 묵직한 의미를 갖는다. 합숙 면접 이후에도 임원 면접 단계가 있지만 대개 형식적인 과정에 불과하고, 대체로 합숙 면접을 통과한 인원이 그대로 최종 합격자가 된다. 그렇기에 3박 4일간 동고동락하며 지원자들을 지켜본 뒤 합격자를 선발하는 면접관은 자신이 뽑은 후배 피디에게 애정과 책임감을 가질 수밖에 없고, 후배 피디는 자신을 뽑아준 선배 피디에게 작게나마 감사하는 마음을 가질 수밖에 없다. 마치 아이가 잘못을 하면 부모가 '누굴 닮아서 저러냐'는 비난을 받듯, 이러한 상호 연대로 내가 뽑은 후배 피디가 일을 잘 못 하면 '누가 쟤를 뽑았냐'는 비난을 받고, 내가 뽑은 후배 피디가 일을 잘하면 "쟤 내가 뽑았잖아"라고 어깨를 으쓱할 수 있다. 그래서였을까. 예능국장이 된, 나를 뽑아줬던 선배는 내 마음을 돌리려 무척이나 애를 썼다. 아마도 신임 예능국장에게 주어진 1호 미션이 아니었을까 싶다. 그는 직전 국장과 달리 감정에 호소하는 전략을 썼다. 결국 올해 안에 이 일을 매듭지으려 했던 내 계획과 달리 2009년 마지막 날까지도 사표는 수리되지 않았다.

2009년 12월 31일 늦은 밤. 신임 예능국장에게서 전화가 왔다.

지금 꼭 할 얘기가 있으니 만나자고 했다. 국장이 전해준 주소를 따라 찾아간 곳은 홍대 근처의 아늑한 술집이었다. 국장은 이미 몇몇 사람과 함께 술을 마시고 있었고 그 사이에 나를 앉혔다. 그 후 한동안 나의 사직과는 무관한 요즘 예능 프로그램에 대한 대화가 오갔고 나는 가만히 듣고만 있었다. 그러다 그가 불쑥 손가락으로 내 가슴을 가리키며 물었다.

"너는 「무한도전」 보면 여기서 뜨거운 게 안 올라오냐?"

그는 내가 면접 때 보인, 예능에 대한 열정을 누구보다 잘 아는 사람이었다. 그리고 이 질문은 그 열정에 다시금 불을 지펴보려는 의도에서 나온 말이었을 것이다. 하지만 내가 사표를 낸 이유는 그 열정이 식어서가 아니었다. 내 열정이 땔감으로 쓰이는 조직에서 버티고 버텨 언젠가 메인 피디가 된다 하더라도 이 열정이 그때까지 이어지리라 확신할 수 없어서, 또 선배 된 내가 지금의 선배들처럼 후배들의 열정을 땔감 삼고 있을지도 모르겠다는 무서운 생각이 들어서 낸 거였다. 나는 답했다.

"예전엔 그랬는데 지금은 잘 모르겠습니다."

그리고 이어서 말했다. 올해 마지막 날을 여자 친구와 함께 보내기로 했는데 시간이 많이 늦어졌으며, 더 하실 얘기가 없다면 이만 일어나겠다고. 국장은 황당해하며 자리에서 일어날 준비를 하는 나를 어이없다는 표정으로 뚫어지게 바라봤다. 그러고는 단호한 목소리로 최후의 일격을 가했다.

"너 지금 이대로 가면 다신 나랑 못 볼 줄 알아!"

이미 퇴사를 결정한 마당에 그는 내게 그저 아저씨일 뿐이었다. 당시 내겐 나를 기다리

68

고 있던 사람이 훨씬 더 중요했다. 동그란 눈으로 나를 쳐다보던 국장을 뒤로하고 나는 술집을 나섰다. 다행히 아직 해가 바뀌지 않은 시각이었기에 우린 계획대로 보신각 타종 행사 중계를 함께 볼 수 있었다(이때의 여자 친구는 내게 '아는 선배'의 UCC를 보여줬던 이와 동일인이며, 여전히 보신각 타종 행사 중계를 함께 보고 있다).

알고 보니 아주 교양적인 인간

이런저런 부서장, 선배들과의 면담 릴레이는 해가 바뀌어서도 이어졌다. 결국은 다시 돌아오란 얘기였다. 상황이 이렇게 흘러가다 보니 내가 마치 대단한 인재여서 회사가 필사적으로 나를 붙잡는다는 오해를 살 것 같은데 그런 건 전혀 아니다. SBS는 매년 워낙 적은 수의 피디를 뽑기도 하고, 신입 피디 한 명을 온전한 한 명으로 길러내는 데 들어가는 시간과 비용도 꽤 된다(정확한 정보인지는 모르겠지만 신입 피디 한 명을 뽑는 데에만 억대의 비용이 든다는 이야기도 들은 적이 있다). 이렇듯 피디 한 명에 들어가는 공력을 생각해볼 때 회사는 입사한 지 얼마 안 돼 능력이 입증되지 않은 직원일지라도 일단 붙잡고 봐야 하는 것이다.

　　그러나 선배들의 만류에도 내 마음은 움직이지 않았다. 그날의 결정은 크리스마스이브에 빚어진 해프닝이 아닌 1년 가까이 누적된 고민의 결과였다. 그 시절의 난 새벽녘 퇴근길마다 내일은 꼭 퇴사하겠다고 다짐했으니까. 그러나 그런 내 마음을 흔들어버린 것도 결국 선배, 동기였다.

사표가 공수표 취급을 받은 지 열흘쯤 지난 어느 날 합숙 면접 때 교양국 면접관이었던 선배에게서 전화가 왔다. 커피 한잔 하자며. 내가 입사한 당시만 해도 예능과 교양 피디 지원자가 함께 합숙 면접을 봤고 공동 과제도 있었다. 그러니 예능국 면접관도 교양 피디 지원자를 볼 수 있었고, 교양국 면접관도 예능 피디 지원자의 면모를 확인할 수 있었다. 실제로 예능 피디에 지원했지만 예능국이 아닌 교양국 면접관의 선택을 받아 교양 피디로 입사한 동기도 있다.

내게 연락해온 교양국 선배는 합숙을 함께한 인연으로 회사에서 오가다 마주치면 인사 정도는 했지만 따로 커피를 마실 만큼 가까운 사이는 아니었다. 아마 이 선배도 나를 설득하라는 미션을 받아 연락한 것이리라 생각했다. 그런데 그렇게 만난 선배의 첫 마디는 뜻밖이었다.

"무슨 일이라도 있니?"

아마도 '퇴사하겠다는 도준우를 잡아오라'는 미션이 전달되지 않았거나 자세한 정황까지는 공유받지 못한 채로 만나보라는 말만 듣고 일단 나온 모양이었다. 나는 애매한 정보를 가진 그에게 어쩔 수 없이 자초지종을 설명했다. 결론은 '나는 퇴사할 것이며, 방송국에서 일할 성격이 못 된다'였고, '설사 돌아간다 해도 라디오라면 모를까 TV로 돌아갈 생각은 없다'고 못 박았다. 내 말을 듣던 선배는 단호하게 고개를 저으며 말했다. "넌 라디오 가면 재미없을 거야. TV가 좋아서 피디 하려고 한 거잖아." 그러고는 같은 TV라도 예능국과 교양국은 분위기가 많이 다르다며 내게 이렇게 제안했다.

"교양국으로 오는 건 어때?"

마침 교양국에 있던 동기도 소식을 듣고 연락해왔다. 예능국 조연출로 지내며 겪은 일과 느낀 감정을 대강 이야기해주자 그는 해답을 알겠다는 해맑은 목소리로 말했다.

"교양국은 달라. 교양으로 와~"

하마터면 "어, 갈게!"라고 답할 만큼 확신에 찬 순수한 목소리였다. 교양국은, 그리고 교양국 사람들은 정말 다를까. 교양국 동기의 말에 따르면 교양국은 예능국보다 훨씬 더 수평적이며 휴머니즘이 있는 곳이라고 했다. 그러나 난 교양 피디가 되는 걸 단 한 번도 생각해본 적 없는 사람이었다. 설령 교양국의 조직 문화가 나와 잘 맞는다 하더라도 그곳에서 하는 일이 내가 하고 싶은 게 아니라면 큰 의미가 없다고도 생각했다. 그런데 전화를 끊기 전 교양국 동기의 한마디가 나를 혼란에 빠트렸다.

"근데 난 합숙 면접 때 오빠가 교양 피디 지원한 줄 알았어. 그때 오빠가 발표한 기획안 다 교양 프로그램이었잖아."

뒤통수를 한 대 세게 얻어맞은 느낌이었다. 나는 "뭔소리야? 내가 언제 그랬어"라며 다소 방어적인 태도로 그의 말을 넘겼지만 전화를 끊고 곰곰이 생각해보니 내가 합숙 면접 때 발표했던 기획안은 정말 영락없는 교양 프로그램의 것이었다.

강원도 춘천에서 이뤄진 당시 합숙 면접의 주요 과제 중 하나는 카메라 한 대를 짊어지고 시내로 나가 무언가를 찍은 뒤 그것으로 기획안 프레젠테이션을 하는 것이었다. 나는 춘천 시내에 입성하자마자 밖이 잘 보이는 2층 카페의 창가 자리에 앉았다. 그리고 창밖을 바라보며 무슨 기획을 하면 좋을지 고민했다. 그러던 중 카페 앞 사거리의 모퉁이에 위치한 구두 수선 가게 외벽에 반쯤 기대어 잠든 노숙인을 보게 됐다. 평소라면 한 번 보고 지나쳤겠지만 기획안 과제를 떠안은 상태에서 마주한 그 장면은 궁금증을 불러일으켰다. 저 사람은 어쩌다 노숙인이 됐을까. 해가 지면 어디로 향할까. 가족들은 저 사람을 찾고 있을까. 그를 지켜보느라 주어진 시간을 다 써버린 나는 카페에서 나와 그에게 다가가 물었다. 왜 여기서 주무시는 거냐고. 그러자 그는 귀찮다는 투로 '그럴 만한 사정이 있다'고 했다. 무슨 사정이냐고 또 한 번 묻자 '누구나 사연은 있는 거'라며 저리 가라는 손짓을 했다. 나는 사진을 한 장만 찍고 가겠다고 했고, 그런 나를 그는 황당하다는 듯 쳐다보다 이내 눈을 다시 감았다. 그리고 그렇게 찍은 사진 한 장으로 기획안 프레젠테이션을 했다. 정확히 기억은 안 나지만 기획안은 대강 이런 내용이었다.

누구에게나 사연은 있다. 그리고 누구에게나 그럴 만한 사정이 있다.
이 사진 속 주인공은 '왜 구두 수선 가게의 외벽을 베개 삼아 잠드는 노숙인이 되었을까?' 평소라면 지나쳤을 장면을 호기심과 궁금증을 갖고 카메라에 담아내는, 그리고 그 사람의 사연을, 그 사람이 그럴 수밖에 없었던 사정을 들어주는 사람이 피디다. 이 프로그램은 우리가 한번쯤 호기심을 가졌지만 다가가지는 못했던 사람들의 이야기를 들려줌으로써 무서워 보였던, 우스워 보였던, 우리와는 달라 보였던 그들이
우리와 크게 다르지 않은 사람이란 걸

보여주고지 힌다.

　지금 돌이켜보면 정말 독창성이라곤 하나도 없는 데다, 단순한 호기심으로 타인을 대상화한다는 비난을 받을 만한 기획안이었다. 위의 내용조차 15년 전 기억을 최대한 미화해 되살려낸 거라 실제 기획안은 훨씬 더 형편없었을 것이다. 기획의 참신성, 완성도, 합리성은 차치하고 기획안의 장르만 따져보더라도 이것은 예능적 요소를 전혀 찾을 수 없는 교양 프로그램 기획안이었다. 「순간포착 세상에 이런 일이」를 살짝 변형한 것 아니냐는 비평이 나와도 딱히 반박할 말이 없을 정도다.

　스포츠를 소재로 한 기획안을 발표하는 과제에서도 야구를 좋아하지만 가정 형편, 성별, 신체 조건 등을 이유로 야구를 하지 못하는 사람들이 팀을 이뤄 1승을 향해 달려가는, 리얼리티와 다큐멘터리가 섞인 교양 프로그램 기획안을 발표했고, 그보다 더 과거로 거슬러 올라가 2차 필기시험에서 '24'를 키워드로 써냈던 기획안 역시 일반인을 대상으로 하는 실험 다큐멘터리 형식의 교양 프로에 더 가까웠다. 피디라는 꿈을 갖게 된 그 순간부터 '피디를 한다면 당연히 예능 피디를 해야지'라는 생각에 단 한 번도 의구심을 품지 않았던 내가 막상 입사

75

시험에서 발표한 기획안은 전부 교양 프로그램의 것이었다니, 헛웃음이 나왔다.

앞서 연락을 줬던 교양국 선배도 내게 교양국으로 옮겨올 것을 제안하며 비슷한 얘길 했다. 합숙 면접 때 예능국에서 널 안 뽑으면 교양국에서 뽑으려 했다고. 당시 예능국 면접관들의 1순위도 나였고 교양국 면접관들의 1순위도 나였다고 했다. 그때 난 그 말을 믿지 않았다. 내가 기억하는 당시의 나는 날고 기는 '천부적인' 예능 피디 지원자들 사이에서 어떻게든 튀어보려고 각종 성대모사, 노래, 랩, 춤을 성심껏 선보였던, 면접관은 물론이고 같은 처지의 다른 지원자들까지 웃기기 위해 내가 가진 모든 유머 감각을 총동원했던, 그런 애처로운 사람이었기 때문이다(코미디언 공채가 아니라 예능 피디 공채였음에도 왜 그렇게까지 했는지 나도 잘 모르겠다. 아무튼 당시 예능 피디 합숙 면접은 그런 분위기였다). 나와 교양 피디라는 직업이 어울릴 리 없다고, 교양 피디로서 일을 잘해낼 자신이 없다고 생각했던 당시의 내게 교양국 동기는 이런 말을 했다.

"오빠 불합리한 거 못 참잖아. 그래서 예능국도 뛰쳐나온 거고. 그러니까 오빠 누구보다 교양 피디랑 잘 맞는 사람이야."

틀린 말은 아니었다. 나는 학창 시절부터

버스 정류장에서 새치기하는 사람을 가만히 두고 보지 못했고, 이등병 시절에는 아랫사람에게 관행적으로 사적인 심부름을 시키던 소대장에게 직접 문제를 제기해 선임들을 깜짝 놀라게 했으며, 예능국에서는 불합리하다고 판단되는 선배들의 지시를 결코 따르지 않았다. 이런 성격이 어떻게 형성된 건지 그 유래를 정확히 알 수는 없지만 이후에 만난 심리 상담 선생님은 어릴 적 경험에서 비롯됐을 거라고 했다.

내가 일곱 살일 때 부모님은 이혼했다. 나는 영문도 모른 채 엄마와 헤어졌고 그 후 아버지는 나를 데리고 새로운 가정을 꾸렸는데, 그 과정에서 충분한 설명 없이 엄마와 나의 관계를 일방적으로 정리해버렸다. 아버지의 말을 받아들일 수 없었던 나는 몰래 엄마를 만나다 결국 아버지에게 들켰는데, 그때 태어나 처음이자 마지막으로 뺨을 맞았다. 아마도 이 사건 이후로 스스로 납득되지 않는 불합리한 상황이나 지시에 유난히 민감하게 반응하게 됐을 거라는 게 상담 선생님의 분석이었다(지금은 엄마와 자유롭게 왕래하며 잘 지내고 있다).

교양국 동기가 던진 그 말 한마디에 나도 잊고 있던 내 모습이 하나둘 떠올랐고, 어쩌면 남보다 내가 나를 더 몰라줬다는 생각이 들었다. 나는 예능

적인 인간처럼 보이지만 알고 보면 생각보다 교양적인 인
간임을, 그때의 나는 잘 몰랐다. 그렇게 나는 속는 셈치고
내게 기회를 한 번 더 주기로 했다.

예능국은 시끄럽고 교양국은 고요해

한 층 내려왔을 뿐인데 분위기는 전연 딴판이었다.

그 당시 예능국은 16층, 교양국은 15층에 있었는데, 위층은 늘 시끌벅적했다. 팀마다 누가 더 시끄러운지 경쟁하듯 곳곳에서 까르르 웃어대며 큰 소리로 회의했고, 엔터테인먼트사의 매니저들이 명함을 뿌리고 다니며 피디들과 도란도란 이야기를 나누었다. 특히 「SBS 인기가요」 팀 앞에는 소속 가수의 새 앨범을 손에 잔뜩 든 매니저들이 담당 피디를 만나기 위해 줄 서 있곤 했는데, 덕분에 예능 피디들 책상 위에는 갓 발매된 따끈따끈한 사인 앨범이 늘 잔뜩 쌓여 있었다.

예능 피디의 즐거움이라면 내가 좋아하는 연예인과 함께 일할 수 있다는 점이었다. 「웃찾사」에 있을 때는 평소 좋아하던 코미디언들의 연기를 눈앞에서 지겹도록 볼 수 있었고, 매주 술자리를 함께하며 그들의 생생한 고민을 엿들을 수 있었다. 당시 동고동락했던 코미디언들 중 홍윤화, 이은형, 양세찬, 이용진, 김용명 등 많은 이가 지금은 가장 핫한 연예인이 되었다.

「스타킹」에는 당대의 인기 있는 아이돌 멤버들이 패널로 자주 출연했는데, 그들과 촬영하다 보면 '이게 복지지……'라는 생각이 절로 들었다. 「패밀리가 떴다」는 2주에 한 번씩 1박 2일로 촬영을 했는데 촬영이 끝나면 꼭 멤버들과의 술자리가 있었다. 내가 언제 유재석, 이효리 씨와 한 테이블에서 술을 마셔보겠나. 이 모든 게 예능 피디였기에 가능한 경험이었다.

예능 피디들 중에서도 주로 연출급 피디들이 업무를 보는 16층 예능국에는 매니저들이 각자 맡은 연예인을 돋보이게 하기 위한 갖가지 임무를 여기저기서 수행했다(조연출은 주로 6층 편집실에 있었다). 예능국 사무실과 복도 곳곳에 매니저와 피디들이 섞여 있다 보니 신입 시절엔 매니저를 선배 피디로 착각해 인사했다가 "넌 네 선배가 누군지도 모르냐"는 핀잔을 듣기도 했고, 나보다 나이가 훨씬 더 많아 보이는 매니저들이 고개를 푹 숙이며 크게 "피디님 안녕하십니까" 인사해올 땐 어떻게 반응해야 할지 몰라 난감하기도 했다.

빈면 이패층은 큰 시험을 앞둔 독서실처럼 고요했다. 대화 소리가 끊이지 않는 16층과 달리 15층 사람들은 자기 자리에서 조용히 자신만의 싸움을 하고 있는 것처럼 보였다. 자리 옆에 출력물을 잔뜩 쌓아둔 채 엄지에 고무 골무를 끼고 서류를 읽고 있는 작가들에게선 면학의 열기마저 느껴졌고 간간이 들려오는 제보 전화 소리만이 거대한 적막을 한 번씩 깨트렸다.

나를 대하는 선배들의 태도도 예능국과 큰 차이가 있었다. 내가 투입된 첫 교양 프로그램은 「순간포착 세상에 이런 일이」였는데, 15층으로 출근한 첫날 담당 시피(CP, 책임 프로듀서)가 내 손을 꼭 붙잡고 프로그램마다 돌아다니며 선배 한 분 한 분께 다정히 인사시켰다. 예능국에서 혼나가며 선배들의 이름과 얼굴을 외웠던 내게는 매우 생경한 상황이었다.

팀 분위기도 예능국과 달랐다. 예능국은 메인 피디가 절대적 권한을 가지며 공채 피디와 프리랜서 피디의 역할이 엄격히 나뉘어 있었다. 공채 피디는 아이템 기획, 섭외부터 촬영, 편집까지 프로그램 제작 전반에 참여했고, 프리랜서 피디는 주로 정해진 아이템 내에서 촬영 준비나 영상 편집 등 주어진 역할만 해야 했다. 즉 공채 피디는 숲을 만드는 역할, 프리랜서 피디는 숲에 필요한 자재를 준비하고 나무를 심는 역할을 하도록 구조가 짜여 있었다.

교양국은 달랐다. 지금은 예능과 교양의 벽이 많이 허물어져 장르별 제작 환경의 차이가 어떻다 단언하기 어렵지만 당시만 해도 교양 프로그램 중에는 VCR▼ 중심의 프로그램이 많았다(「궁금한 이야기 Y」나 「순간포착 세상에 이런 일이」가 그 예라고 보면 된다. 「생활의 달인」처럼 스튜디오 녹화 없이 VCR로만 구성되는 프로그램도 있다).

교양 프로그램은 보통 VCR이 중심이다 보니 메인 피디는 팀을 관리하는 팀장 역할을 했고, 각각의 영상을 담당하는 피디들이 각 아이템의 기획, 섭외부터 촬영, 편집까지 맡았다. 공채, 프리랜서 피디 구분 없이 모두가 각자의 VCR을 할당받았기에 둘 간의 유의미한 구분은 없었다. 즉, 교양국은 모든 피디가 나무를 함께 심으며 숲을 만드는 구조였고, 차이가 있다면 그들 중 공채 피디만이 시간이 지나 메인 피디가 될 수 있었다는 것이다. 그래서 예능 피디는 수직적 구조에 힘들어하고, 교양 피디는 수평적 관계에 따른 프리랜서 피디와의 갈등 때문에 힘들어한다는 얘기가 있었다. 하지만 예능국의 권위적인 분위기를 못 견뎌 박차고 나온 내게 교양국의 수평적인 공기는 그저

▼ 스튜디오 녹화와 별개로 사전에 미리 제작해둔 영상물.

반가울 따름이었다.

　　교양국 출근 첫날 내 손을 꼭 붙잡고 선배들에게 인사
시켜준 시피, 오래 알고 지낸 동네 이웃처럼 반갑게 나를
맞이해준 팀 선배들. 교양국이 예능국보다 인간적이라던
동기의 말은 결코 과장이 아니었다. 교양국에 대한 나의 첫
인상은 한마디로 '동아리 같은 곳'이었다.

지금 제보 만나러 갑니다

예능국과 교양국의 가장 큰 차이는 제작 환경이다. 내가 예능국 조연출로 몸담았던 「웃찾사」 「스타킹」 「패밀리가 떴다」는 1주 또는 2주마다 하루를 통째로 바쳐야 하는 큰 촬영이 있었다. 그 하루를 위해 누군가는 몇 날 며칠 촬영 준비를 했고, 촬영 당일엔 출연자와 스태프가 많게는 100여 명까지 함께 움직였다. 촬영 이후에도 누군가는 편집실에 일주일씩 처박혀 영상 편집을 해야 했다.

반면 「순간포착 세상에 이런 일이」는 제보가 있다면 곧바로 현장으로 달려가 촬영을 시작했고, 그때의 촬영 스태프는 세 명(연출 피디, 서브 피디와 이동 시 운전해주시는 기사님인 기장님)이면 족했다. 촬영은 짧게는 이틀, 길게는 나흘이면 됐고, 편집은 하룻밤이면 끝났으며 이 모든 걸 다 내 손으로 해야 했다. 그리고 니의 똑같은 일을 하는 프리랜서 피디 선배들이 열 명 정도 더 있었다. 나를 포함한 10여 명의 피디가 연출과 서브를 오가며 매주 네다섯 개의 VCR을 만들어냈고 그중 네 개의 영상이 방송 1회분으로 구성되어 송출됐다.

예능 프로가 여럿이 뛰어들어 동시에 쌓아 올린 건물이라면, 교양 프로는 피디 한 명이 한 층을 완성한 뒤 그렇게 만들어진 각 층을 이어붙여 만든 건물이라 할 수 있다. 예능이나 교양이나 메인 피디가 되기까지 걸리는 시간은 비슷했지만 교양국의 경우 비록 10분 내외의 짧은 영상이라 할지라도 내가 온전한 주인이 되는 콘텐츠를 만들어보는 경험을 비교적 저연차에 할 수 있다는 점이 매력으로 다가왔다.

「순간포착 세상에 이런 일이」 팀의 일주일은 수요일에 시작됐다. 오전 회의에서 작가와 연출 피디, 서브 피디 짝꿍이 발표됐다. 작가와 연출 피디는 해당 주 아이템에 대한 운명 공동체가 되고, 연출 피디와 서브 피디는 해당 주 촬영에 대한 운명 공동체가 되기 때문에 팀원들의 불만이 나오지 않도록 매주 팀장과 메인 작가가 심혈을 기울여 대진표를 짜야 했다. 피디들은 공채, 프리랜서 상관없이, 연차와도 상관없이 격주로 연출 피디, 서브 피디의 역할을 번갈아가며 했다. 서브 피디는 촬영을 담당하는데, 저연차 피디가 연출을 맡을 경우 경험 많은 선배 피디가 서브로 붙었고 작가도 연차 높은 사람이 매칭 됐다.

대진표 발표가 끝나면 아이템 회의가 시작됐다. 피디 와 작가들은 돌아가면서 지난 일주일간 들어온 제보를 취합, 정리하는 당번을 맡았는데, 수요일이 되면 당번이 정리한 제보 파일을 들여다보며 각자 아이템을 뽑았다. 제보 파일엔 제보별로 번호가 매겨져 있었다. 당번이 제보의 우선순위에 따라 부여해놓은 숫자인데, 제보의 사실성과 재미가 중요한 기준이었다. 보통 1번에서 7번까지 번호가 이어졌고, 그 뒤로는 열 개 전후의 번호 없는 제보들이 순서 없이 나열되어 있었다. 번호가 없다는 뜻은 당번이 보기에 좀 애매한, 그래서 강력하게 추천하기 어려운 제보라는 거였다.

자신이 취합한 제보 파일에 대해 당번이 브리핑을 하고 피디들이 각 제보에 대해 궁금한 점을 묻는 질의응답 시간을 짧게 갖고 난 뒤에는 일명 '제보 뽑기'가 시작됐다. 제보를 뽑는 순서는 매우 합리적이게도 낮은 연차부터였다. 당주 연출을 담당할 피디 대여섯 명이 연차순으로 제보를 고르는데, 당번이 번호를 매긴 제보가 일곱 개 정도 있다 하더라도 사실상 제보 파일만 보고 확신이 가는 일명 '될 만한 제보'는 두세 개 정도였기에 순서가 뒤로 갈수록 제보 선택에는 시간이 더 걸렸다. 한숨을 푹푹 쉬거나 진담 반 농담 반으로 고를 만한 제보가 없다며 당번을 탓하는 선배들도 있었다. 정말 고단수인 선배는 방송 짬바(?)로 당번이 제쳐둔 제보 가운데 해볼 법한 제보를 꿰뚫어보곤 보란 듯이 재밌는 영상을 '말아오기'도 했지만 그런 노련한 눈을 갖는 게 흔한 일은 아니었다.

치열한 제보 뽑기 시간이 끝나면 피디들은 제보가 기다리고 있는 행선지로 출발했다. 후순위 제보를 뽑았거나 자신이 뽑은 제보에 확신이 없는 피디는 하루 정도 사무실에 더 머물며 새로운 제보를 기다리기도 했는데, 설령 1~2번 제보를 뽑았다 하더라도 순조롭게 촬영으로 이어지는 일은 극히 드물었다. 제보 내용과 실제 상황의 괴리가 큰 경우가 허다했기 때문이다.

한 번에 팔굽혀펴기를 1000개씩 한다는 할아버지를 만나러 다섯 시간 동안 차 타고 부산까지 내려갔다가 5분 만에 촬영을 접었던 적도, 식당에서 손님들에게 자리를 안내한다는 고양이를 만나러 영덕까지 내려갔다가 하루 종일 한 컷도 못 찍고 돌아온 적도 있었다. 팔굽혀펴기 할아버지는 팔은 그대로 둔 채 어깨만 들썩이는 편법을 썼고, 자리 안내 고양이는 손님이 오건 말

건 꿈나라에서 당최 돌아올 의지가 없었다. 제보의 오류일 수도 있고 그날따라 마침 고양이의 컨디션이 나빴을 수도 있지만 말이다.

이렇게 제보가 '꽝'이 나면 사무실에 있는 작가와 유선으로 대책 회의를 해야 했다. 대책은 크게 두 가지로 나뉘는데 하나는 그 근처에 있을지도 모를 또 다른 제보를 확인하는 것이고, 또 다른 하나는 일단 대기하는 거였다. 피디들이 전국으로 흩어지다 보면 자연스레 수도권, 경상권, 전라권, 충청권으로 할당 지역이 나뉘기 때문에 만약 내가 확인한 제보가 꽝이더라도 동일권 내에 확인해볼 만한 다른 제보가 있다면 그에 대해 우선권을 갖게 되는 암묵적인 규칙이 있었다. 이럴 때는 다음 제보만은 제발 괜찮길 기도하며 새로운 가능성의 땅으로 이동한다. 확인할 추가 제보도 없을 땐 새로운 제보가 들어올 때까지 맡은 지역에서 마냥 대기하는데, 이 시간은 우리에게 합법적으로 주어지는 여유 시간이었기에 알차게 활용해야 했다(여기에서 '우리'란 연출 피디, 서브 피디, 기장님 이렇게 세 사람이다).

활용법은 주로 선배 피디가 결정했다. 선배가 게임을 좋아하면 피시방에서, 당구를 좋아하면 당구장에서 시간을 보냈고, 유희보다 수면을 더 좋아하면 봉고차 시트를 뒤로 젖히고 함께 잠을 잤다. 극소수였지만 운동을 좋아하는 선배와는 줄넘기와 맨손 스쿼트를 하며 시간을 보내기도 했다. 덕분에 그 시절의 난 서든 어택이라는 슈팅 게임도 배우고, 3구 당구에도 입문하고, 바쁜 촬영 일정 속에서도 부족함 없이 잠을 잘 수 있었다.

대기 시간에 무엇을 하고 있었든 작가에게서 전화가 오면 그 순간 모든 상황은 종료됐다. 그때 걸려오는 작가의 전화는 95퍼센트 이상이 다음 제보에 관한 내용이었기에 통화가 끝나면 우린 모니터 화면을 끄고, 큐를 내려놓고, 잠을 물리치고 다음 행선지로 떠나야 했다.

목요일이나 금요일 정도에만 시작해도 주말까지 여유 있게 촬영할 수 있었는데, 운수가 나쁜 주엔 대여섯 번 이상 끊임없이 꽝을 맛보는 일도 허다했다. 그러면 수요일에 시작된 여정이 주말까지 종착지를 찾지 못했고, 다행히 토요일에라도 뒤늦게 귀인(?)을 만나면 1박 2일간 번갯불에 콩 볶아 먹듯 촬영해서 방송에 내보낼 수 있었다. 그러나 이 최후의 저지선마저 무너져버리면 송출 자체가 불가능했기에 그 주는 꽝이었음을 인정하고 죄인이 된 마음으로 다음 주를 기약해야 했다.

주말에 촬영을 끝낸 다른 피디들이 월요일에 편집을 끝내고 화요일에 꿀맛 같은 휴가를 보내는 동안, 꽝을 낸 피디는 계속해서 제보를 확인하러 다녀야 했고 화요일까지 아이템을 찾지 못하면 또다시 수요일 아이템 회의에 참석해 제보 파일을 뒤져야 했다. 연차에 관계없이 지난주 꽝 피디에게 이번 주 1번 제보를 뽑을 자격을 주었기에, 꽝 피디가 넘어온 주의 피디들은 농담 반 진담 반으로 그에게 한마디씩 핀잔을 줬다. 팀원들에게 민폐를 끼치지 않기 위해서라도 내가 맡은 주에 제작을 끝낼 수 있도록 열심히 제보를 확인하러 다녀야만 했다.

모든 순간이 말 되는 아이템 찾기의 연속이라고 할 수 있었다. 그리고 이 과정 자체가 이 프로그램을 하는 백미이기도 했다. 봉고차를 타고 전국 방방곡곡을 누비며 섬유 유연제 마시는 할머니, 대변 보기 전에 점프하는 누렁이 등 재밌고 신기한 사람과 동물들을 잔뜩 만날 수 있었다. 그중에서도 경기도 안산에 사는 젊은 부부가 보내온, 기억에 남는 일화 하나를 소개하겠다. 제보 내용은 단순했다.

매일 밤 우리 집 화장실에 누가 왔다 가는 것 같아요.
너무 무서워요.

「그것이 알고 싶다」 팀에 온 제보였다면 소름 끼칠 정도로 무서운 내용이었을 것이다. 자세히 들어보니, 자기 전 분명히 화장실 문을 닫았는데 다음 날 확인해보면 그 안에 있는 비누, 샴푸 통, 수세미 등 욕실 용품의 위치가 바뀌어 있다는 것이었다. 불안한 마음에 현관문이 잠긴 것을 여러 차례 확인하고 잠들었지만 이튿날 아침이면 어김없이 욕실 용품들이 화장실 바닥에 어지러이 뒹굴고 있었다고. 부부에게 몽유병이 있는 것도 아니고 아이도 그런 장난을 친 적이 없는 상황에서 한밤중에 도대체 누가 침입해서 이 사달을 벌이는 건지 밝혀달라는 내용이었다.

호기심이 발동한 나는 그 즉시 사건 현장(?)을 찾아가 제보를 확인해보기로 했다. 이런 유형은 제보자의 망상인 경우도 종종 있었기에 실제 내 두 눈으로 사실관계를 확인하는 게 중요하다. 제보자를 만나 간단한 인터뷰를 하고 그 집에서 하룻밤을 지내며 상황을 확인해봤다. 부부는 잠들기 전 화장실 문을 닫았고 다음 날 아침이 되기 전까지 누구도 화장실을 사용하지 않았다. 그런데 정말 이튿날 일어나 화장실 문을 열어보니 내부가 난장판이었다. 간밤에 화장실에서 전쟁이라도 난 듯, 가지런히 놓아두었던 샴푸며 린스며 각종 집기들이 여기저기 제멋대로 흩어져 있었다. 또 하나의 특이점은 화장실 문을 열어두고 지내는 낮 동안에는 그런 일이 전혀 벌어지지 않는다는 것이었다. 밤에만 출몰하는 신원 미상의 누군가……. 궁금증은 커져갔다.

　그렇다면 다음 단계는 관찰 카메라다. 둘째 날 밤, 화장실 내부 곳곳에 관찰 카메라를 설치했다. 용품을 원래의 자리에 가지런히 두고 화장실 문을 닫은 뒤 안방에서 부부와 함께 실시간으로 상황을 지켜봤다. 그렇게 관찰을 시작한 지 채 30분도 지나지 않았을 때, 경악스러운 광경이 눈앞에 펼쳐졌다. 변화는 예상치 못한 곳에서 감지됐는데, 바로 변기였다. 변기에 고여 있던 물이 조금씩 진동하기 시작했고, 마치 그곳에만 국부적으로 지진이 난 듯 물의 진동이 격렬해지더니 시커먼 무언가가 변기 구멍에서 올라와 수면 위로 모습을 드러냈다. 정체는 바로 변기 물에 흠뻑 젖은 쥐였다. 부부와 나는 깜짝 놀라 으어어 괴성을 지르며 나동그라졌다.

　변기에서 나온 쥐는 화장실 곳곳을 자기 집 앞마당처럼 돌아다니며 비누를 갉아먹고, 샴푸 통으로 드리블을 하고, 수세미를 물고 뜀박질했다. 그렇게 신나게 화장실을 한바탕 쑤시고 다닌 쥐는 마지막으로 변기 물로 입가심을 한 뒤 다시 물속으로 풍덩 입수해 사라졌다.

　나는 한밤중 화장실 난동 사건의 범인을 밝혀내는 과정을 카메라에 생생히 담았고 마지막으로 쥐가 다신 나오지 못하게 하는 트랩을 배수구에

설치하며 촬영을 마무리했다. 그리고 방송이 나간 뒤 제보자에게 전화했다.

"이제 변기에서 쥐 안 나오죠?"

"네, 이제 안 나와요!"

"다행이네요. 이제 그런 일 없을 거예요."

"네…… 그렇긴 한데……."

제보자는 뭔가 할 말이 더 있는 것 같았다. 무슨 일이냐고 묻자 그는 예상치도 못한 답을 내놨다.

"우리 집에선 안 나오는데 이제 옆집 변기에서 쥐가 나온대요."

아, 그 생각은 못 했다. 쥐는 생각보다 영리한 동물이었다. 제보자 옆집에 거주하던 분들께 때늦은 위로의 말씀을 드리며, 혹시 아직도 변기에서 쥐가 나오고 있다면 「순간포착 세상에 이런 일이」나 「TV 동물농장」으로 제보해주시기를…….

사실 이게 더 재밌는데요

「순간포착 세상에 이런 일이」 팀의 또 다른 재미가 있다면 바로 지역 맛집 탐방이었다. 대한민국 전체 인구 중 절반이 좀 안 되는 수가 수도권에 몰려 살지만 팀에 들어오는 제보의 발신지는 수도권보다 그 외 지역이 월등히 더 많았기에 피디들은 매주 3박 4일에서 4박 5일가량 지방 출장을 다녔다. 이 정도 일정의 국내 출장에는 숙박비와 식비 명목으로 30만~40만 원의 출장비가 나왔는데 이 돈에는 사용 후 증빙 절차가 없었기에 각자 취향껏 사용하면 됐다.

식사보다 잠자리가 중요한 '잠자리파'는 가성비 위주의 식사를 하며 컨디션 좋은 숙소를 골랐고, 반대로 식사가 더 중요한 '먹거리파'는 허름한 숙소에서 자더라도 먹는 데엔 돈을 아끼지 않았다. 사용 후 남는 출장비는 본인 몫이었기에 숙박비, 식비 모두 아

꺼 지기 많으로 최대한 돌리는 '재테크파'도 있었다.

아무래도 고된 출장 중 비교적 쉽고 간단하게 기쁨을 얻을 수 있는 것이 식사였기에 대부분의 피디는 '먹거리파'에 속했다. 매주 함께 식사를 하다 보니 서로의 음식 취향을 간파할 수밖에 없었고, 각자가 가수 동방신기 멤버인 양 사자성어를 방불케 하는 음식 관련 별명을 하나씩 갖고 있었다. 국밥을 좋아하는 선배는 국밥해식, 백반을 좋아하는 선배는 백반상구, 중국집을 좋아하는 선배는 짜장청화, 이런 식이었다. 나는 웰빙준우였다. 젊은 놈이 건강에 좋은 음식만 찾아 먹는다며 선배들이 붙여준 별명이었다(건강한 음식이라는 게 별건 아니었고 가능하면 밀가루보단 쌀밥을 먹고, 제육볶음을 먹더라도 쌈 채소가 곁들여지는 식당을 찾았을 뿐이다).

내가 팀에 합류하기 전부터 선배들은 다년간 출장을 다녔고, 수많은 식당을 가봤기에 출장지가 정해지면 그와 동시에 꼭 들러야 하는 맛집도 함께 정해지곤 했다. 예를 들어 부산으로 출장을 가면 '금수복국'에서 복지리를, 전주로 가면 '왱이집'에서 콩나물국밥을, 나주로 가면 '하얀집'에서 곰탕을 꼭 사 먹었다(2010년 기준이라 지금도 맛있을지는 장담할 수 없다).

출장을 끝내고 복귀하는 피디들이 그 지역의

유명한 간식을 사오는 정겨운 문화도 있었는데, 특히 전국 3대 빵집이 있는 대전, 군산, 목포에서 돌아올 땐 꼭 성심당에서 튀김소보로와 부추빵을, 이성당에서 단팥빵과 야채빵을, 코롬방제과에서 새우바게트와 크림치즈바게트를 사왔다.

당시 팀 내 피디들 사이에선 출장 중 전국 5대 짬뽕을 먹어보는 게 유행이었다. 국밥해식 선배가 전국 5대 짬뽕 리스트를 공유하면서 시작된 걸로 기억하는데(국밥해식은 짬뽕에도 조예가 깊었다), 다섯 군데의 짬뽕 맛집이 전국 팔도에 흩어져 있다 보니 전부 섭렵하는 게 쉬운 일은 아니었지만, 매주 이곳저곳을 쏘다니는 우리에겐 도전해볼 만한 미션이었다. 그래서 너 나 할 것 없이 모든 피디가 도장 깨기 하듯 기회만 되면 5대 짬뽕집을 들렀고, 아이템 회의에서 제보를 고를 때에도 전국 5대 짬뽕집을 보유한 지역은 약간의 이득을 누렸다.

2010년 당시의 5대 짬뽕은 군산 복성루, 대구 진흥반점, 강릉 교동반점, 평택 영빈루, 공주 동해원이었다. 누가 선정했는지 모르겠지만 지역 안배를 꽤 균형적으로 해냈다고 생각한다. 나는 이 중에서도 군산 복성루의 짬뽕을 좋아했다. 사골 육수에 해산물을 넣고 끓였는지 국물이 시원하면서도 묵직했고, 각종 해산물

96

과 다진 고기가 면 위에 듬뿍 올라가 있었다. 난생처음으로 짬뽕이 배달 음식이 아닌 하나의 요리로 느껴질 정도였다. 국밥해식 선배가 최근 들려준 이야기에 의하면 요 근래 군산에 쟁쟁한 중국집이 많이 생긴 탓에 전국 단위가 아닌 군산 내에서도 복성루의 명성이 예전 같지 않다는데, 아무래도 14년이나 지났기에 지금은 전국 5대 짬뽕이 재편됐을지도 모르겠다.

예능에서 사고 치고 온 놈, 접니다

「순간포착 세상에 이런 일이」를 1년 남짓 하는 동안 신기하고 재미난 사람과 동물, 사연을 만나고 다니는 일도 즐거웠고, 제보가 꽝이 나서 대기하는 동안 선배들과 당구 치며 노는 것도 즐거웠고, 촬영 중간중간 전국에서 소문난 맛집을 돌아다니는 것도, 촬영이 끝난 밤 모텔 방에서 선배 피디, 기장님과 치맥을 하는 것도 꽤 즐거운 일이었다. 무엇보다 10분대의 짧은 VCR이긴 하지만 내 손으로 직접 촬영하고 편집한 영상이 TV에 나오는 게 신기하고 뿌듯했다. 예능국에 사표 내고 나왔다가 속는 셈치고 들어온 교양국에서 그렇게 난 조금씩 교양만의 매력에 젖어들어 가고 있었다.

SBS 교양국에서 조연출은 만 3년이 되기 전까지 6개월씩 팀을 옮겨다니며 다양한 경험을 쌓는다. 나는 2년 차에 교양국에 온 뒤 「순간포착 세상에 이런 일이」팀에서만 1년 넘게 일한 특이 케이스였다. 교양국에 빨리 적응하도록 한 팀에 오래 둔 건지, 한 번 사표 냈던 이력 때문에 다른 팀에서 받아주지 않은 건지 이유는 정확히 모르겠으나 한 프로그램을 1년 이상 진득하게 만들면서 확실히 일을 안정적으로, 또 빠르게 배울 순 있었다. 내가 팀을 떠나던 날, 나이 지긋한 팀장님은 이런 인사말을 해주었다.

"준우, 난 처음에 너를 우리 팀에 보낸다고 했을 때 솔직히 싫었어. 예능에서 사고 치고 온 녀석을 받고 싶진 않았거든. 근데 말이야. 1년 동안 지켜보니까 그때 내 생각이 틀렸다는 생각이 드네. 그동안 고생 많았고 기대 이상으로 잘해줬어. 고마워."

너무나 감동적인 말이었기에 지금도 또렷이 기억하고 있다. 팀장님 말대로 당시 나는 '예능에서 사고 치고 온 놈'으로 교양국 선배들에게 인지됐던 모양이다. 이후 다른 선배들로부터도 "나 너 처음 교양 왔을 땐 말이지"로 시작되는 말을 종종 듣곤 했다.

내가 첫 팀에서 열심히 전국을 쑤시고 다니던 즈음은 지상파 3사 교양본부에서 대규모 다큐멘터리를 경쟁적으로 제작해 내놓던 때였다. 그 시작은 2008년 말에 방송된 MBC 「북극의 눈물」이었다. 이듬해 같은 방송사에서 방영된 「아마존의 눈물」이 국내 다큐멘터리 사상 최고 시청률(무려 20퍼센트)을 기록하며 공전의 히트를 치면서 SBS도 MBC의 '눈물' 시리즈에 맞설 대규모 다큐멘터리 시리즈를 기획하기 시작했다. 그 첫 작품이 「최후의 툰드라」였다. 시베리아 툰드라 지역의 자연과 동물, 사람들의 삶을 국내 최초로 밀착 취재한 다큐멘터리였고 시청률과 화제성에서 꽤 좋은 결과를 냈다. 그래서 이듬해인 2011년에는 성공한 전작을 잇는 또 하나의 '최후' 시리즈, 「최후의 바다 태평양」 제작이 시작됐다. 그때 나는 「순간포착 세상은 이런 일이」를 1년가량 했을 때였다.

2011년 초. 매주 가는 지방 출장과 몸에 배는 모텔 냄새가 슬슬 지겨워질 무렵, 한 선배가 나를 따로 호출했다. 자기가 큰 다큐멘터리를 기획하고 있는데 조연출로 오지 않겠냐는 제안이었다. 그게 「최후의 바다 태평양」이었다. 1년 동안 태평양 섬들을 누비며 다큐멘터리를 촬영할 건데, 매주 방송하는 레귤러 프로그램에선 할 수 없는 좋은 경험을 많이 하게 될 거라고 했다.

실제로 몇 년에 한 번 제작될까 말까 하는 대규모 다큐멘터리 프로그램의 조연출이 되는 경험은 원한다고 누구나 할 수 있는 게 아니었기에, 굳이 다른 조연출들을 두고 '예능에서 시고 치고 온 놈'에게 선뜻 제안해준 선배가 더 고마웠다. 나의 어떤 점을 보고 제안한 건지, 단지 타이밍 맞는 사람이 나밖에 없었던 건지 정확한 이유는 아직도 모르지만 당시 내 입장에선 그 제안이 그저 감개무량했다. 해외 여행 경험도 SBS 입사 직전 일본 도쿄에 잠시 다녀온 게 다였던 나는 그렇게 얼렁뚱땅 큰 고민 없이 대규모 다큐멘터리 제작 팀에 승선했다.

해외 출장=수하물 전쟁

팀장, 메인 작가를 포함해 스무 명 이상의 피디, 작가가 있었던 첫 팀과 달리「최후의 바다 태평양」팀은 메인 피디 둘에 조연출 둘, 메인 작가 하나에 막내 작가 하나, 이렇게 총 여섯 명이 전부인 소규모 팀이었다. 팀원 수는 적었지만 당해 제작비 13억 원이 투입되는 창사 특집 4부작 다큐멘터리를 책임져야 하는, 작지만 작지 않은 팀이었다. 그 안에서 나는 1, 3부 연출을 맡은 선배를 돕는 역할이었다. 2부와 4부는 다른 연출 선배와 조연출이 담당했고, 메인 작가와 막내 작가는 1~4부 전체를 살폈다.

  팀을 옮긴 뒤 처음 든 생각은 '이 팀은 참 평화롭구나' 였다. 그 전 팀은 매주 전국으로 출장을 다니며 한 편의 VCR을 만들어야 했고, 예능국에 있을 때도 매주 방송을 송출해야 했기에 하루하루가 전쟁

같았는데 이 팀은 1년 동안 4부작짜리 다큐멘터리 하나만 만들면 되는, 산술적으로만 보면 여유 넘치는 팀이었다. 예능 피디 시절에는 대부분 편집실에 처박혀 있었고, 「순간포착 세상에 이런 일이」를 만들 땐 대부분 출장 중이었기에 일과 시간에 사무실에 이토록 오래 앉아 있을 수 있다는 게 어색하게만 느껴졌다.

내가 합류한 2월의 주요 일정은 자료 조사와 회의였다. 공식 홈페이지에 적힌 「최후의 바다 태평양」의 기획 의도는 '서구가 야만으로 치부했고, 힘의 논리에 의해 정복 대상이 됐던 태평양 사람들과 바다에 기대어 사는 생명들의 이야기를 우리 시선으로 이야기하고자 한다'였는데, 실제로 우리가 집중했던 일 역시 아직 문명이 닿지 않은 태평양 섬의 사람들을 찾는 거였다.

연출 선배는 지금껏 세계 어느 방송에서도 소개되지 않고 그들만의 전통적인 삶을 유지하는 원주민들을 찾고 싶어했다. 막내 작가는 매일 전 세계에서 발표된 각종 논문을 뒤져가며 우리가 찾는 내용이 있겠다 싶으면 전부 번역을 맡겼고, 번역된 자료 중 유의미한 내용을 팀원들과 곧바로 공유하고 함께 회의했다. 하지만 우리가 생각한 원주민을 찾는 일은 쉽지 않았다. 시간이 지날수록 '그런 사람들이 있다면 이미 BBC에서 찾아서 방송하지 않았을까?'라는 생각이 커졌고 아마 다른 팀원들도 나와 비슷한 생각을 품고 있었을 것이다. 하지만 연출 선배는 타협하려 하지 않았다. 아마 그 선배도 우리 목표가 불가능에 가깝다는 걸 모르진 않았겠지만 0.1퍼센트의 가능성이라도 놓고 싶지 않았던 것일 거다. 창사 특집 다큐멘터리를 연출한다는 부담 때문이었을까? 그랬을지도 모르겠다.

0.1퍼센트의 가능성을 좇는 동안 첫 촬영이 잡혔다.

촬영지는 하와이였다. 그간 출장이라고 해도 해남 땅 끝 마을 너머로는 가본 적이 없는데 비행기를 타고 해외로 나간다니! 그것도 무려 하와이라니! 이제야 내가 대기획 다큐멘터리 팀에 와 있다는 사실을 실감했다. 출장 멤버는 연출 피디, 촬영 감독, 수중 촬영 감독, 나, 이렇게 네 명이었다. 국내 출장과 인원수는 비슷한데 촬영 장비는 정확히 열 배 더 많았다.

10분짜리 영상을 찍어오는 국내 출장은 6밀리미터 카메라 가방과 삼각대 하나면 충분했지만 이번엔 카메라 가방만 대여섯 개에 렌즈 가방 시니 개, 다양한 사이즈의 삼각대 서너 개, 수중 카메라 하우징(카메라를 물로부터 보호하기 위한 기기) 가방, 스쿠버 다이빙 장비 가방 등 스무 개에 달하는 짐 가방을 챙겨야 했

104

다. 비행기를 타 본 사람이라면 알겠지만 탑승객 한 명당 실을 수 있는 가방의 개수와 무게가 정해져 있기에 추가로 금액을 지불하는 일 없이 그 많은 짐을 비행기에 싣는 것이 조연출에게 요구되는 능력 중 하나였다.

그러기 위해서는 우선 항공권을 예약하며 회사와 연계된 여행사와의 합의를 통해 위탁 수하물의 개수를 최대로 늘려놓아야 했다. 여행사에겐 SBS가 프로그램 제작을 위해 항공권을 자주 예매하는 단골손님이었기에 가능한 선에서 수하물 위탁 한도를 최대로 높여주곤 했다. 하지만 촬영 팀의 짐은 항상 그 한도를 초과했고 그래서 촬영 감독의 특권이 더해져야 했다. 다큐멘터리 촬영 감독은 해외 출장을 워낙 자주 다니는 덕에 대부분 항공사의 VIP였기 때문이다.

이렇게 가능한 모든 방법을 동원해 부칠 수 있는 짐 개수를 늘려놓은 뒤 공항에 도착해서는 발권 카운터 근처에 있는 저울 앞에 모든 짐을 쏟아놓는다. 여기에서 짐 부치기 미션이 끝나는 것도 아니다. 이제부터는 수하물 한 개에 허용되는 최대 무게를 고려해 각 짐을 합포장해야 했다. 예를 들어 위탁 수하물 하나의 무게 제한이 23킬로그램인 미주 노선이라면, 15킬로그램짜리 가방과 8킬로그램짜리 가방을 합쳐 23킬로그램짜리 가방 하나로 만들어야 하는 것이다. 합포장 계산은 신속하고도 정확하게 진행되어야 했기에 일행 중 유일한 이과 출신이었던 내가 주로 담당했다. 물론 문과 출신도 할 수 있는 단순 산수였지만 아무튼 내가 했다. 돌이켜 생각해보면 그 시간을 즐겼던 것 같기도 하다. 돈 좀 더 내도 제작비에 큰 타격은 없었을 테지만 추가 요금 없이 합포장을 끝냈을 때의 쾌감은 유달리 짜릿했다. 무게와 개수를 한도 내에 무사히 맞추고 나면 "아싸!" 정도의 감탄사와 함께 감독님들과 하이파이브를 하고 본격적으로 짐을 부쳤다.

테······ 테이프가 사라졌다

출발 전 미션이 추가 요금 없이 모든 짐을 무사히 부치는 것이라면, 도착 후 미션은 우리 짐이 무사히 도착했는지 확인하는 것이다. 어떻게 보면 이게 더 중요한 절차였다. 첫 번째 미션은 실패하더라도 추가 요금만 내면 됐지만, 두 번째 미션은 실패한다면 촬영에 직접적인 지장이 생길 우려가 있기 때문이다.

그래서 다큐멘터리 조연출의 또 다른 역할은 짐 개수를 정확히 파악하여 이동할 때 누락이 있는지 여부를 체크하는 것이다. 비행기 도착 때는 물론이고 출장지에서 숙소를 옮길 때에도 출발 전과 후 짐의 개수를 늘 강박적으로 확인해야 한다. 다행히 「최후의 바다 태평양」 팀에서 출장을 다닐 땐 짐이 쉰 개인 경우에도 잃어버린 적이 없었지만 그로부터 2년 뒤 연출을 맡은

「짝」에서는 비행기에 실은 짐이 사라진 적이 있다.

「짝」은 보통 국내에서 찍는 프로그램이었지만 마침 당시 이탈리아 관광청 협찬으로 「로미오와 줄리엣」의 배경인 이탈리아 베로나에서 촬영할 기회가 생겼다. 유럽 땅을 밟아본 적이 없던 나는 일주일간 촬영을 핑계로 틈틈이 이탈리아 젤라토와 피자도 맛보고 베로나 인근의 베네치아로 출연진 데이트를 따라가 산 마르코 광장도 보고 곤돌라도 타며 즐겁게 촬영을 마치고 인천공항에 돌아왔는데 글쎄, 짐 하나가 감쪽같이 사라진 것이다.

그럴 리가 없다며 모든 제작진이 짐 개수를 몇 번이고 다시 셌는데도 여전히 짐 한 개는 없었다. 이런 상황에서는 가장 타격이 덜한 짐이 사라졌기를 바라는 수밖에 없는데, 제작진 개인의 짐이 사라지는 게 최상의(?) 시나리오이고, 간단한 촬영 장비가 사라졌다면 회사에 가서 손망실 보고서를 써야 하는 번거로움은 있겠지만 그래도 차선의 시나리오이고, 고가의 카메라가 사라졌다면 가슴 좀 쓰리고 제작비에 타격도 크겠다만 방송에 문제는 없으니 최악은 아니다. 그렇다면 최악은 무엇일까. 바로 촬영한 테이프가 사라진 경우다.

당시 공항에서 사라진 짐은 불행히도 테이프 박스였다. 그 사실을 깨닫는 순간 등에서 식은땀이 주르륵 흘렀다. 촬영 테이프가 사라졌다는 건 제작진이 영상을 찍기 위해 준비한 시간, 즉 기획 회의, 출연자 미팅, 촬영 회의, 사전 답사를 하며 보낸 시간과 촬영을 위해 수십 명의 촬영 감독이 무거운 카메라를 지고 뛰어다니며 흘린 땀, 출연자들이 카메라 앞에서 보여준 진심이 모두 사라졌다는 뜻이었다.

특히 연애 프로그램의 특성상 이미 최종 선택이 끝난 상황에서 이전 상황을 재연할 수도 없었다. 당시 우리가 할 수 있는 건 '제발 사라진 테이프 박스가 1일차나 7일차의 것이 아니기를⋯⋯' 하고 비는 정도였다. 첫날이나 마지막 날의 촬영본이 없어졌다면 정말 방송이 불가할 수도 있었기 때문이다. 모두가 간절한 마음으로 눈앞의 테이프 박스를 하나하나 뜯었다. 그런데 이상하게도 테이프 박스를 다 뜯어보니 우리가 촬영했던 테이프는 빠짐없이 다 있었다. '그럼 사라진 건 뭐지?'라는 생각에 잠겨 있던 와중에 조연출이 외쳤다.

"빈 테이프 박스예요!"

사라진 건 다행히 여분으로 챙겨갔던 공테이프 박스였다. 그야말로 최악의 상황에서 나올 수 있는 최상의 시나리오였다. 이번 촬영을 위해 고생했던 지난 한 달이 물거품이 될 수도 있었던 짧고도 강렬한 공포의 시간이 지났음에 모두 겨우 웃음을 되찾았지만 팀장의 분노는 가시지 않았다.

"이거 항공사에 수십억 손해 배상 청구해야 돼!"

그도 그럴 것이 사라진 게 만약 촬영 테이프 박스였다면 이것은 돈으로도 환산하기 어려운 막심한 피해였을 것이기 때문이다. 그래서 우린 비록 빈 테이프 박스였지만 그걸 어떻게든 찾아달라고 항공사에 요청했다. 혹시라도 추후 이런 불상사가 생기면 되찾을 방법이 있는지 확인해보고 싶기도 했고, 우리가 탄 비행기에 실었던 짐이 도대체 어디에 가 있는 건지 궁금하기도 했다. 하지만 그로부터 10년이 지난 지금까지도 그 박스의 행방은 확인되지 않고 있다.

방송 제작은 이렇듯 상황의 필연적인 가변성으로부터 기록물을 기필코 사수해내야 하는 필사의 싸움이다. 「최후의 바다 태평양」에서도 황당한 경험이 한 번 있었다. 호주 브리즈번 공항이었던 걸로 기억하는데, 그때도 짐 하나가 사라졌다. 우리가 탑승한 비행기의 모든 수하물이 벨트 컨베이어 위에 뱉어졌는데도 우리에겐 짐 하나가 없었다. 혹시나 해서 주변의 다른 수하물 수취대를 한참 두리번거렸는데 우리가 기다리던 곳에서 가장 멀리 떨어진 곳 구석에 여행용 가방 하나가 덩그러니 있는 게 보였다.

30분 넘게 찾아다닌 우리의 가방이었다.

이게 어떻게 된 일인지 공항 관계자에게 물어봐도 명확한 답은 돌아오지 않았다. 그 가방은 홀로 우리와 다른 비행기를 탔던 걸까. 아니면 우리 비행기를 탔지만 도착지에서 홀로 다른 비행기 수하물과 섞여버렸던 걸까. 그것도 아니라면 우리 비행기에 탔던 누군가가 그 가방을 자신의 짐으로 착각해 가져가다 아차 하고 구석에 버려둔 채 떠난 걸까. 공항은 보통 설렘의 공간이지만 피디에겐 이처럼 긴장과 공포의 공간이기도 한 것이다.

쓰나미가 와도 찍어야 해

「최후의 바다 태평양」의 첫 촬영 내용은 2주간 하와이에 머물며 혹등고래를 관찰하는 거였다. 혹등고래는 길이 17미터, 무게 40톤에 이르는 거대한 몸을 이끌고 매년 포육 활동을 위해 알래스카에서 하와이까지 긴 여행을 하는데 우리는 그 모습을 보기에 가장 좋은 3월에 촬영을 떠났다.

사실 그전까지만 해도 혹등고래는 부차적인 관심사였고 내겐 하와이에 간다는 사실 자체가 더 중요했다. 그러나 일본을 경유해 열다섯 시간 가까이 비행기를 타고 도착한 호놀룰루에 머문 시간은 그리 길지 않았다. 와이키키 해변을 배경 삼아 간단한 식사와 커피 한 잔을 하고 피곤한 몸을 잠깐 침대에 맡겼다 일어난 뒤 우리는 곧장 비행기에 올라타야 했다. 호놀룰루는 레이오버layover의 장소였을 뿐 최종 목적지는 마우이섬이었기 때문이디. 물론 그곳도 하와이의 무척이나 아름다운 섬이었지만 문제는 우리의 촬영 일정이었다. 마우이에서의 일정은 2주 내내 동일했다. 아침 일찍 일어나 아홉 시에 배를 타고 혹등고래를 찾으러 떠난다. 점심은 배 위에서 샌드위치로 해결한다. 저녁까지 혹등고래를 찾는다. 해가 질 때쯤 항구로 돌아온다. 저녁 식사를 하고 숙소로 가서 파일 백업을 하고 촬영본을 모니터링한다.

하루 정도는 마우이섬 구경을 할 수 있지 않을까 기대했지만 돌아오는 날까지 그런 자유는 주어지지 않았다. 외국을 여행으로 가는 것과 출장으로 가는 건 하늘과 땅 차이임을 절실히 느낀 첫 해외 출장이었다. 평일이든 주말이든 비가 오든 바람이 불든 이 루틴은 바뀌지 않았다. 단 하루만 빼고.

2011년 3월 11일. 일본의 도호쿠 지방 태평양 해역에서 지진이 발생했다. 촬영을 끝내고 숙소에서 휴식을 취하던 중이었는데 갑자기 TV에서 날카로운 경고음이 울렸다. 놀란 모두가 앞으로 달려가 보니 하와이에 쓰나미가 오고 있다는 뉴스 속보가 타전되고 있었다. 이어 휴대전화 벨 소리가 하나둘 울리기 시작했다. 한국에도 이곳 소식이 전해졌는지 가족들의 우려하는 연락이 쏟아졌다.

하필 숙소가 바닷가 바로 앞이라 쓰나미가 온

다면 정말로 위험천만한 상황이었다. 현지에서 통역을 맡은 코디네이터도 그 숙소는 위험하니 자기 집으로 건너오라고 했다. 그의 집은 마우이섬에서도 꽤 높은 곳에 위치해 있어 쓰나미가 와도 닿지 않을 비교적 안전한 장소였다.

긴장한 우리는 늦은 밤 급히 짐을 꾸리기 시작했다. 그런데 그때, 선배 피디가 장비들을 챙기고 있던 내게 카메라를 건네며 말했다.

"넌 짐 싸지 말고 찍어."

쓰나미가 닥칠 수도 있는 다급한 상황에서도 방송을 먼저 생각하다니. 그 순간 난 이 선배가 정말 프로답다고 생각했는지 아니면 방송국 놈들은 참 지독하다고 생각했는지 정확히 기억나지 않는다. 아니, 기억이 나더라도 여기에 기록하진 않겠다. 아무튼 그날 내가 손에 카메라를 들고 촬영한 당시의 급박한 현장은 약 8개월 뒤 메이킹 영상으로 제작되어 예고편과 본편에 요긴하게 활용됐다. 결론적으로는 프로다운 선배님이었던 것으로……

하와이에 들이닥친 쓰나미는 걱정한 만큼 거대한 규모는 아니었다. 옮겨간 집에서 밤을 보낸 뒤 다음 날 조심스레 숙소 쪽으로 내려가 보니 다행히 큰 피해는 없었다. 원래 숙소가 바닷가에서 작은 도로 하나를 두고 5미터 정도 떨어진 거리에 있었는데, 간밤외 쓰나미는 숙수 외벽의 밑동만을 살짝 적시는 수준에 그쳤다.

하와이 육지의 피해는 비교적 적었지만 바다의 상황을 섣불리 예측할 순 없었기에 우리는 하루쯤 촬영을 쉬고 개인 정비를 했다. 그날이 당시 해외 촬영에서의 처음이자 마지막 휴식이었다.

혹등고래 만나는 건 힘들어

쓰나미가 온 이튿날 단 하루를 제외하고 매일 진행된 촬영은 체력적으로나 정신적으로나 우릴 지치게 만들었다. 처음에는 혹등고래 촬영을 왜 2주씩이나 해야 하는지 이해가 안 됐지만 첫날 바다에 나가보니 그 이유를 바로 납득할수 있었다. 우선 그 넓은 바다에서 혹등고래를 마주치는 일이 기대만큼 자주 일어나지 않았다. 하루 아홉 시간 가까이 바다 위에 떠 있었지만 대부분의 시간 동안 혹등고래를 그저 찾으러 다니기만 했다. 간혹 혹등고래와 마주치더라도 그 만남이 매번 촬영으로 이어지는 건 아니었다. 마우이섬에서 우리만 혹등고래를 찾아다니는 것은 아니었기 때문이다.

우리는 마우이섬 혹등고래 연구소의 도움을 받아 연구용 배를 함께 타고 찾아다녔고, 우리 배 주변엔 혹등고래를 보러 온 관광객을 태운 배가 늘 여러 척 있었다. 보통 '혹등고래 관찰 투어'라 불리는 관광용 선박이었는데, 이들 사이에는 암묵적 규칙이 있었다. 혹등고래가 나타났을 때 가장 가까이에 있는 배 한 척만 다가가 관찰할 수 있다는 것. 여러 배가 한꺼번에 접근하면 혹등고래가 놀라서 도망갈 수 있기에 생긴 규칙이었고, 우리가 탑승한 연구용 배도 그 룰에서 예외는 아니었다. 적지 않은 비용을 내고 '혹등고래 관찰 투어'를 신청한 사람들의 목적이 '고래를 보는 것'인 만큼 목격 실패가 곧 투어 실패인 셈이고, 업체는 불만 접수와 관광객 수 감소 등 그에 따른 리스크를 감당해야 했다. 투어 배들이 더 경쟁적으로 혹등고래를 찾아다닐 수밖에 없는 배경이다.

절박한 건 우리도 마찬가지였기에 혹등고래를 가까이에서 촬영하려면 그들과의 경쟁을 피할 수 없었다. 그러나 촬영을 시작한 지 며칠이 지나도록 혹등고래를 가까이서 관찰할 기회를 얻지 못했고 시간이 갈수록 초조함은 더 커졌다. 수중 근접 촬영을 위해 동행한 수중 촬영 감독은 바다에 들어갈 일이 좀처럼 생기지 않자 "그래도 밥값은 해야지"라며 카메라를 들고 육상 촬영에도 발 벗고 나서며 괜한 민망함을 떨쳐내려 했다.

최근접 관찰 지역을 차지하지 못했을 땐 멀리

서나마 망원 렌즈로 혹등고래를 촬영했다. 꽤 원경이었음에도 혹등고래의 몸집이 워낙 커서인지 아주 멀리 있다고 느껴지진 않았다. 고래가 수면 위로 점프했다가 다시 아래로 떨어지는 동작을 브리칭breaching이라고 하는데, 혹등고래가 브리칭을 하며 온몸이 수면 위로 드러날 정도로 힘차게 도약한 뒤 거대한 파고를 만들어내며 바닷속으로 다시 첨벙 사라지는 순간을 처음 봤을 땐 정말이지 입이 떡 벌어졌다.

그야말로 장관이었다. 멀리 떨어진 곳에서 바라본 것이었지만 그 에너지가 몸에 와닿는 듯했고, 그럴 땐 꼭 혹등고래 특유의 기름 냄새랄지 비린내 같은 것이 온 바다에 진동했다. 잠깐 뛰어오른 것만으로 이 넓은 바다 위를 자신의 체취로 가득 채워버리다니, 그런 압도적인 존재감은 과거 서울대공원에서 시베리아호랑이와 롤런드고릴라를 본 이후 처음 목격했다. 물론 그들과도 쉽게 비교할 수 없는 엄청난 압도감이었다.

난 첫눈에 혹등고래에 흠뻑 빠졌다. 그 후 며칠간의 도전 끝에 혹등고래를 아주 가까이에서 관찰할 기회를 여러 번 가질 수 있었다. 바로 눈앞에서 마주한 혹등고래는 상상 이상으로 거대했고 기대 이상으로 친근했다.

수중 촬영 감독은 물 만난 고기처럼 산소통을

메고 바다에 뛰어들었고 혹등고래와 나란히 수영하며 그
들에게 밀착해 촬영했다. 나는 배 위에서 혹등고래가 분수
처럼 뿜아 올리는 굵은 물줄기를 맞으며 수면 위로 고개를
삐죽 내밀거나 점프하는 그를 마음껏 카메라에 담았다.

내 착각이었는지는 모르겠지만 한 번은 촬영 중 혹등
고래의 눈과 마주치는 신비한 경험도 했다. 그는 날 기억하
고 있을까. 나는 그때 마우이섬 기념품 상점에서 샀던 혹등
고래 꼬리가 그려진 반소매 티셔츠를 10년이 넘도록 해질
때까지 입으며 그날을 추억하고 있다. 그 녀석(나보다 오래
살았을 수도 있지만……)도 가끔 내 생각을 할 거라 믿는다.

누구나 한류 스타가 될 수 있는 섬

혹등고래, 소규모 해일과 함께한 2주간의 하와이 촬영은 전체 제작 과정의 애피타이저에 불과했다. 이미 엄청난 일을 했다고 생각했는데 하와이 일정이 끝난 뒤부터 촬영 준비는 더 본격화되었다. 선배 피디가 원했던 완전한 미지의 세상은 아니었지만 당시 기준으로 가장 문명의 때가 덜 묻은 섬을 찾을 순 있었다. 호주 바로 위에 위치한 파푸아뉴기니의 키리위나섬이었다.

섬에 도착해 비행기에서 내리는 순간 나는 잠깐이나마 해외 순방에서 돌아온 대통령의 기분이 이런 걸까 짐작해볼 수 있었다. 수백 명의 섬 주민이 비행기 앞에 모여 우리를 환대해준 것이다. 보통 비행기에서 내리면 기나긴 출국 절차를 밟기 마련이지만 이곳은 공항 자체가 없었고, 비행기가 멈춰선 곳도 기다란 활주로기 이닌 섬 구석에 위치한 널따란 공터였디. 비행기에서 내린 뒤 짐을 꺼내 차에 싣는 내내 섬의 아이들이 우리를 따라다니며 신기한 듯 바라봤다. 가까이 다가와 내 손을 툭 건드리고 도망가며 꺄르르 웃기도 했고 우리가 탄 차가 출발하자 뒤따라 뛰며 소리치기도 했다.

"딤딤! 딤딤!"

'딤딤'은 파푸아뉴기니어로 '얼굴이 하얀 사람'을 뜻한다고 했다. 그러나 우리는 백인도 아닌 데다 특히나 나는 얼굴이 꽤나 까무잡잡한 편이다. 그런 우리가 어떻게 딤딤일 수 있냐고 코디님께 묻자, 그는 섬에 외국인이 방문하는 일이 매우 드물기 때문에 주민들은 백인과 황인을 잘 구분하지 못하며 자신들보다 피부색이 밝으면 다 딤딤이라 부른다고 했다. 외국인이 키리위나섬을 방문하는 것도 대부분 연구 또는 촬영을 하기 위함이며 이마저 아주 가끔 있는 일이라고 덧붙였다. 우리는 아마도 몇 년 만에 키리위나섬을 찾은 이방인이었을 것이며 그렇다면 어린아이들에겐 우리가 처음 보는 '딤딤'일 테니 신기할 만도 하겠다는 생각이 들었다.

키리위나섬은 예상과 달리 이미 문명과의 접촉이 어느 정도 진행된 곳이었지만 그럼에도 여전히 대부분이 전통적인 삶의 방식대로 살아가고 있었다. 물질문명을 충분히 이용하지 않는, 바꾸어 말해 서구식 문물이 덜 침투한 그곳에서 목격한 자연과 문명의 조화 및 충돌이 우리의 관심을 끌어당겼다. 도시화로 대표되는 문명과 거리를 두고 전통을 지켜나가는 사람들과 문명을 적극적으로 받아들이며 이용하는 사람 모두를 품고 있는 키리위나섬에서 우리는 두 달간 그들의 삶을 카메라에 담았다. 그리고 섬의 전통을 사랑하며 사수하려는 그레이스와 하루빨리 섬을 떠나 도심에서 살고자 하는 페르니아, 두 명의 10대 소녀를 통해 그곳 삶의 입체적이며 다면적인 모습을 방송으로 보여줄 수 있었다.

촬영은 고난의 연속이었다. 가만히 앉아 있기만 해도 땀이 뚝뚝 떨어질 정도로 무더웠고, 전기도 없다 보니 시원한 얼음물 한 잔이 간절할 때에도 미지근한 물로 더위를 달래야 했다. 식사로는 주민들의 주식인 얌을 먹었다. 얌은 굳이 따지자면 감자와 무 사이 어딘가에 위치한 맛이었는데, 식감만 존재하고 맛 자체는 거의 없다고 봐도 될 듯 싶었다. 나를 가장 힘들게 한 건 잠자리였다. 우리가 두 달간 묵은 곳은 원주민들이 로지라고 부르는, 파푸아뉴기니 본토의 고위 공무원들이 방문할 때 머무는 키리위나섬의 최고급 숙소였다. 바다를 품은 리조트 같은 외관에 감탄한 것도 잠시, 곧 끔찍한 위생 상태에   122

이언할 수밖에 없었다.

키리위나섬에서의 아침은 온몸에 연고를 바르며 시작됐다. 침대에 벼룩이 있었기 때문이다. 무더운 날씨에 에어컨은커녕 선풍기도 없어 늘 속옷 한 장만 걸친 채 잠자리에 들었는데 그렇게 후더운 밤을 지내고 아침을 맞으면 온몸에 어김없이 벼룩이 뜯고 간 자국이 수두룩했다. 숙소 측에 문의해봐도 뾰족한 수는 없었다. 오히려 모든 원주민이 벼룩과 함께 자는데 뭐가 문제냐는 반응이 돌아왔던 것으로 기억한다.

매우 고단한 촬영이었지만 그 와중에도 나를 웃음 짓게 한 건 결국 사람이었다. 섬 어딜 가나 "딤딤"을 외치며 쫓아오는 해맑은 아이들, 우리가 촬영 중 목말라하면 나무 위로 성큼성큼 올라가 코코넛을 따주는 아이들의 순수함은 치유 그 자체였다. 그들에게 즉각적으로 줄 수 있는 가장 큰 보답이 시원한 코카콜라였기에 나도 촬영 중 슈퍼마켓에 들를 때면 콜라를 잔뜩 사서 선물하곤 했다(슈퍼마켓에는 소형 발전기로 돌리는 냉장고가 있었다). 촬영 후반부가 되자 어른들도 하나둘 우리를 따라다니기 시작했고, 그들은 우리가 부탁한 것도 아닌데 먼저 나서서 무거운 촬영 장비를 나눠 들어주었다. 나는 코디님에게 물었다.

"저분들은 왜 이 시간에 우릴 따라다니는 걸까요?"

"할 일이 없으니까요."

"그럼 저분들은 다 백수예요?"

"이 섬에 사는 사람들 전부가 백수예요."

코디님은 허허 웃으며 설명을 덧붙였다. 섬 주민들은 보통 특정한 직업이 없으며, 살아가는 데 필요한 의식주만 해결하면 되는데, 집은 섬에 널려 있는 나무와 흙으로 비바람을 막아줄 정도로만 지으면 되고, 연중 내내 여름 한 계절만 계속되기에 옷은 가벼운 것 몇 벌이면 되며, 식량으로는 바다에서 물고기를 잡아 구워 먹고 목마르면 나무에서 코코넛을 따 마시면 된다고 했다. 살려고 아등바등할 필요가 없으니 직업을 꼭 가질 이유도 없는 거였다. 그러다 우리와 함께 걷는 원주민의 얼굴을 다시 바라보았다. 나와 눈이 마주치자 그는 뭐가 그리 좋은지 깔깔 웃었다.

문득 그곳에서 촬영을 진행한 두 달 동안 그들의 심각한 표정을 본 기억이 거의 없다는 걸 깨달았다. 그들은 늘 웃고 있었다. 우리가 무더운 날씨에 짜증 낼 때 코코넛을 건네며 싱긋 웃었고, 촬영 중 비가 쏟아져 심란해할 때에도 빗물 고인 진흙탕 위로 슬라이딩하며 호탕하게 웃었다. 우린 그 장면이 재밌어서 다시 카메라를 들고 그런 그들의 모습을 화면에 담았는데, 그것이 그들과 우리 사이의 가장 큰 차이라는 생각이 들어서였다. 우리는 언제나 특정한 목적을 갖고 완수하기 위해 심각한 얼굴로 쉬지 않고 일하는데, 그들은 현재 벌어지고 있는 일을 그대로 받아들일 뿐이었다. 어쩌면 그들이 우리를 신기하게 바라봤던 이유가 피부색 때문이 아닌 우리의 심각한 얼굴, 쉬지 않고 일하는 모습 때문은 아니었을까.

우리는 그들보다 행복할까

파푸아뉴기니 두 달, 타히티 한 달, 하와이 2주, 그렇게 총 100일 이상 해외 촬영을 다녔다. 억 단위의 CG 작업을 진행하고 영화 「괴물」「왕의 남자」의 음악을 담당했던 이병우 감독님과도 협업하는 등 일반 프로그램에서는 하기 어려운 경험도 많이 했다. 대규모 제작비가 투입된 대기획 다큐멘터리라 가능한 일이었다.

그중 무엇보다 값진 것은 프로그램 제작 과정을 긴 호흡으로 지켜볼 수 있는 기회, 그 자체였다. 이전까지는 매주 방송을 찍어내기에 바빴다면 이때 처음으로 방송이 만들어지는 과정을 슬로비디오로 꼼꼼히 살펴보며 체화할 수 있었다. 오지나 바다에서의 촬영은 시시때때로 닥치는 위기를 타파하는 과정 그 자체였지만, 절망적인 상황에서도 해결 방안을 찾아내는 기지를 얻을 수 있었다. 더 중요한 점은 그 위기를 받아들이는 태도라는 것도 배웠다. 오늘의 위기가 그 순간에는 절체절명의 무언가처럼 느껴질 수 있지만 기나긴 제작 과정을 놓고 보면 찰나의 것일 뿐이라는 것. 이런 사실을 받아들인 뒤나는 일희일비하지 않고 중심을 유지한 채 앞으로 나아갈수 있었고, 이런 마음가짐은 이후 다른 프로그램을 맡게됐을 때에도 심적 여유를 잃지 않는 원동력이 되었다.

「최후의 바다 태평양」은 2011년 11월 13일부터 4주간 4부작으로 방송됐고, 두 자릿수 시청률을 기록하며 대중적인 성공을 거뒀다. 그러나 이런 정량적인 지표보다 더중요한 건 이 다큐가 세상에 전한 메시지다. 나는 조연출로 이 프로그램에 참여하며 느낀 소회를 랩으로 풀어냈고 4회차 방송에 그 가사가 짤막하게 담겼는데 그 일부를 먼저 공유하겠다.

우린 다 똑같아

첨엔 우리와는 다르다고 생각했어
우리가 보는 대로 그도 우릴 보고 있었어
　　그들이 못난 것도 우리가 잘난 것도 없어
　　정말 없어 다 똑같아

노는 것도 똑같아 수줍은 건 똑같아

교장 선생님 훈시는 지루한 건 똑같아

하지만 다른 것 하나

그들에게서 느껴지는 진한 행복과 여유

그곳은 나에게도 낙원일까

아니면 그들만의 낙원?

우리는 어디쯤 있는 걸까

우리의 오늘은 행복한 걸까

그들은 우리의 어제일까

아니면 내일일까

　나는 섬 사람들을 촬영하는 내내 삶에 대한 그들의 만
족을 느꼈다. 그리고 나를 그곳에 놓아보았다. '만약 오늘
부터 내가 이곳에 산다면 나 역시 그들처럼 여유로울 수 있
을까?' 하고 자문도 해보았다. 촬영이 다 끝나고 최종적으
로 내린 결론은 '아니오'였다. 이미 나는 이목을 사로잡는
콘텐츠가 범람하는, 대체로 목표가 있고 그걸
달성하려는 욕망이 득시글한, 그 욕망 자체가 128

삶의 기쁨이자 슬픔이 내 나라에 좋든 싫든 익숙해져버린 사람이기에 이곳의 여유와 적막을 동경하면서도 그것이 불편하고 지루할 것 같다는 생각을 떨칠 수 없었다.

그렇다면 나는, 우리는 어떻게 행복할 수 있을까? 「최후의 바다 태평양」은 주민들의 삶을 통해 이 질문의 답에 대한 힌트를 슬쩍 보여줬다고 생각한다. 다큐는 문명과 자연을 대립시켜 하나를 추켜세우고 다른 하나를 비하하지 않는다. 단지 이렇게 주장할 뿐이다. 주어진 것에 감사하면 행복할 수 있다. 그것이 자연이든, 문명이든, 그 무엇이든.

먼 나라의 삶을 담고 있는 다큐멘터리는 얼핏 우리와 동떨어진 세계의 이색적인 삶을 다루는 것 같지만 보다 보면 다 우리 이야기구나 하고 깨닫는 순간이 온다. 삶의 본질은 지리나 문화의 차이를 초월하기 때문이다. 그렇기에 그날 하루의 스트레스를 즉각 풀어주는 예능 프로그램이나 당장의 문제에 골몰하게 만드는 시사 프로그램도 좋지만 1년에 한 번쯤은 우리 삶에 묵직한 질문을 던지는 긴 호흡의 다큐멘터리 프로그램도 방영될 필요가 있다. 우리가 '현생'을 사느라 놓치고 있던 실존적 고민을 함께 해주는 고마운 동료니까.

드디어 짝을 만나다

하루에 한 번 퇴사를 결심했던 예능국 시절에 비하면 교양국 생활은 꽤 행복한 편이었다. 프로그램 제작도 재밌었고 조직 문화와 그 문화를 함께 일구는 동료들도 너무 좋았다. 그러나 단 하나의 문제가 남아 있었다. 내가 여전히 예능 프로그램을 만들고 싶어한다는 거였다.

조연출 역할이나 짧은 VCR 제작을 맡는 저연차 때는 프로그램 성격과 관계없이 일을 배우고 성장하는 과정이 마냥 좋았지만 연차가 쌓이며 내가 프로그램의 주축이 되어야 하는 시기가 다가올수록 고민은 커졌다. 그래서 나는 당시 교양국의 유일한 예능형(?) 프로그램이었던 「짝」 팀으로 보내달라고 몇 년간 졸랐고, 마침내 그토록 원했던 「짝」으로 발령이 났다.

지금 「나는 SOLO」의 전신이라 할 수 있는

130

「짝」은 2011년 1월, 3부작 다큐로 처음 방송됐다. 그중 '나도 짝을 찾고 싶다'라는 부제로 방송된 1부가 「짝」의 원형인데, 이때만 해도 이후 정규 프로그램으로서의 「짝」보다 관찰 다큐멘터리에 더 가까웠다. 숙소 내에서 벌어지는 상황들은 제작진의 연출이나 개입 없이 거치 카메라 위주로 촬영됐고, 밤늦게 야외에서 이뤄지는 출연자 간의 은밀한 대화도 제작진과 분리된 채로 찍히는 등 연애가 그려내는 다양한 역학을 있는 그대로 담아내기 위해 노력한 프로였다. 「짝」은 익명의 일반인들이 한 공간에서 숙식하며 오로지 연애 상대만을 물색한다는 참신한 설정과 그들이 사랑하고, 경쟁하고, 번민하는 날것 그대로의 감정 덕에 큰 호평을 받으며 두 달 뒤 정규 편성됐다. 다큐멘터리였을 적부터 「짝」의 애청자였던 나는 듣는 귀가 물리도록 "「짝」 하고 싶어요!"를 수도 없이 외쳤고 그 후 여러 프로그램을 거쳐 결국 「짝」을 만났다. 그리고 「짝」을 연출했던 해, 나도 내 짝과 결혼했다.

남의 짝을 찾아주던 피디가 자기 짝을 찾았다며 다들 우스갯소리를 섞어가면서 축하해줬다. 8년의 연애 끝에 결심한 결혼이었다.

짝을 처음 만난 건 복학생 시절이었다. 전역 후 랩 하던 친구들과 뿔뿔이 흩어진 나는 우선 바닥에 찰싹 붙어 있는 학점이라도 끌어올려보자는 심산으로 전공 수업을 나름 열심히 들었다. 그때 학과 도서관에서 우연히 마주친 신입생 후배에게 첫눈에 마음을 빼앗겼다. 희곡론 수업의 일환으로 베르나르마리 콜테스 원작의 「목화밭의 고독 속에서」라는 난해한 연극을 함께 본 뒤 참여한 뒤풀이에서 첫 대화를 또 우연히 나눴는데, 알고 보니 그는 신입생이 아니라 나보다 한 학년 아래인 타 국립대 교환학생이었다.

당시 우리는 각자 방송 피디와 방송 작가라는 막연한 꿈을 갖고 있었고, 그런 이유에서였는지 처음부터 대화가 잘 통했다. 교제를 시작한 뒤 나는 격투기 웹진 기자, 격투기 방송 채널 인턴을 거쳐 SBS 예능국으로 입사해 우여곡절 끝에 교양 피디가 되었고, IT 스타트업에서 일을 시작한 짝은 우여곡절 끝에 콘텐츠 업계에서 일하게 됐다. 우리는 서로가 시행착오를 겪으며 자신의 꿈을 찾아가는 과정을 가장 가까이에서 지켜보고 응원해준 각별한 사이였다. 무엇보다도 우리는 감동하거나 분노하는 포인트가 비슷했다. 그렇기에 결혼을 한다면 이 사람과 해야 한다고 늘 생각했고, 처음 만난 뒤 정확히 8년째 되는 날 결혼식을 올렸다.

피디의 일상은 워낙 불규칙하기에 피디를

씩으로 든 연애 여시 분규칙할 수밖에 없었다. 연애와 업무가 동시에 만개한 20대 중후반의 조연출 때가 특히 심했다. 한 치 앞을 내다볼 수 없는 날이 매일같이 이어졌고 주52시간 근무제가 도입되기 전이라 퇴근 시간이라는 개념도 희미했다. 살짝 과장하자면 방송사에 '나인 투 식스'가 가능한 직종은 많지만 피디는 예외였고, 방송인을 위한 공휴일인 '방송의 날'에 유일하게 쉬지 못하는 직종도 피디였다. 오늘 내가 언제 퇴근할 수 있을지, 주말에는 쉴 수 있을지 그 누구도 모르는 상황에서 연애를 이어가는 건 여간 어려운 게 아니었다. 하지만 어제 봤어도 오늘 또 보고 싶고, 방금 막 헤어졌지만 다시 또 보고 싶은 게 연인에 대한 마음이지 않나. 오늘은 왠지 일찍 퇴근할 수 있을 것 같아서 저녁 약속을 잡았다가 취소하고, 이번 주말은 아마 쉴 수 있을 것 같아서 데이트 약속을 잡았다가 취소하는 일이 빈번했다.

교양국으로 넘어온 뒤로는 잦은 출장이 연애를 방해했다. 「순간포착 세상에 이런 일이」를 할 때 매주 4~5일씩 타지로 출장을 가야 했고 휴일이라봐야 화요일 단 하루였기에 주말 데이트는 꿈도 꿀 수 없었다. 당시 직장을 다니던 짝과는 화요일 저녁이 일주일 중 유일한 데이트 날이었다. 「최후의 바다 태평양」을 찍을 때는 1년 동안 짧게는 2주, 길게는 한 달 이상 해외 출장을 다녀야 했고, 귀국 후에도 바쁜 국내 일정 탓에 데이트할 여유가 없었기에 항상 미안한 마음이 들었다.

피디가 된 뒤 누군가와 약속 잡기도 어려워지고, 가까스로 잡은 약속도 펑크 내는 일이 많아지면서 친구들과는 자연스레 소원해졌다. 나는 자연스레 짝과도 그렇게 되지 않을까 내심 걱정했다. 하지만 걱정은 기우였다.

"나 혼자서도 잘 놀아."

짝은 알고 보니 나 없이도 잘 노는(?) 사람이었다. 일이든 취미든 늘 뭔가에 푹 빠져 있는 스타일이었기에 공연, 전시 등 새로운 경험을 제안하는 쪽도 대개는 짝이었다. 나야 상대와 함께 있는 시간이 줄어드니 관계가 소원해질까 걱정했지만 상대 입장에서는 둘이 하던 걸 혼자 한다고 해서 경험의 폭이 절반으로 줄어드는 건 또 아닌 것 같았다. 가끔은 '내가 없어도 되나' 싶어 섭섭하기도 했지만, 어느 정도 시간이 흐르자 그때 짝의 그 말이 100퍼센트 진심은 아니었다는 걸 깨닫게 됐다.

「짝」을 1년간 제작하며 느낀 건 '짝을 찾는다는 건 이토록 치열한 일이구나' 였다. 매주 혼신의 힘을 다해 짝을 찾으려는 출연자들을 바로 옆에서 지켜보며 나는 그 절박함에 감화됐고 동시에 내 옆에 있는 사람의 소중함을 절감했다 어쩌면, 그래서 나는,「짝」을 연출하던 그해에 내 짝과의 결혼을 결심했는지도 모르겠다.

하지만 20대 초반에 만난 짝과 지금까지 함께하면서 알게 된 건 짝을 찾는 것보다 '짝과 계속 함께하는 것'이 더 치열한 일이라는 사실이다. 특히나 피디라는 직업의 특성상 배우자로서 겪는 단점이 장점보다 훨씬 더 많기에 나는 항상 아내에게 감사하고 미안한 마음을 갖고 살고 있다(특히「그알」피디의 배우자로 사는 삶은 더 힘들 수밖에 없는데, 그 이야기는 뒤에서 상세히 다루겠다).

물론 한쪽만 일방적으로 참고 감내하는 관계란 없다. 나 역시 짝의 많은 것(?)을 감내하며 살고 있으며 가끔은 '짝이 꼭 필요한가?'라는 생각이 들 때도 있다. 게다가 세상에는 법적으로 인정받지 못하는 관계도 있으니 지금 내가 누리는 것에 감사하다가도 심하게 다투는 날이면 '짝이란 무엇인가'라는 철학적인 고민을 하기도 한다.

그런 땐 술을 마시거나 친구를 만나 스트레스를 풀 수도 있겠지만 내게는 나만의 방법이 하나 있다. 바로 연애 리얼리티 프로그램을 짝과 함께 보는 것.「짝」이후로「하트시그널」「솔로지옥」「환승연애」등 비슷한 포맷의 프로그램들이 꽤 많이 생겼다. 다행히 짝과 나는 감동하거나 분노하는 포인트가 여전히 비슷하기에 방송 속 다른 짝들을 보며 언제 싸웠냐는 듯 수다를 떤다. 그럴 때 나는 짝에게 슬며시 묻는다. "우리 정도면 잘 맞는 거 아닌가?"

예고의 신이라 불린 사나이

교양국에서 예능이 하고 싶다고 외치는 청개구리였던 나는 운 좋게 「짝」을 1년간 연출한 뒤 이듬해 「궁금한 이야기 Y」로 발령을 받았다. 그리고 예능에 대한 내 열망은 탐사 보도 프로그램에 가서도 이어졌다. 나는 「궁금한 이야기 Y」에서 장기인 랩을 활용한 영상으로 재미를 봤다. 학사 경고를 받아가며 연습한 랩을 방송 일에 써먹게 될 줄은 상상도 못 했는데 의외로 요긴하게 활용되는 일이 많았다. 그 시작은 15년 전 예능국에서였다. 각종 재주를 가진 일반인들이 출연했던 「스타킹」의 조연출을 할 때였는데 선배 조연출이 내가 랩을 하는 사실을 알고는 15초짜리 짧은 브리지bridge 영상을 랩으로 만들어보라고 했다. 하루 만에 뚝딱 만들어 보여줬는데 호쾌한 웃음과 함께 "지금껏 네가 만든 영상 중 이게 제일 재밌다 준우야"라는 극찬을 받았다. 평소 크게 웃지 않는 선배였는데 꽤 재밌었나 보다. 반대로 생각하면 '그전에 만들었던 영상은 별로였던 건가' 싶기도 했지만, 또다시 반대로 생각하면 '영상이 무척 짧음에도 임팩트가 꽤 컸구나' 싶었다. 정확한 가사는 기억 안 나지만 대강의 시작은 이랬다.

"방방곡곡 동네 래퍼들 다 모여라 풍악을 크게 울려라. 남녀노소 상관없소."

랩 영상으로 가장 큰 이목을 끌었던 건 「최후의 바다 태평양」 시절이었다. 모든 촬영이 끝난 후 조연출에게 주어지는 가장 큰 임무가 바로 예고편 제작인데, 그중에서도 대기획 다큐멘터리의 첫 예고는 SBS 교양국은 물론 전사의 관심을 받는다. 매주 방송되는 정규 프로그램과 달리 오랜 기간, 많은 제작비가 투입된 프로그램의 첫 얼굴인 만큼 의미가 남다르기 때문이다. 그렇게 큰 사명을 띠고 사무실에서 예고편을 어떻게 만들면 좋을지 상의하던 중 메인 작가가 배시시 웃으며 아이디어를 던졌다.

"돈춘호 피디, 랩으로 예고 만들어보면 어때? 자기 랩 잘하잖아."

"아유, 다큐멘터리 예고를 무슨 랩으로 만

138

틀어요."

사실이었다. 자고로 대기획 다큐멘터리의 예고라고 하면 가슴이 웅장해지는 배경 음악을 깔고 고래가 수면을 차거나 낯선 차림을 한 사람들이 생활하는 생경한 그림으로 화면을 꽉꽉 채우는 게 일반적이었기에 나는 작가의 말을 싱거운 농담이라 여기고 손사래를 쳤다. 그런데 옆에 있던 선배 피디가 작가의 말을 거들었다.

"야 뭐 어때? 우리 메이킹 영상 찍은 걸로 재밌게 만들어봐."

이쯤 되면 진짜로 만들라는 얘기다. 나는 반신반의하며 파푸아뉴기니, 타히티, 하와이, 바누아투, 통가 등 태평양 섬 각지에서 촬영해온 메이킹 영상 중 재미있는 부분을 그러모으기 시작했다. 쓰나미 경보로 대피하던 장면부터 지미집에 씌운 비닐 아래에서 비를 피하던 장면, 비와 대치하는 우리와 달리 물웅덩이 위로 신나게 슬라이딩하던 파푸아뉴기니 아이들의 모습, 숙소로 갑자기 날아 들어온 올빼미의 모습 등 보다 보니 재밌는 장면이 생각보다 더 많았고 가사도 자연스레 떠올랐다. 선배가 분명 '재밌게' 만들라고 했다. '자연의 웅장함, 경이로움 다 필요 없고 재밌게만 만들어보자'라는 생각으로 1분 20초가량의 예고 영상을 만들었고 다소 떨리는 마음으로 막내 작가에게만 선공개했다. 갸우뚱한 반응이었다. 괜찮은 것 같다는 말은 건넸지만 표정은 분명 '다큐멘터리 예고가 이래도 되겠어요?'라고 말하고 있었다.

첫 시청자의 반응은 실망스러웠지만 애써 만든 것이니 선배에게 보여주기나 해보자는 심산으로 선배 피디와 메인 작가를 모시고 시사를 진행했다. 그런데 웬걸. 예상과 달리 둘 다 첫 장면부터 영상이 끝나는 순간까지 깔깔거리며 웃는 거였다.

"야 너무 웃기다. 이거 수정할 것도 없겠다."

"그래. 이거 그냥 이대로 방송 내보내자."

게다가 1분 20초 분량을 그대로 내보내자고 했다. 예고는 보통 짧으면 15초, 길어도 40초 내로 제작되며 편성팀도 1분이 넘어가는 예고는 잘 틀어주지 않는다. 선배는 자기가 잘 얘기할 테니 이대로 입고하라는 말을 남긴 채 남은 웃음을 마저 털어내며 일어섰다.

이튿날 담당 시피의 제안으로 마지막 멘트가 살짝 수정됐을 뿐('제작비 오버될 것 같아. 죄송합니다 사장님'을 '제작비 오버될 것 같아. 괜찮죠? 사장님'으로 바꾸자는 제안이었다. 회사 대표에게 고개 숙이지 않는 젊은 패기를 보여주자는 의견이었는데 탁월한 피드백이었다고 생각한다), 이튿날부터는 정말로 그 1분 20초짜리 '랩 예고'가 방송을 탔다. 여러모로 이례적인 일이었다.

이 예고가 장안의 화제가 되거나 프로그램의 시청률에 크게 기여한 건 아니지만 방송가에서는 나름의 반향을 일으켰다. 소위 '선수끼리 알아보는 영상'이 된 것이다. 타 방송사에서 내가 만든 예고 영상이 토론의 주제가 되거나 신입 피디를 대상으로 하는 강의에서 자료로 활용되기도 했다는, 예고를 잘 못 만드는 조연출을 혼낼 때 참고 자료로 쓰이기도 한다는 웃픈 이야기도 들었다.

이후 조연출들이 예고 만들 시기가 되면 내게 찾아와 조언을 구하거나 나 때문에 선배들의 예고 보는 눈이 높아져서 힘들다며 징징거리는 일도 생겼다. 후배들이 장난처럼 부르던 예고의 신이라는 호칭도 듣기에 싫지 않았다. 4년 뒤 내가 「그것이 알고싶다」에서 '엽기토끼와 신발장, 신정동 연쇄살인사건의 마지막 퍼즐'편을 제작하기 전까지 내 대표작은 그렇게 「최후의 바다 태평양」 예고였다.

방송에서 디스랩을 하라고요?

사내에서 랩 청탁이 쏟아졌다. 먼저 2012년 총선과 대선을 앞두고 보도본부 선거방송팀의 요청으로 SBS 선거송 〈코끼리를 움직여〉를 만들었다. 감사하게도 가수 겸 배우 전효성 씨가 피처링을 해줬는데 정치가 코끼리처럼 무겁게 느껴질 수 있지만 투표로 그에 힘을 가할 수 있다는 간단명료한 메시지를 담은 랩이었다. SBS는 화려한 그래픽과 재기 넘치는 콘텐츠로 그해부터 선거방송의 명가로 떠올랐는데 여기에 내가 아주 조금이나마 기여한 것 아닐까 하는 자긍심도 갖고 있다. 이외에도 신입사원 공개 채용 홍보 영상, 예능 프로그램 예고 등 다양한 곳에서 요청해왔지만 도저히 본업과 병행할 여력이 안 돼서 대부분 거절했다. 하지만 교양국 동료의 요청은 차마 거절하기 어려웠다. 「궁금한 이야기 Y」의 부팀장 선배였는데, 내게 디스랩을 의뢰해온 것이다.

"이번에 취재한 사건에 추악한 출연자들이 나오는데 MC 돈춘호가 그 인간 디스하는 랩을 좀 해줄 수 있을까?"

사건 개요는 이러했다. 오래된 교회를 공사하던 중 마룻바닥 아래에서 백골 시신이 발견됐다. 신도들은 교회에서 살인이 벌어졌다며 원로 목사를 범인으로 지목했다. 그가 처음부터 공사를 강렬히 반대했고 심지어 교회에 똥물을 퍼붓기도 했다는 거다. 그러나 실상을 확인해보니 애초에 교회는 무덤 위에 세워졌고, 백골 시신은 교회가 세워지기 전부터 묻혀 있던 오래된 시신으로 당연히 살인과는 무관했다. 놀라운 점은 신도들도 이미 그 사실을 알고 있었다는 것이다. 당시 목사와 신도들은 교회의 땅 문제로 갈등을 빚고 있었는데, 그러던 중 백골 시신이 발견됐고, 신도들은 원로 목사를 모함하는 데 그것을 이용했다. 그들의 갈등은 법정 싸움으로 번졌고 신도들 쪽에 섰던 신임 목사는 원로 목사가 뿌린 똥물을 증거로 제출하기 위해 교회 옥상에 똥통을 모셔두고 교회에서 키우는 진돗개로 하여금 그 통을 지키게도 했다.

부팀장 선배는 이 교회에서 벌어진 황당하고 추잡스러운 일에 대한 내 감상을 담은 풍자 랩을 요청했다. 지상파, 교양 프로 이런 건 다 잊고 신랄하게 디스만 해달라는 말과 함께. 당시 방송에 나갔던 랩 가사를 공유하며 이 사건을 보고 느낀 내 감정을 대신 전한다(너무 신랄했던지 편집 과정에서는 일부 삭제됐다).

〈신은 멀고 똥은 가깝다〉

(웃겨 진짜 웃겨)
똥을 너무나도 사랑한 두 사람
친히 똥물을 베푸신 목사 1호
가장 높은 곳에 똥을 모으신 목사 2호

서로를 사탄이라 불러 이럴 때는 주님 불러
잘은 모르지만 이런 게 바로 주님의 영광? 아니 똥광!

음~ 똥 스멜~ 진하게 풍긴다
누구 똥 냄샌지 정말 죽인다
잔뜩 뿌린다 흘러내린다 눈 버린다

이제 거기 남은 건 똥과 땅과
이름 잃어버린 백골이야 그래 별꼴이야
(진돗개는 졸지에 똥개가 됐네)

하늘에다 기도하지? 하지만 마음은 땅에 다 가 있지?

(진돗개는 졸지에 똥개가 됐네)

하늘은 멀고 땅은 가깝다

신은 멀고 똥은 가깝다

가깝다 가깝다 가깝다 가깝다

마음이 깝깝다 가슴이 답답다

가만 보고 있으니 안타깝다

안타깝다

이때 처음으로 「궁금한 이야기 Y」라는 프로그램이 생
각보다 재밌는 구석이 있다고 느꼈고, 이런 크고 작은 경
험들이 내가 탐사 보도 프로에 갖고 있던 선입견을 깨트려
주었다. 색안경이 부러지는 이런 경험은 이후 내가 「Y」는
물론 「그알」로 나아갈 수 있는 초석이 되었다.

다큐멘터리 촬영 경험을 랩 가사에 담고, 탐사 보도 프
로그램에서 디스랩을 선보이며 기존 방식에서
과감하게 벗어나 놀아본 경험은 내게 멀게만

느껴지던 시사교양 프로그램을 좀더 친근하게 느끼도록 만들어주었다. 늘 가던 길에서 잠깐 벗어났을 때 내가 걷던 길을 새로운 시각에서 바라볼 수 있다. 그로 인한 용기도 얻을 수 있다. 그렇기에 나는 벗어나기를 두려워하지 않고 즐기려 한다. 내가 사는 망원동에서도 늘 가던 길을 벗어나 낯선 골목으로 걷다 보면 생각지 못한 맛집을 종종 발견한다. 횡재란 이럴 때 만나게 되는 것 같다.

위협, 협박, 고수

SBS 교양국에서 5~7년 차 피디를 「궁금한 이야기 Y」로 보내는 이유 중 하나는 취재 경험을 쌓게 하기 위해서다. 동시에 '이 녀석이 「그알」에서 묵직한 취재도 잘해낼 수 있을지' 가늠해보려는 이유도 있다. 2014년, 6년 차 피디였던 내가 그곳으로 발령 난 이유도 다를 리 없었다. 그렇게 나는 「Y」 연출을 맡은 1년 동안 랩, 판소리, 탈춤, 인물 패러디 등 다양한 예능적 요소를 활용해 영상 구성 장치를 만드는 경험을 맘껏 할 수 있었다. 그러나 이 모든 것보다 더 큰 경험은 역시 취재였다.

2년 전 취재 피디를 하면서 경험을 쌓긴 했지만 그땐 아무래도 선배 피디를 보조하는 역할이었기에 주요 취재는 그의 몫이었고 나는 주로 탐문이나 주변 취재에 투입됐다. 이 때문에 한 사안에 대한 온전한 취재 경험은 「Y」에서 처음 하게 된 셈이었다. 취재라고 하면 범죄자 앞에 무선 마이크 더미를 들이밀며 날카로운 질문을 던지거나 도망가는 용의자를 뒤쫓는 정의로운 장면을 떠올리기 쉽지만 실제 취재 현장은 오히려 불의(?)에 가깝다. 내가 주체가 되어 범죄 콘텐츠를 제작하는 건 처음이다 보니 부족함과 서투름이 많았고 생사의 문제로까지 번질 뻔한 물리적인 위협도 있었다.

범죄 전문 피디에게 하고 싶은 질문을 떠올려보자. 그리고 아래와 일치하는지 확인해보자.

"취재 중 위협당한 적이 있나?"

"방송 후 협박당한 적이 있나?"

"출연자에게 소송당한 적이 있나?"

나는 「그알」에선 이런 경험을 한 적이 거의 없었고, 오히려 「Y」에서 갖은 역경을 겪었다. 부끄러운 일화지만 위의 질문 3종 세트에 대한 내 답변을 「Y」에서의 경험을 토대로 해보겠다.

1. 취재 중 위협당한 적이 있나?

있다. 도구는 낫이었다. 취재 중이라고 하긴 애매하다. 무더운 여름, 공사 현장에서 방송에 필요한 그림을 촬영하고 있었는데 현장 소장이 다가와 술

148

냄새를 풍기니 촬영을 중단하고 저기를 따라오라고 했다. 촬영에 관해 상의할 게 있나 보다 생각하며 따라가는데 그가 자신의 차로 가더니 갑자기 트렁크를 열었다. 그 안에는 생수 박스와 공사 장비가 어지러이 놓여 있었는데, 그중 갑자기 낫을 꺼내 들더니 나를 내리치려는 듯이 손을 어깨 위로 치켜드는 게 아니겠는가. 깜짝 놀란 나는 뒤로 물러섰고, 현장 소장은 아무 일 없었다는 듯이 낫을 내려놓고 생수 한 병을 까서 콸콸콸 마셨다.

사실 아직까지도 그가 나를 향해 낫을 치든 이유가 위협이었는지, 아니면 가혹한 장난이었는지 모르겠다. 취기오른 상태에서 취재진을 발견한 그가 무언가 용건이 있어서 우릴 불렀는데 마침 갈증이 나서 차로 가 트렁크를 열고 생수를 집으려던 찰나, 취기와 열기가 뒤섞여 어떤 불가해한 이유로 폭력적인 충동이 일었고, 그래서 당초의 용건은 잊고 낫을 집어든 게 아니었을까, 애써 추측해볼 뿐이다.

소장의 기행은 카메라에 고스란히 담겨 방송됐는데 나는 이 장면 때문에 교양국 동료들에게 두고두고 놀림을 받았다. 영상 속 나는 상대가 낫을 든 순간 내 기억에서처럼 한두 발 뒤로 살짝 물러서고 만 게 아니라 빛보다 빠른 속도로 백 스텝을 밟으며 저 멀리 도망갔는데, 그런 나와 달리 내 옆에 있던 카메라 감독은 미동도 하지 않고 그 장면을 찍고 있었다. 일반적인 취재 현장에서 극적인 상황은 시청자들에게 명장면으로 회자되곤 하는데, 이 장면은 「그알」 취재 피디 시절에 전기 충격기를 몸에 직접 갖다 댔다가 잠시 공중 부양 했던 장면과 함께 지인들의 웃음을 부르는 우리만의 명장면이 되었다.

일화는 하나 더 있다. 종교 단체 취재 중 일어난 일이었다. 신앙 공동 생활을 하는 단체였는데, 그날 우리는 봉고차를 타고 그들이 사는 촌락 외곽을 돌며 트래킹 촬영*을 하고 있었다. 대규모 촌락이었고 곳곳에 군대처럼 초소가 있었는데, 초소를 지키는 건 대부분 나이가 지긋한 할아버지 서너 명이었다. 슬슬 촬영을 마치려는데 할아버지 한 분이 우리를 발견하고는 "뭘 찍어! 멈춰!" 하며 고함을 질렀다. 나는 촬영 중이던 조연출에게 충분히 찍었으니 이만 가자고 했다. 그런데 당시 나보다 취재 현장 경험이 더 많았던 베테랑 조연출은 내게 역으로 제안했다.

"선배, 이런 걸 찍어야죠. 내려서 말씀 나눠보시죠."

그때는 엄밀히 말하면 취재를 하고 있었다기보단 취재를 끝내고 인서트용 그림을 찍던 중이었기에 나는 굳이 신자들과 부딪칠 필요가 없다고 생각했다. 그런데 "맞아, 도 피디. 이런 게 그림이 되지. 나도 차에서 찍어줄게"

차량 진행 방향을 따라 움직이며 촬영하는 기법.

하며 시장님까지 한마디 거들자 나도 더는 반대고 있을 수
없었다.

"그래. 내려보자. 카메라 끄지 말고."

기장님은 차 안에서도 상황을 찍을 수 있도록 앞이 트
인 장소에 주차했고 나와 조연출은 드르륵 문을 열고 차에
서 내렸다. 그런 우리를 본 할아버지 무리가 헐레벌떡 뛰어
오며 다시 한번 소리쳤다.

"뭐 촬영하는 기고!"

"거리 풍경 촬영 중이었습니다."

"와 허락도 안 받고 찍노!"

"여기 마을을 찍은 게 아니고 거리 풍경을 찍은 겁니
다. 밖에서는 마을이 보이지도 않고요."

내가 A 할아버지 대화하는 사이 B 할아버지는 다급한
목소리로 누군가에게 전화를 걸고 있었다.

"빨리 온나, 빨리! 아직 안 갔다 야들."

사람을 더 부르려는구나 싶었는데 잠시 후 구형 봉고
차 세 대가 연달아 우리 앞에 서더니 스무 명 가까운 사람
들이 쏟아져 나왔다. 조폭들이 패싸움 현장에 도착해 차에
서 우르르 내리는 영화의 장면이 연상됐다. 30대로 보이는
젊은 사내는 몇 명뿐이었고, 그 외에는 모두 어
르신들이었다.

전부 우리가 취재 중이던 종교 단체 신도들이었다. 그들은 불식간에 우리를 에워쌌다. 여기서 우리라면 나와 조연출 둘을 가리키며 기장님은 차 안에서 이 모든 영화적 상황을 풀 숏으로 찍고 있었다.

신도 할아버지 한 분이 소리쳤다.

"카메라 내놔라!"

피디들에게는 대한민국 헌법 1조 1항과도 같은 제1원칙이 있으니, 취재 중 어떤 일이 있더라도 카메라를 뺏겨서는 안 된다는 것이다. 내가 답했다.

"카메라는 절대 드릴 수 없습니다. 왜냐하면…… 으억!"

대답이 채 끝나기도 전에 그들은 약속이나 한 듯이 우리를 향해 달려들었다. 그러고는 조연출이 쥐고 있던 카메라로 손을 뻗었다. 우리의 베테랑 조연출은 팔을 최대한 높이 뻗어 카메라를 사수하기 위해 안간힘을 썼다. 그러나 촬영, 편집, 취재 경험 등 모든 면에서 완벽에 가까웠던 그에게 한 가지 부족한 게 있었으니 바로 팔 길이였다. 그의 팔은 마치 좀비 영화를 연상시키듯 카메라를 향해 돌진하는 신도들의 공격을 버티지 못했고 카메라는 바닥에 떨어지며 부서져버렸다.

상황이 이렇게 되자 그들도 민망해졌던지 잠시 우리의 눈치를 보는 게 느껴졌다. 카메라를 주워든 내가 이 위기를 무슨 말로 벗어나야 할지 고민하던 순간, 젊은 신도 한 명이 할아버지 신도들을 진정시키는 제스처를 취하며 앞으로 나와 점잖게 말했다.

"촬영 테이프만 주고 가시죠."

상대는 젊지만 왠지 이런 상황을 자주 겪어본 사람 같았다. 그러나 우리도 호락호락한 사람들이 아니었다. 촬영 테이프 역시 취재 중 절대 뺏겨선 안 되는 소중한 물건이다. 대한민국 헌법 제1조 2항 정도랄까.

"드릴 수 없습니다. 우리가 주요 종교 시설물을 촬영한 것도 아니고요."

내 말이 끝나기도 전에 주변의 할아버지 신도들이 다시 으르렁거리기 시작했다. 젊은 신도는 뒤돌아 그런 그들을 진정시켰다. 이 단체에서 한자리를 차지하고 있는 듯했다.

"테이프를 못 주시는 이유가 뭐죠? 특별한 촬영도 아니라면서요."

내가 촬영 테이프를 넘길 수 없는 이유는 뭘까. 그의 질문을 속으로 되씹어봤다. 사실 특별한 이유는 없다. 이건 우리의 원칙 같은 거니까? 이걸 어떻게 설명해야 막무가내로 달려드는 저들을 납득시킬 수 있을까. 나는 머리를 굴린 끝에 생각나는 대로 내뱉기 시작했다.

"여러분 종교인이잖아요. 여러분이 굳건하게

믿고 있는 신성한 무언가가 있을 테고, 그걸 지키기 위해 많은 노력을 하고 계시죠. 지금 이 상황도 그런 노력 중 하나일 테고요. 피디들도 우리가 신성시하는 어떤 목적을 위해 꼭 지켜야 하는 것들이 있습니다. 취재할 때 사용하는 카메라를 지키는 것도 그런 노력 중 하나인 거죠. 카메라는 성경책과 같은 거예요. 촬영 테이프는 성경 말씀이고요. 여러분이라면 그걸 쉽게 남에게 내어주겠어요?"

그들을 설득하려면 그들에게 가장 익숙한 논리를 끌어와야 한다고 순간적으로 판단한 나는 우리의 상황을 종교에 빗대어 공감을 구했다. 내 말을 끝까지 들은 젊은 신도는 잠시 고민에 빠졌다가 다시금 입을 열었다.

"무슨 말인지 알겠네요. 촬영 테이프는 안 주셔도 됩니다. 하지만 오늘 촬영한 걸 쓰지 않겠다고 약속해주세요. 그럼 우리는 돌아가겠습니다."

"그렇게 하겠습니다. 오늘 촬영한 영상이 방송에 나갈 일은 없을 겁니다. 약속할게요."

사실 그날 촬영한 내용은 별게 없었다. 없어도 그만인 외경 촬영본이었기에 그 정도 약속은 할 수 있었다. 그들은 다시 우르르 봉고차에 올랐고, 젊은 신도는 마지막으로 한마디를 던졌다.

"카메라는 미안합니다."

다행히 카메라와 촬영 데이프를 빼앗기진 않았지만 부서진 카메라 때문에 나는 서울로 돌아와 손망실 보고서를 써야 했고, 짧은 팔로 무리해서 카메라를 사수하던 조연출은 팔 인대가 늘어나 한동안 병원 신세를 졌다(이 조연출 후배는 이후 나와 「그알」을 함께 했고, 지금은 「그알」 유튜브 채널의 「지선씨네마인드」 「스모킹권」 등을 책임지는 훌륭한 피디가 되었다).

2. 방송 후 협박당한 적이 있나?

이 또한 있다. 엄밀히 말하면 '방송 후에 당한 협박'이 아니라 '방송 후를 가정한 협박'이었다. 이때도 우리는 종교 단체를 취재하고 있었다. 우리나라 전체를 떠들썩하게 만들었던 사건과 연관된 곳이었는데, 지도자가 갑작스레 사망하면서 신도들은 큰 충격에 빠졌고 해당 단체의 본산인 거대한 종교 시설에서 대규모 추모 행사가 며칠간 열리던 때였다.

팀에서 행사 취재를 가보자는 의견이 나왔고 당사자로 내가 낙점됐다. 워낙 삼엄한 경계 속에서 열리는 행사였기에 신도 아닌 사람이 입장하는 건 쉽지 않아 보였는데, 다행히 우리에게 제보를 해온 이가 있었다. 제보자는 해당 단체에서 고위직을 맡고 있는 신도 부부의 대학생 아들이었다. 그 역시 신도였지만 당시 사건을 지켜보며 자신이 속한 단체에 문제가 있는 건 아닐까 하는 의심을 품었고, 그렇게 우리의 취재를 기꺼이 돕고자 했다.

나는 제보자를 만나 그가 신뢰할 만한 사람임을 확인한 뒤 제안했다.

"제가 행사 취재를 하고 싶은데 방법이 있을까요?"

제보자는 자신만만한 표정으로 자기만 믿으면 된다고 했다. 수천 명이 모이는 행사라 참석자를 일일이 체크하기도 어려울 테고, 자기랑 붙어 있으면 아무도 의심하지 않을 거라면서. 행사장에서 나를 형이라고 불러야 의심을 사지 않을 테니 지금부터 형이라 부르겠다고도 했다. 그렇게 첫 만남에 나는 제보자와 호형호제하는 사이가 됐다.

그런데 행사 당일, 다시 만난 제보자의 얼굴엔 긴장한 기색이 역력했다.

"형, 오늘 입장할 때 주민등록증 검사를 한대요. 전에는 이런 적 없었는데……"

"그럼 나 못 들어가?"

"그건 아닌데 그만큼 엄격하게 통제를 하겠다는 거니까……"

"그럼 어떻게 해야 돼?"

"저렇 지언스럽게 입장하시고요. 안에서 티 안 나게 연기 잘 하셔야 해요."

"어떤 연기?"

"저랑 친한 척, 자연스러운 척! 걸리면 저 진짜 여기서 매장당해요."

첫 만남 당시의 자신 있어하던 모습을 잃어버린 그는 두려움에 벌벌 떨고 있었다.

"걱정 마! 그리고 연기는 네가 더 신경 써야겠다. 형이랑 가자."

나도 긴장되는 건 매한가지였지만 여기까지 왔는데 들어가기도 전에 포기할 수는 없었다. 나와 조연출은 몸에 각각 위장 카메라를 하나씩 장착하고 제보자와 함께 행사가 벌어지고 있는 장소로 향했다.

뉴스에서만 보던 종교 시설의 입구가 서서히 가까워졌다. 마치 휴일에 놀이동산에 온 것처럼 인파가 입구를 가득 메우고 있었다. 서로의 연기력을 테스트하며 입장 대기를 하다 보니 어느덧 우리 차례가 됐다. 자연스럽게 출입 담당자에게 주민등록증을 보여주고 명부에 이름과 연락처를 포함한 개인 정보 몇 가지를 적었다. 담당자는 명부와 주민등록증, 그리고 내 얼굴을 번갈아 확인하더니 주민등록증을 도로 돌려줬다. 동료애와 같은 호의는 조금도 느낄 수 없었다.

무사히 입장을 마치고 안으로 들어가자 각종 음식을 파는 가게들이 양쪽으로 늘어서 있었고, 사람들은 식사를 하거나 수다를 떨며 시간을 보내고 있었다. 전체적인 분위기는 추모 행사의 엄숙함보다는 야유회의 발랄함에 더 가까웠다. 우리도 자연스럽게 이 분위기에 녹아들자는 차원에서 팥빙수도 사 먹고, 음료수도 마셨다. 가끔 자신을 알아보는 지인과 마주칠 때면 제보자는 "어어, 내가 아는 형들이야. 처음 보지? 하하하" 하고 다소 과장되게 웃으며 우리를 소개했다.

건물 곳곳에 '취재진 입장 금지'라고 적힌 삼엄한 경고문이 붙어 있어 긴장감을 한시도 늦출 수 없었지만 다행히 점심 시간을 지나 저녁이 올 때까지 우리에게 특별히 관심을 두거나 경계하는 이는 없었다.

해가 지자 모두 가장 큰 예배당으로 모여들었다. 우리도 그 안에서 벌어지는 일을 촬영하기 위해 무리에 섞여 예배당으로 들어갔는데, 그 규모가 어마어마했다. 미끈한 마룻바닥이 끝없이 이어졌고 신도들은 그 위에 방석을 펴고 옹기종기 붙어 앉아 있었다. 예배당에 들어와 있는 신도 수만 어림잡아 3000명 이상은 되어 보였다. 나와 조연출은 위장 카메라가 그곳의 분위기를 잘 포착할 수 있도록 계산해 자리를 잡았고, 드디어 예배가 시작됐다.

한 시간쯤 지났을까. 누군가 뒤에서 내 어깨를 툭툭 두드렸다. 뒤돌아보니 처음 보는 젊은 남자 하나가 조용히 하라는 손짓을 하며 뒤로 따라 나오라고 했다. 한창 예배 중인데 왜 그러시냐고 소극적인 반항을 해봤지만 조용히 나오시는 게 좋을 거라는 그의 한마디에 더 이상 반항하지 않고 조연출과 함께 그를 따라갔다.

예배당 밖으로 나오자 그는 우리에게 물었다.

"취재 중이시죠?"

이런 질문에 "아닌데요"라며 맞서는 건 거짓말하는 꼴이 되기에 최대한 애매하게 답하며 상대의 의중을 떠봐야 한다. 나는 차분하게 반문하며 공을 다시 그에게 넘겼다.

"그게 무슨 말이죠?"

"취재 중인 거 다 알고 있습니다. 휴대전화 좀 보여주시죠."

아뿔싸. 혹시나 장시간 촬영에 위장 카메라가 멈출까 봐 예배당 안에서는 휴대전화로 녹음을 하고 있던 터였다. 평소 같으면 특수 앱을 활용해 위장 녹음을 했을 텐데 이곳에 오랜 시간 있으면서 긴장감이

159

풀린 탓에 그마저 일반 앱으로 하고 있었다. 이 상황에서 휴대전화를 보여주지 않는 건 나 스스로 생각해도 좀 의심을 살 만한 일이었다. 나는 어쩔 수 없이 녹음 중인 휴대전화를 보여주며 말했다.

"거, 좋은 말씀 녹음하는 게 잘못된 일입니까? 저에 대해서 뭘 안다고 그러세요?"

이번엔 좀 세게 나가봤다. 그러자 그는 화가 난 것 같기도, 웃는 것 같기도 한 표정으로 나를 빤히 바라보며 말했다.

"도준우 피디님이시잖아요."

엇, 내 이름은 어떻게 알았지? 입장할 때 명부에 적긴 했지만 거기엔 도준우 말고도 수천 명의 이름이 있을 텐데. 이런 생각을 하며 잔머리를 굴리고 있는데 그의 입에서 결정타가 나와버렸다.

"랩도 하셨던데요?"

순간 정신이 번쩍 들었다. 아, 이건 내가 진 싸움이다. 나는 바로 태세를 전환했다.

"사실 우리가 취재차 이곳에 온 건 맞습니다. 그치만……"

"누구의 도움으로 들어왔습니까?"

이번에는 분명히 화가 난 표정이었다. 배신자를 색출해내겠다는 거구나. 하지만 우리에센 세보자의 신변을 보호할 의무가 있다.

"제보자의 신원을 밝힐 수 없습니다. 그 대신 이 녹음 파일을 지우고 나가겠습니다."

나는 그의 눈앞에서 파일을 보란 듯이 삭제했다. 왜냐하면 우리에겐 아직 두 대의 카메라가 남아 있었으니까. 내 것 하나, 조연출 것 하나.

"당신들이 녹취만 했을까요? 명색이 SBS 피디들인데."

만만치 않은 사람이었다. 알고 보니 그는 해당 종교에서 언론을 상대하는 부서의 팀장급 신도였다. 우리가 순순히 카메라를 내놓지 않자 그는 바로 옆 예배당 문을 가리키며 말했다.

"지금 제가 이 문을 열고서 여기 SBS 피디들이 몰래 취재하고 있었다고 소리치면 안에 있는 사람들이 어떻게 반응할까요? 당신들을 가만 둘까요? 그다음엔 저도 당신들을 보호할 수 없습니다. 그런 상황이 오기 전에 지금 기회를 주는 겁니다."

그는 화를 내지도 소리를 지르지도 않고 오히려 점잖은 투로 차분히 말했지만, 그의 말은 내가 여태껏 취재하며 들은 것 중 가장 무서웠다. 구구절절 다 맞는 말이어서였다. 지금 예배당 안에 있는 신도들은 분노, 슬픔, 원망으로 가득 차 있는, 매우 불안정한 상태였고, 그런 그들이 우리 존재를 알게 된다면 여기서 살아서 나갈 수 없을지도 몰랐다. 그러나 동시에 우리에겐 아직 두 대의 카메라가 남아 있다는 사실 또한 잊지 않고 있었다.

"그렇다면 카메라도 드리겠습니다. 저희도 여기서 분란을 일으킬 생각은 없습니다."

나는 조연출 몸에 붙어 있던 카메라를 떼어내 통째로 그에게 건넸다. 하지만 그는 그걸로도 성에 안 찼던지 마지막으로 우리에게 각서를 쓸 것을 요구했다. 오늘 이곳에서 촬영하거나 녹음한 내용을 절대 방송에 내보내지 않겠다는 내용이었다. 그때의 내겐 우리에게 남은 마지막 한 대의 카메라를 잘 지켜서 이곳을 벗어나는 것만이 목표였기에 순순히 각서를 썼고, 각서를 받아든 그는 인사를 가장한 협박을 끝으로 우리를 놓아줬다.

"만에 하나 각서 내용이 안 지켜진다면 방송 후에 무슨 일이 벌어질지 모릅니다. 명심하십쇼."

밖으로 나오자 일시에 긴장감이 탁 풀리며 온몸에서 힘이 쭉 빠졌다. 마치 죽다 살아난 느낌이었다. 그날의 일은 내 취재 인생 중 자칫하면 정말 죽을 수도 있겠다는 실질적인 공포를 느낀 처음이자 마지막 경험이었다. 그 와중에 카메라 한 대는 어찌어찌 살려

162

왔지민 그 영상은 쓰지는 않았다. 예배당에서 특별한 상황이 벌어진 것도 아니었고, 약속은 약속이니까. 담당 작가가 촬영 영상을 통해 현장 분위기를 파악한 것에 만족하기로 했다.

죽다 살아난 다음 날, 제보자에게서 전화가 왔다. 우리가 나간 뒤 자기도 바로 불려 나갔다고. 그들은 이미 우리 셋의 관계를 알고 있던 거였다. 다행히 부모님께 잔소리를 심하게 듣는 걸로 일단락되었다고 했다. 어찌 됐든 우리도 살았고 제보자도 살았고 카메라도 한 대 살려 나왔으니 아주 실패한 취재는 아니었다.

3. 출연자에게 소송당한 적이 있나?

있긴 한데 좀 생뚱맞은 타이밍에 고소가 들어왔다. 고소인은 내가 「Y」에서 다뤘던 사건의 피의자였는데 한창 내가 「그알」 연출을 하고 있을 때 고소장이 날아온 것이다. 알고 보니 그는 방송 당시만 해도 유죄로 구치소에 있었지만 대법원 판결이 번복되면서 풀려났고 자신을 유죄라고 보도했던 방송사, 신문사, 취재원들을 죄다 고소하고 있던 거였다.

사건을 자세히 이야기하면 좋겠지만 그는 이미 무죄로 풀려난 상태고 '고소왕'으로 불릴 정도로 고소를 취미처럼 하는 사람이기에 출판사를 위해서라도 이 책에선 자세히 적지 않는 게 좋을 것 같다.

아무튼 그는 나를 명예 훼손, 초상권 침해 등 가능한 모든 죄목을 달아 고소했고 그중 일부가 기소되어 약 7년간 법정 다툼을 했다. 이렇게 말하면 다들 힘들었겠다며 위로하지만, 사실 7년 내내 재판을 하는 것도 아니고 잊을 만하면 재판에 출석하라고 연락이 오는 정도였다. SBS에는 사내 변호사도 있고 회사와 연계해서 도움을 주는 변호사들도 있기에 개인적으로 아주 힘든 과정은 아니었다. 바쁜 와중에 한 번씩 재판에 출석해야 했던 게 좀 귀찮았달까.

소송에 휘말릴 여지가 늘 열려 있는 시사교양 피디에게 그 과정이 너무 고되다면 취재 과정에서 몸을 사리는 일이 많아질 수밖에 없다. 그렇기에 회사는 부족함 없이 법률 지원을 해주며, 그 덕분에 피디들은 소송에 대한 큰 두려움 없이 취재 활동을 이어나간다. 아, 참고로 나는 1심부터 최종심까지 모두 무혐의 판정을 받았고 이제는 더 이상 재판에 불려 나갈 일도 없다.

딱 1년만 해볼게요, 「그알」

「궁금한 이야기 Y」에서 1년을 채워갈 때쯤 국장이 나를 불렀고 이제 「그알」에 가야 하지 않겠냐고 넌지시 물었다. 당시의 나는 이전과 달라져 있었고, 망설임 없이 가겠다고 답했다. 「Y」를 하면서 취재에 자신감이 붙은 것도 맞았지만 더 큰 이유는 기획에 있었다.

다시 한번 강조하지만 피디라는 업의 꽃은 기획이다. 당시 SBS 교양국에서 기획을 가장 빠르게 할 수 있는 길은 역설적이게도 「그알」을 하는 것이었다. 기획의 기회는 「그알」을 잘해낸 피디들에게 우선적으로 주어졌으니까. 그래서 나는 국장의 제안을 선뜻 받아들이면서도 단서를 하나 달았다.

"딱 1년만 하겠습니다."

국장은 내가 그동안 「그알」을 누구보다 기피

해왔던 걸 잘 알고 있었기에 흐뭇하게 웃으며 답했다.

"그래, 1년만 해봐. 근데 해보고 재밌으면 더 해도 된다."

앞에서는 "네"라고 대답했지만 속으로 '그럴 일은 절대 없을 것'이라고 장담했다. 절대로. 그런 내가 「그것이 알고싶다」를 2년 6개월이나 하게 될 줄, 누군들 알았겠는가.

「그알」 피디의 취재 기술

예능국에서 교양국으로 넘어오면서도 「그알」만큼은 절대 안 간다고, 「그알」엔 절대 못 간다고 외치던 내가 「그알」 사무실 연출 피디 자리로 짐을 옮기고 있었다. 팀장 선배는 숱한 저항 끝에 제 발로 「그알」에 걸어 들어오는 후배를 흐뭇한 미소로 바라보며 환영 인사를 건넸다. 다년간 이어진 투쟁의 세월이 무색할 정도로 이사는 순식간에 끝났고, 짐 정리가 끝나자 팀장은 나를 따로 불러 두 가지 주의 사항을 전달했다.

첫째, 「그알」에서는 웃기려고 하지 말 것.

둘째, 「그알」에서는 랩 하지 말 것.

농담 섞인 말이었겠지만 팀장의 우려에는 근거가 있었다. 창사 특집 다큐멘터리 예고를 시작으로 B급 감성의 랩을 여러 차례 방송에 활용하고,

사기꾼에게 당하는 심리 실험을 위해 우스꽝스러운 모습으로 방송에 출연하는 등 교양 프로그램에 예능 요소를 적극적으로 섞어온 전과가 내게 있었기 때문이다.

그렇다고 해도 어떤 피디가 「그것이 알고싶다」까지 와서 팀장에게 이런 황당한 주의를 받을까. 여전히 나는 교양국 선배들에게 예능에서 사고 치고 온 놈 혹은 교양에서도 사고 칠 수 있는 놈인 걸까, 자괴감이 들 뻔도 했지만 그만큼 내가 연출자로서 독특한 스타일을 갖고 있다는 것 아닐까, 라며 팀장의 제언을 부정적으로만 해석하진 말자고 마음을 다잡았다.

"아유, 「그알」에서 어떻게 웃겨요. 랩은 할 생각도 없습니다아"라고 능청을 떨며 팀장의 말을 받아넘기고 자리로 돌아와 다짐했다. 랩, 꼭 해야지(이로부터 정확히 1년 6개월 뒤 방영된 '촛불 집회' 편에서 나는 결국 랩을 했다. 그리고 지금은 그알 유튜브 콘텐츠 「그알저알」에서 웃기려고도 하고 있다. 팀장이 하지 말란 두 가지를 결국 다 하고 있는 셈이다).

사실 내가 「그알」에 발을 들인 게 이번이 처음은 아니었다. 이보다 3년 먼저 나는 취재 피디로 발령이 났었다. 「그알」은 주변인 탐문부터 당사자 인터뷰, 사실 확인,전문가 의견 청취 등 취재량이 상당해

170

서 인술 피디 혼자 그 모든 과정을 소화하는 게 불가능하기에 취재만 전담하는 취재 피디를 두는데, 그 역할은 취재에 특화된 프리랜서 피디가 항상 맡아왔다. 당시에도 베테랑 프리랜서 취재 피디가 이미 한 명 있었는데 굳이 취재 피디 자리를 하나 더 만들어 나를 밀어넣은 것이다.

예능하고 싶어하는 교양 피디를 어떻게든 교양국에 안착시키려는 선배들의 전략에 떠밀리듯 「그알」에 첫발을 디딘 나는 연출 피디가 취재하는 모습을 지켜보며 취재원을 설득하는 방식과 질문 던지는 방법을 배웠고 조연출에게선 취재원과 사건의 성격, 취재 장소 등에 따라 유동적으로 촬영 방식을 바꾸는 요령을 배웠다. 그동안 내가 겪은 예능, 교양 프로그램이나 다큐멘터리는 '어떻게 하면 인물과 상황을 카메라에 더 잘 담을 수 있을지'만 고민했다면 「그알」에서는 여기에 더해 '어떻게 하면 모든 상황을 놓치지 않고 카메라에 담아낼 수 있을지'까지 고민해야 했다. 즉, 사람이 더 기민해져야 했다.

우선 취재원의 성격을 파악해야 했다. 이 사람이 우리의 취재에 우호적일지, 적대적일지를 예민하게 판가름해야 했다. 살인사건 취재를 가정할 때 대개 피해자의 가족과 지인은 우리에게 우호적일 가능성이 큰 반면, 가해자의 가족과 지인은 적대적일 가능성이 크다. 피해자 측 인물일지라도 사건 트라우마에서 헤어 나오지 못했다면 사건 당시를 떠올려 진술하는 일을 힘겨워할 수 있다. 그만큼 모든 사람과 상황에 깊은 주의를 기울여야 했다.

취재원의 성향을 대략 파악했다면 취재에 우호적일 사람에게는 통화로 사전에 동의를 구하고 정식으로 촬영하는 방법을 택하며, 사전 동의를 해주지 않는다면 직접 만나 설득한다. 그럼에도 거부한다면 이 사람들은 취재 대상에서 제외된다. 이쪽 취재원을 몰래 촬영하는 일은 없다.

반면 적대적일 것 같은 취재원은 취재에 응할 가능성이 희박하므로 사전 동의 절차를 생략하고 직접 만나 설득하는 방법을 주로 택한다. 사실 적대적인 취재원으로 분류되는 이들은 우리 요청에 대한 반응이 전연 예상되지 않는 이부터 극도로 적대적인 이(가해 당사자)까지 스펙트럼이 워낙 넓기 때문에 접근 방식을 하나로 국한시킬 수 없다. 그때그때 순간적으로 또 직감적으로 연출자가 판단을 내려야 한다. 예를 들어 가해자의 과거 지인이 취재에 응할지 확신할 수 없다면 통화로 먼저 상대의 성향을 파악하는 절차를 거치기도 하며, 상대가 가해자의 가족이라면 괜히 전화를 걸었다가 우리의 취재 사실을 알게 돼 잠적할 수도 있기에 아예 이런 사전 절차를 생략

아기도 힌다. 수소문과 탐문을 통해 가까스로 취재원과 만날 장소가 정해졌다면 여기서부터는 상황을 카메라에 몰래 담기 위한 고민이 시작된다. 정식 촬영과 달리 정확히 세팅된 장소가 있는 것도 아니어서 어떤 돌발 상황이 생길지 모르므로 연출자는 물론 카메라 든 조연출도 긴장을 늦출 수 없다. 취재원이 나타나고 연출 피디와 대화가 시작되면 조연출은 그 상황을 최대한 티 나지 않게 찍어내야 한다. 이런 고급 스킬은 취재를 오래 따라다니다 보면 자연스레 터득된다. 지금 이 시간에도 곳곳에서 취재가 이뤄지고 있기에 여기에 자세한 방식을 기술할 수는 없지만…….

그러므로 조연출의 역할이 매우 중요하다. 취재원이 촬영을 눈치챘다면 그 조연출은 하수, 눈치를 못 챘다면 중수, 그리고 취재원이 조연출의 존재마저 인지하지 못했다면 그 조연출은 고수다. 고수와 만난 취재원이 후에 방송을 본다면 이런 의문을 품을 수밖에 없다. "도대체 누가, 어디서, 어떻게 나를 찍은 거지……?"

「그알」 조연출에게 주어진 가장 중요하고도 기본적인 임무는 '카메라를 끄지 않는 것'이다. 촬영 중 어떤 상황이 발생하더라도 촬영을 멈춰선 안 된다. 예를 들어 취재원이 당장 카메라를 끄라고 소리 지르더라도 멈춰선 안 되고, 취재원이 카메라를 때려도, 연출 피디를 때려도 멈춰선 안 된다. 연출 피디가 사전에 약속된 신호를 줄 때만 카메라를 끌 수 있다.

'취재 시작 전에 카메라를 켜고, 완전히 끝나기 전까지는 끄지 않는다.' 아주 기본적이고 단순한 미션처럼 보이지만 실제 취재 현장에선 이 기본을 지키지 못해 중요한 상황을 화면에 담지 못하는 비극이 꼭 한 번씩 일어나며, 이런 에피소드는 전설처럼 「그알」 팀에 전해져 타산지석의 사례로 박제되는데, 그중에서도 가장 유명한 에피소드 세 가지를 소개하겠다.

1. 카메라 꺼!

아주아주 오래전부터 구전되는 에피소드다. 취재 중 한 연출 피디가 조연출에게 "카메라 꺼!"라고 말했는데 조연출이 그의 말을 따라 카메라를 진짜로 꺼버려서 뒤이어진 현장 상황을 찍지 못했다는 슬픈 이야기. 일반적으로 생각해보면 후배는

174

신배의 말을 따랐을 뿐이니 잘못이 없다고 생각할 수 있겠지만 앞서 설명한 대로 취재 상황에서의 상식은 이와 다르다. 당시의 상황을 짐작해보자면 연출 피디는 취재원과 대화하던 중 상황을 유리하게 이끌기 위한 고급 스킬의 하나로 "카메라 꺼!"라는 무기를 꺼냈을 테고, 그 속마음은 분명 '절대로 끄지 마!'였을 것이다. 그리고 내 경험을 토대로 추측건대 아마 카메라가 꺼진 이후 취재원의 입에서 매우 중요한 이야기들이 나왔을 가능성이 크다. 취재 전에 둘 사이에 합의가 있었다면 조연출의 과실이고, 그런 합의가 없는 상태에서 다짜고짜 카메라를 끄라고 했다면 연출 피디의 과실이다. 그렇기에 이 에피소드는 지금까지도 연출, 조연출 모두에게 중요한 교훈이 되어주고 있다.

2. 왜 안 찍어?

조연출의 고운 심성 덕에(?) 명장면을 놓친 또 하나의 슬픈 이야기. 취재하다 보면 별의별 돌발 상황에 다 맞닥뜨린다. 잘만 이야기하던 취재원이 갑자기 도망가거나 취재진을 위협해오기도 한다. 전속력으로 도망가는 취재원을 쫓아가는 피디, 취재원에게 위협을 받으면서도 취재를

이어가는 피디 등의 장면은 카메라에 잘만 담기면
시청자들의 뇌리에 오래 남는 명장면이 된다. 취재의
역동성을 가늠해보는 장면으로 회자될 수도 있을 것이다.
두 번째 에피소드의 주인공 피디는 아마도 취재원에게
갑작스러운 공격을 받았던 것 같다. 이때 조연출이 할 수
있는 단 하나의 역할이 있다면 갈등에 뛰어드는 일도,
경찰에 신고하는 일도 아닌 그저 그 상황을 카메라에
잘 담는 거다. 그러나 심성이 유독 고왔던 그 조연출은
선배가 위협을 당하자 곧바로 카메라를 놓고 선배를
돕기 위해 달려갔던 것이다. 그 피디는 조연출에게
고맙다고 했을까? 우리 모두가 예상한 대로 그는 그 선한
눈망울을 어이없다는 듯 바라보며 말했다고 한다.
"왜 안 찍어?"

3. 테이프가 아깝냐?!
이번에는 유난히 알뜰했던 조연출이 남긴 웃기고도
슬픈 이야기다. 「그것이 알고싶다」 방송을 보다 보면
"우리는 수소문 끝에 ○○에 살고 있는 △△씨를 만날 수
있었습니다"와 같은 내레이션을 자주 접하는데,
이 문장 안에는 짧게는 며칠, 길게는 몇 주
동안 제작진이 흘린 땀이 녹아들어가 있다.

「그알」취재는 자가가 사무실에서 곳곳에 여락을 돌리고
피디는 현장을 탐문하며 정보를 수집하는 원초적이고도
노동 집약적인 행위다. 여기서 탐문이라 하면 특정
인물 한 명을 만나 인터뷰하는 것이 아니라 일정 장소를
돌아다니며 불특정 다수에게 이런저런 질문을 던지는
일을 뜻하는데, 언제 누구와 만날지 모르기에 카메라를
켠 상태로 돌아다니는 게 기본이다 보니 탐문 촬영
테이프에는 방송에 쓸 수 없는 무의미한 장면도 함께
기록될 수밖에 없다.

이 에피소드 속 주인공은 이런 비효율적인 촬영 방식이
못마땅했던 것 같다. 지금은 영상이 메모리 카드에
저장되는 카메라를 사용하지만 내가 「그알」취재 피디로
있었던 2012년만 해도 테이프에 영상을 기록하는
방식의 카메라가 주류였다. 특히 「그알」과 같은
탐사 보도 프로그램은 비교적 가볍고 휴대가 용이한
6밀리미터(이후 6미리로 표기) 카메라를 사용했는데,
6미리 테이프 하나에 기록할 수 있는 촬영 분량은
60분이 최대였고, 메모리 카드와 달리 한 번 녹화된
촬영 테이프는 재사용되지 않았다.

　　　　평소에도 검소했을 그는 최장 60분만 찍을 수
있으며 다시 쓰지도 못하는 촬영 테이프를

최대한 아껴보자는 합리적인 판단으로 탐문 중 취재가
시작되면 녹화 버튼을 누르고 끝나면 중지 버튼을
눌렀다. 내심 뿌듯했을 거다. 효율적으로 필요한 장면만
테이프에 차곡차곡 기록되고 있었을 테니까. 그러나
탐문이 끝나고 카메라를 들어 액정 덮개를 열었을 땐
분명 마지막 취재 후 꺼뒀던 카메라가 이상하게도
돌아가고 있었다. 서둘러 카메라를 재생 모드로 바꾼 뒤
촬영 장면을 돌려보는데 아뿔싸, 취재 장면은 하나도
없고 두 사람이 걸어다니는 쓸데없는 장면만 가득했다.
그가 눌렀던 녹화 버튼이 실은 중지 버튼이었고, 중지
버튼이라고 생각하며 눌렀던 게
녹화 버튼이었던 거다. 정확히 말하자면 녹화와
중지 버튼은 전원 버튼처럼 단 하나의 동일한 버튼이고,
누를 때마다 녹화와 중지가 반복되므로 애초에 첫
단추가 잘못 끼워진 셈이었다. 심지어 촬영 테이프엔
탐문 중 연출 피디와 화장실에 다녀온 장면까지
고스란히 담겨 있었다. 뒤늦게 이 사실을 알게 된 연출
피디는 얼마나 황당하고 허탈했을까. 모르긴 몰라도
조연출에게 최소한 이 한마디는 했을 것이다.
"테이프가 아깝냐?!"

이 모든 에피소드는 제삼자에겐 가볍게 웃어넘길 수 있는 것이지만 실제 방송 제작 현장에 있는 이에겐 웃기면서도 가슴이 서늘해지는 이야기다. 만약 내게 그런 일이 벌어졌다면…… 생각만 해도 식은땀이 솟구치는 느낌이다. 다행인 점은 세 사례 모두 최소 10년에서 20년이 지난 먼 과거의 일이고, 그 긴 세월 동안 끊이지 않고 구전되며 후대 피디들에게 따끔한 교훈으로 작용한 덕에 지금은 이런 실수가 어지간해서는 발생하지 않는다는 것이다.

재연에 관한 딜레마도 있다. 가장 바람직한 취재는 상대에게 동의를 얻고 진행하는 것이다. 탐사 보도 프로그램의 특성상 상대의 동의가 없어도 촬영해야 할 때가 많고 이를 위해 다양한 침투 능력을 계발하기도 하지만 어떤 이유로든 상대의 동의를 구하지 않고 촬영하는 데엔 도덕적, 사법적 리스크가 따르기 마련이다. 그래서 사전 동의 없이 촬영을 진행했다가도 인터뷰 상황이나 내용에 따라 사후 동의를 구하기도 한다.

인터뷰가 시작되자마자 '이 사람은 동의를 구하고 정식으로 촬영해야겠다'는 생각이 들기도 한다. 이 사람은 열심히 설득하면 동의해줄 것 같다는 확신이 든다거나, 혹은 이 사람은 동의 없이 촬영하기에는 너무 미안하다는 생각이 드는 경우다. 후자라면 촬영 동의를 안 해줄 가능성도 있는데 그럴 땐 대역 재연, 음성 재연 등 다양한 방식으로 부족한 부분을 대체하곤 한다.

피디마다 성향이 다르기에 취재 방식도 제각각이다. 취재원이 누구든 예외 없이 사전에 촬영 동의를 구하는 피디도 있고, 반대로 피해자 가족과 지인 등 동의를 꼭 얻어야 하는 취재원 위주로 최소한의 사전 동의만 구하는 피디도 있다. 전자는 자연스레 대역 재연, 음성 재연의 사용 빈도가 높아지므로 프로그램의 리얼리티를 해친다는 비판을 받기도 한다. 명색이 취재물인데 실사가 아닌 대체 그림, 대체 음성으로 화면이 채워진다면 재연 프로그램과 뭐가 다르냐는 주장이다.

이 때문에 과거에는 재연 자체를 반대하는 선배들도 많았다. 가짜 영상이라는 거다. 하지만 개인 신상에 대한 인식이 더 깊어진 현재, 대역 재연은 삭제될 수도 있을 내용을 어쨌든 송출 가능하게 해주는 불가피한 장치라는 생각이 더 널리 공유되고 있다. 음성 재연은 비교적 최근부터 활용되기 시작했는데, 대역 재연과 달리 영상뿐 아니라 음성까지 대역을 맡기기에 시청자들이 보는 화면엔 진짜 영상, 진짜 음성이 하나도 없는 위험한 장치다. 누군가 이를 악용해 혹자에게 유리한 가짜 정보를 진달할 수두 있기 때문이다. 물론 「그것이 알고싶다」는 인터뷰 영상이나 녹음 파일 등 오디오 원본 소스를 확보한 상태에서 해당 음성을 어떤 이유로든 절대 방송에 내보낼 수 없을 때(신원이 파악되면 신변의 위협이나 여타 피해가 발생할 수 있는 내부 고발자 등)에만 최후의 보루로 음성 재연을 선택하지만, 사실성과 현장성이 중요한 가치인 보도 프로그램에서 이 장치를 쓰는 게 합당한가에 대해서는 지금도 논쟁 중이다.

사전 동의 절차를 최소한도로만 진행하는 후자에 속하는 피디들은 방송 후 종종 항의 전화를 받는다. 방송에 나갈 줄 모르고 인터뷰에 응했던 건데 내가 왜 방송에 나오고 있느냐는 내용이 주다. 특히 인터뷰이가 이 사건과 직접 관련이 없는 사람, 예를 들어 범인이 살던 집의 이웃 주민이나 가해자가 전에 일했던 직장의 동료라면 피디가 할 수 있는 말은 더더욱 없다. 그저 진심 어린 사과를 하고 다시 보기 영상에서 해당 부분을 삭제하는 등 후속 조치를 밟을 뿐이다. 이런 사태를 방지하기 위해 모자이크, 음성 변조를 철저히 하고 그걸로도 부족하다 싶으면 결국 대역 재연, 음성 재연 등의 장치를 쓰는데 결과적으로 전자와 후자 모두 '가짜 영상'이라는 비판을 완벽히 피하기 어려운 건 매한가지다.

리얼리티의 확보와 개인 신원 보호. 충돌하는 두 가치의 균형을 잘 맞춰가며 신뢰받는 탐사 보도 프로그램을 만드는 것은 여러 딜레마를 통과해야 하는 어려운 일이다. 개인 신상 노출의 위험성에 대한 인식이 부족했던 1990년대에 방영된 「그알」 초창기 방송을 보면 정말 깜짝깜짝 놀라곤 한다. 방송 화면에 취재원의 주민등록증이 모자이크 없이 노출되고, 피해자나 가해자의 신원이 특정될 만한 거주지, 상호, 사건 자료가 여과 없이 보여져서다. 피디들끼리는 그 시절을 장난스럽게 야만의 시대라고 부르기도 한다. 반면 인터넷도, SNS도 없던 시절로부터 많은 것이 변화하고 진화한 오늘날의 「그알」 피디들은 현시대의 다양한 요구를 배우고 수용하고 이해해야 하는 거대한 과제 앞에 매주 기꺼이 선다. 다행인 것은 32년간 수많은 선배가 「그알」을 거쳐가며 남긴 시행착오의 흔적 덕분에 사회의 어두운 곳을 조명하고 가려진 진실을 밝히는 「그알」의 정신이 이어지고 있다는 사실일 것이다.

탐사 보도 프로그램을 처음으로 경험하면서 얻은 게 많다. 필요한 정보를 가장 효율적으로 손에 넣기 위한 탐문 방법, 취재에 우호적이지 않은 사람을 설득해내는 요령, 피해자의 트라우마를 최대한 자극하지 않으려 살피며 대화하는 태도. 결국 취재란 상대방의 마음을 읽는 일이라는 게 실까지.

　　그리고 가장 큰 변화는 이거였다. "「그알」은 안 가요!"
라고 외치던 내 안에 '「그알」도 해볼 만한데'라는 생각이
조금 움튼 것이다. 두 발로 뛰어다니며 모르던 것을 알아내
고, 닫혀 있던 누군가를 걸어 나오게 하고, 막막했던 사건
의 밑그림을 조금씩 그려내면서 얻는 보람과 쾌감을 아주
살짝 알게 된 듯한 느낌이었다. 그렇게 나는 「그알」 피디가
되어가고 있었다.

내겐 너무 무거운「그알」

연출팀의 6주는 기획 2주, 취재 2주, 편집 1주, 휴가 1주로 이뤄졌다(연출팀과 달리 5주 주기로 업무가 돌아가는 메인 작가는 기획 2주 차부터 연출팀에 합류했다). 원칙대로라면 2주 안에 방송 소재를 정하고, 2주간 취재하고, 1주간 편집을 해야 하지만 매번 정해진 일정대로 진행될 리 만무했다. 소재 찾는 일로만 2주를 써버리는 게 태반이었고, 그러다 보니 취재 시작이 늦어지고, 그러다 보니 편집을 해야 하는 주간에 취재 마무리와 편집 시작이 맞물리기 일쑤였다. 그만큼 소재를 찾는 게 가장 어렵고도 중요한 일이었다. 그래서 예전부터「그알」피디들이 기획 주에 동료들을 만나면 입버릇처럼 하는 말이 있었다. "아이템▼없어?"

여기에서 이런 의문이 들 수 있다. '뉴스 보면 사건이 매일같이 일어나는데 소재 찾는 게 뭐가 어렵다는 거지?' 나도「그알」팀에 오기 전까지는 같은 생각이었다. 그러나 막상 내가 만드는 입장이 되어보니「그알」에서 다룰 만한 소재를 찾는 일이 결코 쉽지 않다는 걸 바로 알 수 있었다.「그알」피디에게 있어 '소재'라는 말은 생각보다 무거운 단어였다. 이 방송이 사회에 미치는 영향력, 사람들이 프로그램에 거는 기대가 컸기에 우리는 항상 그 눈높이에 맞춰 '왜Why?'를 고민하고 '새로운 것Something New'을 찾아야 했다.

「그알」이 이 이야기를 지금 '왜' 해야 하지?

「그알」만이 할 수 있는 '새로운 것'은 뭐가 있지?

과거에는「그알」에서 세간에 알려지지 않은 사건을 제보받아 취재·폭로했지만, 하루에도 수천수만 건의 기사가 쏟아지는 지금의 미디어 환경에서「그알」이 전처럼 완전히 새로운 사건을 발굴해내기란 여간 어려운 게 아니다. 그렇기에 모두가 처음 보고 듣는 새로운 사건은 아니더라도 기존의 사건과 사안의 새로운 목격자나 새로운 증거, 전문가의 새로운 분석을 이끌어내거나 아예 새로운 시각으로 사건을 재조명하며 새로운 의미를 길어올리려 애써야 했다.

방송국에서는 장르를 불문하고 방송 소재를 편의상 '아이템'이라고 부른다.「그알」이라는 프로그램의 특성상 '아이템'이라는 표현을 쓰는 게 적절하지 않기에 공식적인 자리에서는 해당 표현의 사용을 지양한다. 책에서는 일상 대화를 옮기느라 해당 단어를 그대로 사용했다.

무엇이 되었든 어쨌거나 새롭다는 게 중요했다. 소재를 선정한 다음에는 팀장, 시피를 차례대로 설득해야 했고 국장까지 우리의 기획 의도에 공감을 해야 취재가 비로소 정식으로 시작됐다. 이렇다 보니 방송 소재를 찾는 2주의 시간이 피디에겐 결코 긴 시간이 아니었다. 사정이 이토록 팍팍했기에 「그알」에 처음 오는 피디에게는 웰컴 기프트가 하나 주어졌다. 첫 방송 소재를 찾는 기간을 넉넉히 주는 거다. 두 번째 방송부터는 에누리 없이 6주 안에 방송 제작을 해야 하지만 '첫방'만큼은 평소보다 좀더 여유를 줬다. 보통 2주에서 3주 사이의 추가 시간이 주어지는데 그때그때 팀 상황에 따라 시간을 더 버는 일도 있었다. 나는 디졸브로 합류했기 때문에 나와 교대하는 선배가 마지막 방송을 만드는 기간만큼의 시간을 벌었고, 8주가량의 여유를 갖고 첫 방송을 준비할 수 있었다.

나는 운이 좋은 편이었지만 팀에 커트로 붙는 사람이 있으면 기존 멤버들의 희생이 필요했다. 처음 온 피디가 적응기간 없이 6주 만에 「그알」한 편을 뚝딱 만들어내는 건 무리였기에 기존 다섯 명의 피디들 중 일부가 휴가를 반납, 5주만에 방송을 하고, 그렇게 십시일반 1주씩 모은 휴가 주를 새로 온 피디의 기획 주로 양도하는 개념이다.

때로는 새로 온 피디가 커트로도 붙지 못하고 186

블랙이 끼는 일도 있었다(편집 실수로 장면과 장면 사이에 공백이 생긴 경우 까만 화면으로 나오는데 이를 '블랙이 껐다'고 표현한다). 이런 상황이 되면 어쩔 수 없이 일정 기간 기존 멤버들의 방송 제작 기간이 일주일씩 차감됐다. 즉, 새로운 피디가 올 때까지 제대로 쉬지도 못하고 연이어 제작해야 하는 괴로운 상황이 이어지는 것이다. 산술적으로 고려해보면 이런 상황이 생길 수 없지만 일이라는 게 매번 산법에 입각해 진행되는 건 아니다 보니, 나도 「그알」을 연출하는 동안 고통의 '5주 제작'을 한 적이 왕왕 있었다.

산술적으로 계산해보면 이렇다. 매년 SBS 시사교양본부에 들어오는 신입 피디는 세 명, 「그알」에 연출 피디로 몸담는 평균 기간은 3년. 매년 「그알」에 연출 피디로 올 연차의 피디가 세 명씩은 생길 테고 그들이 3년씩 있어준다면 아홉 명의 피디가 「그알」을 동시에 제작할 수 있다. 하지만 여섯 명도 간신히 유지되는 게 현실이었다. 늘 연출 피디 부족에 시달리는 이유는 단순했다. 모두가 「그알」을 하고 싶어한 건 아니었기 때문이다. 과거에는 교양 피디가 제작할 수 있는 프로그램이 제한적이었기에 「그알」을 한 번씩 거쳐가는 게 당연했다. 하지만 내가 입사했던 무렵에는 흔히 '쇼양'이라고 부르는 예능형 교양 프로그램이 제작되기 시작하면서 교양 피디들 사이에 「그알」이나 다큐멘터리 같은 정통 교양 프로가 아닌 젊은 감각의 프로를 만들고 싶다는 욕구가 퍼졌다. 특히 「그알」에 연출 피디로 가는 7년 차가 피디로서 가장 열정적으로 기획을 할 수 있는 시기인데, 그 중요한 시기를 모두가 「그알」에서 보낼 필요는 없지 않느냐는 목소리가 저연차 피디들 사이에서 커지기 시작했다. 나처럼 예능에서 넘어온 별종이 아닌 본 투 비 교양 피디 중에도 나와 비슷한 생각을 가진 사람이 많았던 것이다. 「그알」이 다른 프로그램처럼 가볍게 다녀올 수 있는 팀이었다면 이 정도의 기피 현상이 나타나진 않았겠지만 결코 그런 마음으로 뛰어들 수 있는 팀이 아니라는 게 문제의 본질이었다.

조금 과장된 표현이긴 하지만 실제로 「그알」은 SBS 교양국의 기둥 프로그램이기에 「그알」이 무너지면 SBS 교양국 전체가 흔들릴 수 있다는 걸 부정할 순 없을 거다. 「궁금한 이야기 Y」 「꼬리에 꼬리를 무는 그날 이야기」 「당신이 혹하는 사이」 「지선씨네마인드」 등 「그알」에서 파생된 범죄 관련 프로그램만 해도 얼마나 많은가. 그렇기에 「그알」 피디들이 느끼는 책임감과 중압감 또한 여느 프로그램을 할 때와는 차원이 다르다.

물론 「그알」이 교양 피디라면 누구나 한번쯤 경험해보고 싶은 프로그램임에는 틀림이 없으며, 「그알」 피디를 꿈꾸며 SBS에 지원한 동료들도 적지 않다. 하지만 현실적인 부침 앞에는 장사가 없는 법이다. 그래서 시사교양본부장, 교양국장의 필수 과제 중 하나가 「그알」 팀에 결원이 생기지 않도록 지속적으로 인력을 확보하고 관리하는 것이었다. 내가 「그알」에 있던 때가 인원이 가장 부족한 시기였는데(내가 입사한 이후 글로벌 금융 위기가 닥치며 2009년, 2011년에는 신입 피디를 뽑지 않았고, 이것이 나비효과가 되어 내가 「그알」을 하던 시기에 피디 기근이 발생했다), 당시에는 타 방송사 경력직을 뽑아 충원하거나 이미 여러 해 전에 「그알」을 거쳐간 시니어 피디들이 다시 불려오는 일도 허다했다.

이렇듯 유사시에는 인력이 다급하게 충원됐지만, 아무래도 가장 안정적인 방법은 저연차 피디들을 잘 육성해 제때 「그알」로 진출시키는 것이었다. 「그알」에 안 가겠다고 고집 피우던 나를 잘 달래가며 파일럿 프로그램 기획 기회도 주고, 취재 경험도 시키면서 「그알」에 서서히 스며들게 만들었던 것처럼 말이다. '예비 피디 육성 과정'에서 취재 능력이나 심신상의 특별한 결함이 발견되지 않는다면 7년 차 전후로 부름을 받게 된다. 2015년, 나는 그렇게 회사의 명을 받고 「그알」 피디가 되었다. 여름이었다.

보이스 피싱 조직에 잠입하라

「그알」첫 방송까지 주어진 시간은 8주.

이 시간을 잘 활용하며 소재를 찾아야 했다. 소재 찾는 방식은 피디마다 제각각이었다. 하루 종일 사무실에 앉아 노트북으로 기사를 무한 검색하는 엉덩이 무거운 스타일도 있고, 일단 밖으로 나가 사람을 만나며 아이디어를 얻는 엉덩이 가벼운 스타일도 있다. 자신이 다루고 싶은 주제를 먼저 떠올린 뒤 그에 맞는 사례자나 개별 사건을 찾는 두괄식 피디도 있고, 개별 사건을 먼저 찾은 뒤 취재를 하며 주제를 발견, 심화시켜나가는 미괄식 피디도 있다.

나는 그때만 해도 친분 있는 형사, 변호사, 범죄 전문가가 전혀 없었기에 일단 사무실에 앉아 기사와 제보 메일을 검색하며 소재를 물색했다. 동료들 중에는 장애인 인권 문제, 정치권력 문제, 아동 대상

190

범죄 등 평소 관심을 두는 이슈 분야기 한두 개쯤 있는, 주 자기만의 주제가 있는 준비된 피디들도 있었지만, 나같이 예능에서 사고 치고 온 놈에겐 그런 주제가 있을 리 만무했 다. 사회를 보는 문제의식도, 주제를 보는 심안도 없던 내 가 당시 소재를 찾으며 생각한 유일한 기준은 '이게 「그알」 에서 방송될 만한가?'였다. 당시엔 이런 일차원적인 질문 을 충족하는 데 급급했다.

딱히 엉덩이가 무겁거나 가볍지도, 두괄식도 미괄식 도 아닌 그저 '단순무식 스타일'이었던 나였지만 피디로서 의 욕심과 자신감은 누구 못지않았기에 머릿속으로는 보 란 듯이 「그알」 첫방을 대박 내는 호기로운 상상을 늘 했 다. 그러던 중 기사 하나가 눈에 들어왔다. 경찰에서 최근 보이스 피싱 조직원을 검거했다는, 이들에게서 알아낸 정 보로 그 조직을 일망타진할 거라는.

일망타진. 매우 간결하면서도 강렬한 단어였다. 그리 고 욕심나는 단어였다. 경찰과 「그알」이 공조해서 보이스 피싱 조직을 일망타진하면 어떨까. 나는 「그알」 첫방을 성 공적으로 내보내고, 경찰은 본인들의 공을 세상에 널리 알 리고! 경찰이 마다할 이유는 없지 않을까. 나는 이런 단순 한 생각으로 경찰과 함께 그들을 잡기 위한 방 법을 궁리하기 시작했다. 보이스 피싱은 사이버 범죄니까 사이버 범죄 수사대에서 담당하겠지? 그렇다면 서울경찰청 사이버 범죄 수사대를 찾아가봐야 하나. 아니다. 일단 전화를 먼저 드려볼까. 누구한테 전화해야 성공가능성을 높일 수 있을까. 햇병아리 「그알」 피디다운 기초적인 고민을 하며 인터넷에 이것저것 검색하던 내 등 뒤로 한 선배가 지나가며 한마디를 툭 던졌다.

"서울청 사이버 수사대? 거기 계장님 소개해줘?" 와, 역시 선배. 단 한마디로 고민을 한 방에 해결해준다고? 나도 저 선배처럼 「그알」을 1년쯤 하면 후배한테 '부산청 미제 수사팀? 거기 팀장님 소개해줘?' 정도는 할 수 있겠지? 아, 아니다. 1년만 하기로 했으니까 그때 난 「그알」에 없겠구나…….

아무튼 난 그렇게 운 좋게 서울청 사이버 범죄 수사대 계장의 개인 연락처를 손에 넣을 수 있었다(서울청과 같은 지방청의 계장은 꽤 높은 직급이다. 경찰 계급으로 보면 경정으로, 경찰서장을 맡는 총경 바로 아래 직급이다. 경찰 계급에 무지했던 당시의 나는 그를 동년배인 일반 회사의 계장쯤으로 알았지만 말이다).

이튿날 나는 곧바로 서울청 사이버 수사대를 찾아갔다. 알고 보니 계장과 선배는 신뢰가 꽤 두터운 사이였고 덕분에 일은 일사천리로 진행됐다.   192

세징은 현재 보이스 피싱 조직을 추적하고 있는 팀과의 미팅을 주선해줬다. 팀장 포함 대여섯 명쯤 되는 팀이었다. 나는 형사들에게 「그알」과 경찰이 공조해 보이스 피싱 조직을 일망타진하는 모습을 전 국민에게 생생하게 보여주고 싶다는 포부를 밝혔다. 내 당찬 계획을 들은 팀장이 말했다.

"그럼 피디님이 잠입 취재 한번 해보실래요?"

오, 잠입 취재. 일망타진 못지않게 강렬한 단어였다. 「그알」 피디가 잠입 취재로 보이스 피싱 조직을 일망타진한다? 성공적인 첫방에의 상상이 점점 더 현실화되는 느낌이었다. 나는 묻지도 따지지도 않고 대답했다.

"네, 해보죠! 그런데…… 어떻게 하면 돼요?"

팀장은 의지만 넘치고 실질적인 지식은 전무했던 내게 보이스 피싱 조직의 구조에 대해 특강을 해줬다. 듣고 보니 그들은 그야말로 각자 점처럼 움직이는 점조직이었는데, 피해자에게 송금받을 통장을 제공하는 통장책, 계좌에서 금전을 인출해 전달책에게 넘기는 계좌인출책, 전달받은 금액을 해외에 있는 조직의 자금 통장으로 송금하는 전달책, 그리고 통장책을 모집하는 모집책으로 이루어져 있었다. 이들을 일망타진하기 위해서는 전달책을 알아내 피해자들의 돈이 흘러 들어가는 해외 계좌를 파악해야 했다. 통장책은 지하철이나 화장실 곳곳에 꽂혀 있는 '고액 알바 모집' 전화번호로 연락하면 누구나 가담할 수 있는 단순 임무였기에 계좌인출책 정도는 돼야 전달책의 그림자라도 밟아볼 수 있겠다는 생각이 들었다. 그러나 보이스 피싱 조직에서 계좌인출책을 아무에게나 맡길 리 없었다.

"피디님, 우선 통장책으로 잠입해보시죠."

팀장님은 내게 비교적 접근성이 좋은 통장책으로 잠입하기를 권했다.

"통장책이 뭘 알아낼 수 있어요?"

"뭐 대단한 걸 알아낼 순 없겠지만…… 그래도 그거 말곤 잠입해볼 수 있는 게……"

서로 연결되지 않은 채로 활동하는 보이스 피싱 조직 내에서 통장책이 얻을 수 있는 정보는 미미할 게 뻔했다. 아무래도 형사들이 내 포부를 가벼이 본 모양이었다.

"팀장님, 기왕 하는 거 제대로 들어가야죠. 다른 방법은 없을까요?"

내 말에 팀장님은 잠시 고민에 빠지더니 이내 형사들 쪽으로 고개를 돌려 말했다.

"○○한테 연락해서 다리 하나 놔달라고 해봐라."

194

지시를 받은 형사는 휴대전화를 들고 누군가와 통화하기 위해 나갔고 그사이 팀장은 사뭇 진지한 표정으로 이야기를 시작했다.

○○은 팀에서 관리하는 정보원이며 그를 통하면 통장책보다 더 중요한 임무의 직책으로 조직에 잠입할 수 있을 거다. 하지만 놈들은 워낙 경계가 심해서 새로운 조직원을 들일 때 신분 조회를 꼼꼼히 한다. 처음 만나는 날 분명히 신분증 확인을 할 거다. 이때 실제 신분증을 보여주면 무사히 통과하겠지만 신분증에 포함된 모든 개인 정보를 고스란히 그들에게 제 손으로 넘겨주는 꼴이 된다. 후에 잠입 취재였다는 사실이 드러나면 당신이 어떤 피해를 입게 될지 우리도 알 수 없다.

"흠…… 그럼 어떻게 해야 돼요?"

"글쎄요."

떠오르는 방법은 하나뿐이었다. 신분증 위조. 팀장은 이미 방법을 알고 있지만 경찰 공무원 신분이기에 먼저 그 말을 꺼내지 않는 걸로 보였다. 그래서 내가 먼저 말을 꺼냈다.

"만약에 신분증을 위조하면 그놈들이 알아챌까요?"

"뭐…… 티 안 나게 잘 만들면 그것까지는 구분 못 하겠죠?"

"그럼 하나 만들어주세요, 팀장님!"

"네?"

"아니, 사이버 수사대면 그 정도 소품은 갖고 다니지 않나요? 제 것도 하나 만들어주세요."

나의 밑도 끝도 없이 호기로운 부탁에 형사들은 껄껄 웃었다. 나는 진지했는데 말이다. 이런 종류의 수사를 하려면 그 정도의 소품은 지원해주지 않을까 싶었다.

"피디님, 경찰이 어떻게 불법 행위를 합니까."

"불법……이지만 공익을 위한 수사에 활용하는 건데도 문제가 되나요?"

"당연히 문제가 되죠. 우리는 적법한 절차로 수사해야 합니다."

아, 그렇구나. 피디들은 공익을 위해 취재할 때 종종 법의 경계를 오가니까 경찰도 그러지 않을까 생각했던 나의 몽매함이 탄로 난 순간이었다.

"그럼 제가 직접 위조를 해야겠네요?"

"제가 해라 하지 마라 할 수 있는 문제는 아니죠."

"근데 그렇게 안 하면 잠입 취재를 할 수 없는 거잖아요."

"그렇죠."

"그럼 해야겠네요?"

"허허. 제가 하라고 할 순 없다니까요."

님상은 끝내 직접적으로 방법을 언급하거나 제안하지 않았다. 그러나 내게 남은 유일한 방법은 그것뿐이었다. 그렇다면 해보는 거지 뭐. 나의 성공적인 「그알」 첫방을 위해서. 아니, 공익을 위해서.

「그알」피디는 가끔 사기도 당한다

신분증 위조 업체를 찾아야 한다.

　내가 조연출에게 준 첫 미션이었다. 미션을 수락한 조연출이 트위터 검색창에 '신분증 위조'를 집어넣고 엔터키를 누르자 수많은 신분증 위조 업체가 모니터에 모습을 드러냈다. 와, 이렇게나 쉬운 일이었다고? 일이 술술 풀리는 기분이었다. 조연출에게 그들 중 가장 공신력(?) 있어 보이는 곳과 접촉해보라고 말한 뒤 사내 법무팀에 연락해 지금 우리가 하려는 행위를 법률적으로 검토해달라고 부탁했다. 돌아온 답변은 원칙적으로는 취재 과정에 불법 행위가 있으면 안 되지만 추후 법적 분쟁이 생긴다 해도 다수의 피해자 구제를 위한 공익의 목적이 크므로 처벌은 피할 수 있을 거란 거였다. 즉, 적법한 방식으로 하는 게 가장 바람직하지만 피치 못할 상황이라면 그렇게 하서라……

　내겐 지금이 피치 못할 상황이었다. 내가 직접 조직에 잠입해 유의미한 취재를 하려면 이 방법밖에 없었기 때문이다. 내가 정당성에 대해 고민하는 사이 조연출과 위조 업자 간의 소통은 신속하게 이뤄지고 있었다. 그는 우리에게 그동안 자신이 작업한 결과물, 즉 일종의 포트폴리오를 보내왔는데, 살펴보니 실제 신분증과 구분이 불가능할 정도로 완성도가 높았다. 제작료는 ☆☆만 원. 몇몇 다른 업자에게도 연락해 가격을 비교해봤는데 서로 합의한 듯 비슷했다. 취재에 드는 경비치고는 꽤 높은 가격이었지만 큰일에 이 정도 제작비는 감수해야지, 생각하며 쿨하게 송금했다.

　완성에는 2~3일이 소요된다고 했다. 혹시나 잠수를 타지는 않을까 내심 걱정했지만 다행히도 그는 약속한 날짜에 딱 맞춰 연락을 해왔다. 작업이 아주 잘 끝났다며 휴대전화로 실물 사진을 보내왔는데, 우리는 보자마자 동시에 "와~" 하고 감탄사를 내질렀다. 주민등록증에 새겨진 글자의 위치와 서체, 배경에 그려진 문양, 빛에 반사하면 반짝거리는 홀로그램까지 그대로 구현되어 있었다. 이 정도면 제아무리 경계심 많은 사기 집단이라 하더라도 의심하지 못할 게 분명했다. 드디어 상상만 하던 잠입 취재를 시작해볼 수 있겠다는 생각에 설렘과 긴장감이 훅 몰려왔다. 그런데 잠깐, 조금 이상한 게 눈에 띄었다.

우리가 의뢰한 내용은 내 사진에 조연출 이름과 주민등록번호를 합성하는 작업이었다. 잠입 당사자인 내 사진은 필수였고, 신분 조회 관문을 통과하기 위해 주민등록번호와 이름은 실제 조연출의 것을 활용하기로 한 터였다. 업자가 만든 위조 신분증은 완벽해 보였지만 딱 하나, 조연출의 성이 잘못 새겨져 있었다. 길용석이 있어야 할 자리를 김용석이 차지하고 있었다. 혹시 우리가 의뢰를 잘못했나 싶어 재차 확인도 해봤지만 의뢰 내용엔 문제가 없었다. 업자의 과실이었다. 우리는 메시지를 보냈다.

"고생 많으셨습니다. 퀄리티는 좋은데 오타가 하나 있네요. 김용석이 아니라 길용석입니다."

업자는 바로 실수를 인정했다. 당연히 김 씨인 줄 알았다며 죄송하다고 거듭 사과했다. 하긴 길 씨가 아주 흔한 건 아니니까. 아직 취재 시간도 여유가 있었기에 우린 이번처럼 2~3일 안에만 다시 만들어주시면 된다고 너그러이 양해를 해주었다. 그런데 문제는 그쪽이었다.

"☆☆만 원 추가로 송금 부탁드립니다."

어라. 돈을 더 보내라고? 실수한 건 너잖아. 귀책 사유가 자기한테 있음에도 결자해지하는 200

마음으로 맡은 비 임무 를 책임감 있게 끝내지는 못함말정, 뭐? 송금을 부탁해? 나는 강경하게 대응했다.

"사장님이 실수하신 건데 추가 비용을 요구하는 건 적절치 않은 것 같네요. 수정 작업 부탁드립니다."

"이 정도 퀄리티 내려면 하나 만들 때마다 비용이 꽤 듭니다. 저도 손해 보고 작업할 수는 없잖아요. 싫으시면 여기서 그만두셔도 됩니다."

업자는 나보다 더 강경했다. 조연출은 "이놈 사기꾼 같은데요?"라며 업자를 의심했고, 나 역시 잠입 취재와 일 망타진의 그림을 상상하며 묻어두었던 불안감이 슬며시 고개를 드는 것을 느꼈다.

나와 조연출은 머리를 맞대고 고민했다. 이번 '김용석 사태'는 사기꾼이 고의로 일으킨 사건일까, 업자의 단순 실수로 발생한 사고일까. 이놈을 사기꾼으로 결론 내고 여기서 멈출까, 추가 비용을 지불하고서라도 재제작에 들어가야 할까. 결론을 못 내리고 있던 그때, 업자에게서 추가 메시지가 도착했다.

"혹시 추가 제작하실 거면 총 ★★만 원에 해드리겠습니다. 제가 실수한 거니까요."

밀당에 능한 녀석이었다. 20퍼센트 할인을 제안한 그의 메시지 하나로 내 마음은 재제작 쪽으로 기울어버렸다. 이 자식은 사기꾼일 가능성이 커 보였지만 첫방 욕심이 그런 의심마저 외면하도록 만들었다. 나는 추가로 송금했고 2~3일의 시간을 더 기다렸다.

그러나 이번엔 약속된 날짜가 됐는데도 연락이 없었다. 메시지를 보내도 답이 없고 전화도 받지 않았다. 다음 날, 그다음 날도 마찬가지였다. 그제야 번쩍 정신이 들었다. 이놈, 진짜 사기꾼이었구나.

너무 화나고 분했다. 사기꾼보다 사기꾼임을 알고도 당한 나 자신에게 더 화가 났다. 잠입 취재고 일망타진이고 뭐고 이놈부터 잡아야겠다는 생각이 들었다. 김용석, 아니 길용석과 함께 긴급 회의에 들어갔다. 오랜 고민 끝에 우리의 정체를 밝히고 이 녀석을 압박해보는 게 좋겠다는 결론을 냈다. 신분증 위조 자체가 불법이기에 지금까지는 우리가 「그알」팀이라는 사실을 숨겼지만 이렇게 된 이상 우리의 정체를 밝히고 사기당한 돈이라도 회수하고 싶었다. 우리가 「그알」팀이라고 하면 이 녀석도 더는 나 몰라라 하진 않겠지. 그렇게 장문의 메시지를 작성했다.

"저희는 「그것이 알고싶다」팀입니다. 현재 서울경찰청 사이버 범죄 수사대와 공조해 보이스 피싱 조직을 취재 중이며, 그에 필요한 신분증 제작을 의뢰한 것입니다. 제작을 완료하기로 한 기일이 한참이 202

나 시났음에도 언력이 닿지 않고 있는데, 오늘까지 아무런 소식이 없다면 사기 행위로 간주하고 사이버 수사대와 함께 대응하겠습니다."

전송 버튼을 누른 뒤 작심하고 작성한 메시지를 한참 바라봤다. 흐뭇한 미소가 절로 나왔다. 이 자식, 우리의 정체를 알고 깜짝 놀랐을 거야. 지금쯤 어떻게 해야 할지 허둥대고 있겠지?

잠시 후, 며칠간 아무리 연락해도 답이 없던 녀석에게서 답신이 도착했다. 우리의 전략이 통했구나! 생각하며 내용을 확인했다.

"응. 니네 「그알」인 거 알아ㅋㅋㅋ"

헐. 두 눈을 의심했다. 너무 당황한 나머지 아무 말도 나오질 않았다. 우리가 「그알」 팀인 걸 어떻게 알고 있던 거지? 아냐. 몰랐는데 알았던 척, 센 척하는 걸 거야. 나는 놀란 기색을 들키지 않으려고 더 강력하게 대응했다.

"그럼 네가 어떻게 해야 할지도 잘 알겠네. 지금 당장 ★★만 원 송금해. 그럼 네가 사기 친 거 눈감아줄게. 그러지 않으면 서울청 사이버 수사대가 널 잡으러 갈 거야."

"응. 잡을 수 있으면 잡아봐."

이어진 녀석의 마지막 메시지가 내 뒤통수를 팍 때렸다.

"니네가 처음 연락할 때부터 「그알」인 거 알고 있었 어ㅋㅋㅋ"

처음부터 알았다고? 어떻게? 상황이 이렇게 되자 분노보단 궁금증이 더 커졌다. 나는 그에게 전화를 걸었다. 돈은 못 받아도 답은 듣고 싶었다. 정말 처음부터 알았는지, 그렇다면 어떻게 안 건지. 그러나 우리 번호는 이미 차단된 상태였다.

더 이상 녀석에게서 메시지가 오지 않았기에 연락할 방법이 없었다. 최후의 수단은 사이버 수사대에 도움을 청하는 것. 우린 서울청으로 향했다. 팀장을 만나 그간 있었던 일을 모두 고했다.

"이놈 잡아주세요. 여기 전화번호랑 계좌 번호 다 있거든요. 그러니까……"

"못 잡아요."

그는 단호했다.

"아니, 전화번호도 있고 계좌 번호도 있고……"

"그거 다 대포 폰, 대포 통장이에요. 절대 추적 못 해요."

더 조르고 싶었지만 우리를 측은하게 바라보는 팀장과 형사들의 눈을 보자 정말로 불가능한 요구라는 걸 알 수 있었다. 이들은 나 같은 피해자를 얼마나 많이 봐왔을 텐가.

더덜터덜 패배자의 걸음으로 사무실에 돌아온 우리는 지난 사건을 복기했다. 그 녀석은 정말 우리가 「그알」팀인 걸 처음부터 알았을까. 시간을 두고 천천히 생각해보니 그럴 수도 있겠다는 생각이 들었다. 우리가 그 녀석과 연락했던 휴대전화는 팀 폰이었다. 팀 폰은 팀 제작비로 개통해 놓은 휴대전화로, 피디, 작가의 개인 휴대전화를 사용하기 어려운 위험한 취재에 활용된다. 다년간 여러 팀에서 여러 번 돌려쓰다 보니 그 정체가 어떻게 해서든 외부에 알려졌을 수도 있겠다는 깨달음이 그제야 왔다.

내가 좀더 치밀하게 준비했더라면, 휴대전화를 새로 개통해서 녀석에게 연락했더라면 우리는 가짜 신분증을 받을 수 있었을까. 그 녀석은 우리가 「그알」 팀이라 골탕 먹이려고 한 걸까. 그냥 태생이 사기꾼이이라 우릴 알고 있었단 말조차 거짓이었던 건 아닐까. 때늦은 후회와 궁금증이 밀려들었지만 시간을 되돌릴 수는 없었다. 나의 설익은 의욕과 성급함이 불러온 결과였다.

사기꾼을 잡기도 전에 사기를 당해버린 이 사건으로 인해 바라 마지않던 잠입 취재, 일망타진의 부푼 꿈은 순식간에 바람 빠진 풍선처럼 쪼그라들었고, 「그알」 첫방을 멋지게 해내겠다는 의욕도 한풀 꺾였다. 제작비로 증빙도 안 되는 생돈을 날린 상태에서 또 다시 새로운 업자를 찾아볼 엄두가 나지 않았다. 그렇게 허무하게 웰컴 기프트 3주를 날린 나는 다시 「그알」 첫방 준비를 위한 출발선에 섰다(다행히 사기당한 돈은 사유서를 제출해 제작비로 처리됐다).

이무튼 첫방

진심으로「그알」첫방을 멋지게 해보고 싶었다.

예능 하다 굴러온 놈도 교양국의 꽃이라 불리는「그
알」을 잘 해낼 수 있다는 걸 증명하고 싶었다. 나는 다시금
새로운 소재 찾기에 몰두했다. 잠입 취재는 어그러졌어도
보이스 피싱 취재는 이어나갈 수 있었지만 어쩐지 그건 결
정적 한 방이 빠진, 김새는 일처럼 느껴졌다. 그런 찜찜함
없이 첫방을 완벽하게 해내고 싶다는 욕심을 내려놓지 못
한 것이다. 참고로 보이스 피싱 취재는 내게 서울청 계장님
을 소개해준 선배가 이어받아 석 달 뒤 방송했다.「그알」에
선 이런 식으로 피디들끼리 상부상조하는 일이 왕왕 있다.
내가 가진 정보나 인맥으로 다른 피디의 취재에 도움을 주
기도 하고, 다른 피디가 기초 취재를 해놓은 사
건을 내가 이어받아 방송하기도 한다. 보이스

피싱 편은 내가 선배에게 받은 도움으로 첫발을 뗀 취재를 그 선배가 다시 이어받아 방송했으니 완벽한 상부상조가 이뤄진 한 편이라 할 수 있다.

나의 진짜 첫방도 상부상조로 성사됐다. 팀에 처음 왔을 때 현장 경험도 할 겸 한창 방송을 준비하던 선배의 취재를 도왔는데, 내가 신분증 사기를 당하는 사이 그 선배가 「그알」을 떠나게 됐다. 부족한 인원을 임시로 메우기 위해 투입된 시니어 피디였는데 그 문제가 어찌어찌 해결돼서였다. 선배가 취재 중이던 사건은 그렇게 주인을 잃어 누군가가 이어받아야 하는 상황이었는데, 마침 보이스 피싱 취재를 접고 새로운 사건을 찾고 있던 내가 자연스레 그 담당이 됐다.

교수 가혹 행위 사건. 2년이 넘는 기간 동안 교수가 제자를 연구실에 감금하고 폭행한 데 더해 가혹 행위까지 한 사건이다. 교수는 디자인 분야에서 존경받는 권위자였다는 사실, 피해자와 같은 신분의 또 다른 제자 세 명도 가혹 행위에 가담했다는 사실이 알려지며 세간에 큰 충격을 안겼다. 그들은 피해자를 야구방망이로 때리고, 굶기고, 잠도 자지 못하게 했으며, 입에 올리기 어려울 정도의 극심한 가혹 행위를 일삼았다. 교수는 자신이 사무실에 없을 땐 아프리카TV 비공개 방을 통해 피해자를 감시하며 공범들에게 폭행과 가혹 행위를 지시했다.

선배가 취재하던 사건을 고민 없이 이어받은 이유는 소재가 당장 없어서도, 첫방 성공에 대한 열망이 도무지 사그라지지 않아서도 아니었다. 단지 궁금했다. 사람이 사람에게 어떻게 그런 행위를 할 수 있는지, 제자들은 왜 교수의 비행에 가담했는지. 심지어 제자 중 한 명은 피해자의 친구였다. 그중에서도 당시 가장 관심이 간 대상은 피해자였다. 왜 2년 동안 그곳을 벗어나지 못했을까. 감금된 사무실은 도심 한복판에 위치한 오피스텔이었다. 그리고 그는 오피스텔 앞 편의점 정도는 오갈 수 있었기에, 마음만 먹는다면 얼마든지 신고하거나 도망칠 수 있었을 것이다 (물론 「그알」을 2년 반 동안 제작하고, 「그알」 유튜브 팀을 6년째 이끌고 있는 지금의 나는 당시 피해자의 심리가 어땠는지를 이해할 수 있게 됐지만 과거의 나는 피해 상황을 적극적으로 떨쳐내지 못한 그의 행위의 이유가 진심으로 궁금했다).

취재 첫 일정은 피해자 인터뷰였다. 나는 뇌리에 박혀 있는 가장 큰 궁금증부터 해소한 뒤 취재를 시작하고 싶었다. 피해자는 지은 지 오래돼 보이는 아파트에서 부모님과 함께 살고 있었다. 우리가 만난 건 평일 낮이었는데, 집에 혼자 있던 그가 우리를 맞이했다. 그는 두 달 전에 지옥에서 막 탈출한 사람이라고는 믿기지 않을 만큼 밝은 모습이었다. 피해자는 울적하고 무기력할 거라 생각했던 내 편견에 처음으로 금이 간 순간이었다. 그는 다소 어색하게 과일과 주스를 내왔고 조연출이 방 안에서 촬영 각도를 잡아보려 카메라, 삼각대와 씨름하는 사이 나는 그와 간단한 대화를 시작했다.

"인터뷰에 응해주셔서 감사해요. 다시 그때 얘기를 꺼내는 게 힘든 일일 텐데……"

"아니에요. 괜찮아요. 다 얘기해드릴게요."

"저도 참 궁금한 게 많긴 한데, 워낙 사건이 좀 그래서 어디까지 여쭤봐야 할지……"

"뭐든 물어보세요. 진짜 괜찮아요. 다 듣고 나면 피디님이 더 힘드실걸요. 하하."

씩씩한 사람이었다. 지금 이 순간 가장 힘든 사람은 자신일 텐데 그저 이야기를 들을 뿐인 나를 더 염려하다니. 인터뷰가 시작되자 그는 정말로 자신이 겪은 일을 모두 숨김 없이 꺼내놓았다. 가해 행위를 상세하게 설명했고, 어떻게든 기억을 더듬어서 질문에 충실히 답해주었다. 인터뷰 내내 힘들어하는 기색을 보이지 않았고 가끔 누군가가 용변이 급할 때민 인터뷰가 중단됐다.

총 여덟 시간의 인터뷰. 해가 긴 한여름이었음에도 점심 즈음 시작된 인터뷰는 하늘이 어둑해진 뒤에야 끝이 났다. 그제야 인터뷰 전 '다 듣고 나면 피디님이 더 힘들 것'이라던 그의 말이 납득됐다. 실제로 인터뷰 중간중간 힘든 순간이 있었다. 피해자가 처음으로 극심한 가혹 행위를 당했던 날을 회상하며 당시의 느낌을 묘사했는데, 나도 그 감정에 이입되어 마치 내가 그가 된 듯 고통스러웠다. 이외에도 가해 사례가 추가될 때마다 머리가 어지럽거나 속이 메슥거렸다.

카메라를 끄기 전, 나는 조심스레 마지막 질문을 했다.

"왜 거기서 벗어나지 못했어요?"

지금이라면 피해의 원인이 그에게도 있었을 거라는 식의 이 같은 질문이 아닌 다른 질문을 하거나 그 이유에 대해 그가 자연스럽게 말할 수 있도록 이끌었겠지만 당시 나는 그 정도도 하지 못하는 그야말로 천둥벌거숭이였다. 내 질문에 이전까지 씩씩한 태도를 유지하던 피해자가 처음으로 쓴웃음을 지었던 것 같다.

"제 욕심이었죠. 그 교수님 밑에 있어야 제 꿈을 빨리 이룰 수 있다고 생각했거든요."

머릿속에 떠 있던 큰 물음표가 와이퍼로 깔끔히 닦이는 느낌이었다. 디자이너를 꿈꾸던 대학원생과 해당 분야의 권위자였던 교수. 학생은 자신의 꿈을 위해 교수를 따랐고, 교수는 학생의 꿈을 볼모로 삼아 그를 괴롭혔다. 교수와 연구실이라는 좁은 사회에서 둘 간의 위계질서는 시간이 갈수록 더 공고해졌을 것이고, 그 안에서 교수의 폭력은 피해야 할 부당한 것이 아닌 거역할 수 없는 명령처럼 여겨졌을 것이다. 그렇게 심리적 지배 상태에 놓인 그는 상황에서 벗어나고 싶어도 그럴 수 없는 무기력한 상태가 되어갔을 것이다.

"○○씨는 잘못한 거 없어요. ○○씨의 순수한 꿈을 이용한 교수 그 새끼가 나쁜 거죠."

나는 마지막 질문의 실수를 만회해보고자 자책하는 그를 얼마간 위로하곤 밖으로 나왔다. 돌아오는 차 안에서 문득 얼마 전 사기를 당하고도 사기 친 상대가 아닌 사기당한 자신을 책망했던 내 모습이 떠올랐다. 피해자와 나눈 여덟 시간의 대화를 통해 나는 그를 도무지 이해하지 못했던 종전의 나를 넘어 나 역시 비슷한 상황이었다면 그와 같은 선택을 할 수도 있었겠다는 이해에 도달했다. 사람은 멀리 있는 가해자 대신 코앞의 '나'를 데려다 손쉽게 벌하려 하는구나, 우리는 가해보다 피해를 더 꺼려하고 미워하는구나. 그 생각의 끝에서 나는 모든 피해자가 자기 책망의 덫으로부터 멀어지기를 바랄 따름이었다.

수인복을 입은 채 헐렁을 사이에 두고 피해자 앞에서 미안하다며 펑펑 울던 교수에게는 징역 8년이 최종 선고됐다. 1심에서는 징역 12년이 선고됐지만 2심 재판부가 피해자와의 합의를 감안해 형량을 줄였고, 대법원에서 그를 그대로 확정했다.

지금쯤 교수는 출소했을 거다. 출소 후 딱히 들리는 얘기가 없는 걸 보면 조용히 지내고 있는 것 같다. 그사이 깊은 반성이 있었길 바란다. 피해자는 방송 후 다시 힘을 내 한동안 디자이너의 길을 걷다가 지금은 다른 업계에 몸담고 있다. 이름만 들으면 누구나 아는 번듯한 직장에 취업했고 2년 전엔 좋은 짝을 만나 행복하게 살고 있다.

범인, 제가 잡아볼게요

「그알」 피디가 누리는 장점 중 하나는 동료애다. 「그알」은 SBS 시사교양국 내에서 비슷한 연차의 피디들이 한 팀에서 함께 일할 수 있는 유일무이한 팀이다. 보통 제작팀은 팀장, 연출, 조연출로 구성되는데 각자 맡는 역할이 다르기에 모이는 피디의 연차 역시 다양하다. 또래 피디는 한 팀에 많아봐야 한두 명이고, 세 명이 한꺼번에 묶이는 일도 드물다. 그런 그들이 각자 일하다가 일정 연차가 되면 「그알」로 모이니, 그 시기는 또래와 함께 일할 수 있는 특별한 기간이기도 하다. 나의 두 번째 「그알」 방송은 그런 또래 피디의 도움으로 시작됐다.

추석을 며칠 앞둔 2015년 9월의 어느 날, 오반장이라 불리던 오 작가가 내게 기사 두 개를 보여줬다.

"두 사건 좀 비슷하지 않아?"

214

하나는 익히 알고 있던 '노들길 살인사건'이었고, 또 다른 하나는 '신정동 연쇄살인사건'이라는 낯선 사건이었다. 신정동 연쇄살인사건이라……. 더 자세히 알고 싶어서 포털 사이트에 검색을 해봤지만 얻을 수 있는 정보라곤 사건 당시 보도된 단신 세 개가 다였다. 2005년 서울 양천구 신정동에서 6개월 간격으로 벌어진 두 번의 살인. 두 사건의 시신은 전부 신정동 주택가에서 발견됐는데, 사인도 경부압박질식사로 동일했고 시신을 처리한 방식도 매우 유사했다. 범인은 피해자의 머리에 검은 비닐봉투를 씌우고 쌀 포대, 돗자리 등으로 몸을 둘둘 말아 노끈으로 묶은 뒤 유기했다. 1차 사건에 이용된 게 쌀 포대, 2차 사건에 이용된 게 김장용 비닐과 돗자리였다. 골똘히 사건 기사를 살피는데 건너편 선배가 한마디를 툭 던졌다.

"신정동 사건? 그거 안 돼~."

서울청 사이버 수사대 계장님을 소개해준 그 선배였다.

"이 사건 알아요, 형?"

"알지. 그 사건, 피디 여럿이 건드렸는데 협조가 잘 안 돼."

그때 우리 대화를 듣고 있던 또 다른 피디가 말을 얹었다.

215   "형, 오늘 만나는 서울청 미제팀 형사가 신정

동 사건 담당이야. 가서 자세히 물어봐."

와, 역시 우리 동기! 나보다 「그알」에 1년 먼저 와 있던 입사 동기였다. 그는 그간 「그알」에서 이런저런 사건을 취재하며 서울청 미제 사건 수사팀과 꽤 친분이 생긴 상태였고, 뒤늦게 들어온 내게 형사들을 소개해주겠다며 점심 약속을 잡았는데 마침 그날 보기로 한 형사 중 한 명이 신정동 사건을 맡고 있었던 것이다. 그리고 그 형사는 신정동 사건뿐만 아니라 노들길 사건도 함께 담당하고 있었다. 운명의 시작이었다.

미제팀과의 첫 만남은 서울청 근처에 있는 국밥집에서 이뤄졌다. 그들은 한눈에 봐도 건장한 체격에 딱 붙는 셔츠와 바지까지 입고 있어 약간의 위압감마저 풍겼다. 그리고 모두 사투리를 썼다. 초면에 사건 얘기부터 하는 건 실례라고 생각해 국밥을 먹을 때는 잡다한 이야기만 나누고 카페로 이동한 뒤 참고 참았던 본론을 꺼냈다.

"두 사건, 동일범일까요?"

잠시 후 생각지도 못한 대답이 돌아왔다.

"신정동 사건 하시게유? 그거 미수 건이 하나 있는디. 잡혀갔다가 도망친 여자가 있어유."

연쇄살인범에게서 탈출한 생존자가 있다니……. 이건 어떤 기사에서도 보지 못한 내용이었디. 형사는 이어서 말했다.

"그 여자가 그걸 기억하더라구유. 헬로키티 스티커가 붙은 신발장." (형사가 '엽기토끼'를 '헬로키티'로 잘못 말한 거였다.)

그때까지만 해도 신정동 연쇄살인사건에 대해 알려진 사실은 2005년 6월과 11월, 신정동에서 여성을 상대로 한 살인이 벌어졌다는 것뿐이었다. 그 이상은 없었다. 그런데 이듬해인 2006년 5월, 신정동에서 살인 미수 사건이 한 건 더 있었다는 거였다. 신정역 근처에서 납치된 뒤 범인의 집에 감금됐다가 탈출한 사람. 그는 범인의 감시가 느슨해진 틈을 타 반지하 집에서 탈출한 뒤 순간적인 기지를 발휘해 같은 건물 2층으로 올라가 신발장 뒤에 숨었고, 자신을 찾으러 뛰쳐나온 범인이 시간이 흘러 다시 집으로 돌아오는 것을 확인한 뒤 정신없이 내달려 탈출했다. 이때 그의 몸을 숨겨준 2층 신발장에 헬로키티 스티커가 붙어 있었다는 게 형사들의 전언이었다. 아직 잡히지 않은 연쇄살인범의 미수 사건. 그리고 생존자가 기억하는 결정적 단서, 스티커. 그럼 그 집만 찾으면 되는 거 아닌가?

"근디 문제는 우리한테 협조를 안 해준다는 거예유."

생존자가 자신이 탈출했던 집의 위치만 알려주면 수사를 신속하게 진행할 수 있을 텐데 협조를 일절 해주지 않는다고 했다. 전화도 받지 않고 찾아가도 완강하게 거부한다고. 당시의 정황을 떠올리는 형사의 표정에서 진한 아쉬움이 묻어났다. 나는 그의 하소연을 들으며 생각했다. '「그알」이 해결한 미제 사건이 있었던가?' 그동안 수많은 미제 사건을 다루긴 했다지만 막상 범인이 잡힌 건 금방 기억나지 않았다. 그런데 왠지 이 사건은 그 생존자만 만나면 범인을 잡을 수도 있겠다는 생각이 들었다. 그래, 어떻게든 그 사람을 만나보자. 그럼 범인을 만나게 될 수도 있다.

무식함이 니의 힘

서울청 미제팀 형사는 내게 매우 중요한 정보를 알려줬지만 그가 줄 수 있는 건 거기까지였다. 사건을 취재하려면 우선 자료를 확보해야 하는데, 사건 자료를 형사 개인이 제공할 순 없기에 공식 절차를 밟아야 했다. 신정동 사건의 자료는 양천경찰서에서 보관 중이었다. 서울시 양천구 목동서로에 있는 SBS는 그래도 이웃이니 협조를 해주지 않을까, 막연한 희망을 품은 나는 박카스 한 박스를 들고 경찰서에 방문했다. 그러나 나의 막연한 낙관과 달리 일은 쉽게 풀리지 않았다. 자료 공유를 요청하는 내게 그들은 난처한 표정을 지으며 '너무나 도와드리고 싶지만 자신에겐 결정권이 없다'고 했다. 강력계 팀장은 계장에게, 계장은 형사과장에게 얘기해보라고 했고, 형사과장은 서울청에서 허락을 해줘야 하니 거기로 가보라고 했다. 그렇게 다시 서울청으로 향했지만, 서울청에서는 또 양천서가 결정할 사안이니 다시 양천서에 가서 허락을 받으라고 말할 뿐이었다. 다시 양천서에 갔지만 그건 서울청이 잘못 알고 있는 거라며 자신들에겐 결정권이 없으니 다시 서울청의 허락을 받으라 했다.

서울청과 양천서를 오간 기간만 일주일. 그러나 성과랄 건 없었고 본격적으로 취재를 시작해야 하는 '취재 주간'은 코앞까지 다가온 상태였다. 그제야 신정동 사건은 협조가 일절 안 되던 선배의 말이 실감됐다. 하지만 거기서 포기할 수 없었다. 그때의 난 정말 생존자만 만나면, 그래서 그 집만 찾으면 범인을 잡을 수 있을 줄로 알았다. 야심 차게 준비했던 첫방이 좌절된 걸 만회하려는 마음도, 「그알」 최초로 연쇄살인범을 잡는 영예를 거머쥐겠다는 욕심도 솔직히 있었다.

양천경찰서 형사과장과 담판을 지어야 했다. 마지막이라 생각하고 형사과장을 찾아가 물었다. 양천서와 서울청 중 어디가 거짓말을 하고 있나. 둘 중 한 곳은 결정권이 있으면서도 취재 협조를 해주지 않기 위해 나를 뺑뺑이 돌리고 있는 것 같은데 일주일간 충분히 돌았으니 이제는 진실을 알려달라. 양천서에 결정권이 있다면 왜 협조를 안 해주려는 건지 정확히 설명해주고, 220

그게 아니라면 서울청 누구와 얘기해야 하는지를 정확히 알려달라.

형사과장은 내 말을 듣는 내내 난감한 표정을 거두지 못하더니 잠시만 기다려보라며 어디론가 전화를 걸었다. 상대가 아주 높은 분인 듯 깍듯한 자세로 통화를 하더니 내게 아무래도 안 되겠다며 양해를 구해왔다. 그의 태도를 보니 이 사람에겐 결정권이 없는 게 확실해 보였다. 그리고 내게 미안해하는 걸 보니 마음도 꽤나 약한 사람 같았다. 그래서 나는 감정에 호소해보기로 작전을 바꿨다. 취재 협조를 받으려면 정확히 누구와 얘기해야 하는지만 알려주시면 다신 안 찾아오겠다며 매달렸고, 그는 결국 정답을 알려줬다.

"서울청 형사과장님께 가보세요. 어차피 안 되겠지만……."

나는 감사 인사를 전하고는 곧장 서울청으로 이동했다. 셔틀은 진짜 이번이 마지막이라는 각오로.

양천서 형사과장은 비관적으로 말했지만 나는 자신 있었다. 양천서 형사과장도 설득했는데 서울청 형사과장이라고 어려울까. 사실 그때까지도 나는 경찰 직급이나 직위 체계에 대한 이해가 부족했다. 사실 지방경찰청 형사과장은 일선 경찰서 형사과장보다 높은 총경이고, 이는 일선 경찰서의 서장에 해당하는 직위다. 물론 일선 경찰서 형사과장도 경찰 중간 간부에 해당하는 고위직이지만 양천서 형사과장이 너무 인간적이었기에 그를 일반 회사의 과장 정도로 인지했던 것 같다.

그때 내가 다른 「그알」 피디들처럼 경찰 계급 체계를 잘 알고 있었다면 서울청 형사과장을 바로 찾아가지 못했을 거다. 보통은 서울청에 미리 연락해 방송 취지를 설명하고 미팅을 잡는데, 이런 절차를 거쳐도 형사과장과 직접 대면하는 일은 흔치 않다. 팀장급과 미팅을 하고 합의가 이뤄지면 실무자인 일선 형사들과 일을 진행해서다. 취재하며 팀장 위의 계장을 만나는 일도 흔치 않은데, 그 위의 과장을 만나는 일은 더더욱 드물었다.

무식하면 용감하다고 나는 본의 아니게 관행화된 절차를 건너뛰고 곧장 서울청으로 향했다. 첫 관문은 정문이었다. 지방경찰청은 일선 경찰서와 달리 아무에게나 정문을 개방하지 않는다. 예약 방문자일지라도 혼자서는 들어갈 수 없고, 정문까지 직접 나온 방문 부서 직원과 동행해야 통과할 수 있다. 나는 이런 기초적인 규칙조차 몰랐다. 그나마 다행히 서울청으로 이동하는 길에 일전에 만난 미제팀 형사에게 간 김에 얼굴이나 보자고 해놓은 상태였고, 내가 혼자 들어올 수 없다는 사실을 일고 있었던 그는 정문으로 마중을 나와 있었다. 만약 그와 만날 약속을 미리 잡아두지 않았더라면 나는 정문에서 "형사과장님 뵈러 왔다"고 당당히 얘기한 뒤 그대로 퇴짜를 맞았을 거다.

형사는 서울청까지 어쩐 일이냐 물었다. 형사과장을 만나러 왔다고 하자 그는 깜짝 놀라며 물었다.

"우리 과장님을? 왜유?"

"취재 협조받으려고요."

"약속은 한 거예유?"

"아뇨."

그는 어이없다는 표정으로 나를 바라봤다. 그럴 만도 했다. 입장 바꿔 생각해보면 일면식도 없는 형사가 방송국에 찾아와 다짜고짜 사장을 만나러 왔다고 하는 것과 비슷한 상황이니까. 게다가 당연히 만날 수 있으리란 확신까지 갖고 있으니……

"그…… 약속도 없이 과장님…… 만나기 어려울 텐디."

"아 그래요? 요 바로 위층에 계시는 것 같던데요."

한동안 머리를 긁적이던 그는 묘한 웃음을 지으며 응원의 말을 던졌다.

"한번 가봐유. 이왕 왔으니께. 파이팅!"

거참. 국장도 아니고 부장도 아니고 과장 만나

러 간다는데 그게 뭐 그리 어렵다는 건지. 그의 반응이 좀 석연치 않다 싶었지만 개의치 않고 성큼성큼 계단을 올라 형사과장실로 향했다. 마침 문이 반쯤 열려 있어 안을 살펴보니 안내 데스크 같은 책상과 의자가 있었고 그 너머로 문하나가 더 보였다. 아, 저 문안에 형사과장이 있겠구나. 그럼 이 공간은 뭐지? 문과 문 사이에 마련된 작지도 크지도 않은 공간은 흡사 비서실 같은 느낌이었는데 사람은 아무도 없었다. 과장한테 비서가 있을 리 없잖아? 이런 순진한 생각을 하며 문 너머의 문으로 향했다. 똑똑.

"안녕하세요. SBS 「그것이 알고싶다」 취재팀입니다."

내가 들어서자 안에 있던 사람이 다소 당황한 듯했다. 형사과장이었다. 그도 그럴 것이 응당 밟아야 할 절차를 건너뛰고 등장한 이방인의 모습에 놀랄 수밖에 없을 터였다. 하지만 내겐 지체할 시간이 없었다. 나는 그에게 곧장 신정동 사건의 취재 협조를 요청했다. 그는 그런 나의 소속을 재차 묻더니 어디론가 전화를 걸었고 다행히도 곧이어 취재 협조 지시를 내려주었다. 그렇게 연락이 닿은 곳이 양천 서였다.

당혹스러웠다. 이렇게나 금방 해결되는 일이었다고? 아무튼 내겐 황당함을 곱씹을 여유가 없었다. 마음 바뀌기 전에 후다닥 사라져야지. 허리를

90도로 굽혀 감사 인사를 하고는 황급히 문을 나서는데, 문밖에는 나보다 더 당혹스럽다는 표정을 짓고 있는 직원이 안절부절못하고 서 있었다. 아마도 형사과장의 비서 업무를 맡은 직원이었을 거다. 늦었지만 죄송했어요……. 제가 그땐 절차를 잘 몰랐습니다.

얼떨결에 서울청 형사과장에게 허락을 받아낸 나는 긴가민가하는 마음으로 양천서로 향했다. 형사과장은 나만큼이나 당혹스러운 표정을 짓고 있었다.

"진짜 만나러 가신 거예요?"

"네. 가보라고 하셨잖아요."

그는 내가 진짜로 찾아갈 줄은, 찾아가더라도 이렇게 금방 만나고 올 줄은 몰랐던 모양이다. 그는 서울청 형사과장을 만나 무슨 대화를 나눈 거냐고 내게 꼬치꼬치 캐물었지만 나는 정말로 해줄 말이 없었다. 그저 "제가 설득을 좀 잘합니다. 허허" 하며 얼버무렸을 뿐이다.

이 모든 건 내가 단순하고 무식한 초짜 피디였기에 가능했다. 나는 경찰 계급 체계도, 경찰청 방문 양식도 몰랐다. 그리고 직접 증거, 예컨대 DNA가 확보되지 않은 미제 사건은 해결이 무척 어렵다는 사실도 몰랐다(취재 당시에는 범인의 DNA가 확보되지 않은 상태였다). 그렇기에 나는 취재 협조만 되면, 그래서 생존자를 만날 수만 있으면 무조건 범인을 잡을 수 있을 거라 생각했다. 양천서와 서울청을 지치지 않고 오갈 수 있었던 원동력도 그런 무지에 있었다.

　다년간 신정동 사건의 문을 두드렸지만 결국 열지 못했던 선배들과 어쨌든 열어낸 나의 차이는 단 하나, 내게 모르는 게 더 많았다는 것. 나는 그 덕에 포기하지 않을 수 있었다. 아는 만큼 겁도 많아지고 절차도 따지게 되니까. 지금의 나였다면 결코 서울청 형사과장실의 문을 열지 못했을 거다. 필요 이상으로 많이 아는 것보다 적당히 모르는 게 유리할 때도 있다는 걸 그때 절실히 깨달았다. 그때 「그 알」은 절대 못 한다'던 내게도 앞으로 치고 나갈 자신감이 생겼다.

······ 헬로키티가 아니데요?

취재 협조를 구하는 지난한 과정이 끝나자 일은 속도를 내기 시작했다. 우리 팀은 2005년 당시 사건 자료를 한 아름 받았고, 곧바로 신정동 1, 2차 사건부터 취재를 시작했다. 최초 목격자와 유족, 당시 담당 형사까지 비교적 빠르게 취재를 끝냈고, 마지막 미수 사건 취재를 위해 담당 형사를 만나서 신고를 받고 출동했던 당시 생존자와 나눈 대화 내용도 들을 수 있었다. 형사는 그때 범인을 잡지 못한 게 못내 한이 된다며 9년 전 일을 하나둘 꺼내놓았다.

"그때 우리가 생존자 얘길 듣고 근방에 토끼 스티커가 붙은 신발장을 다 뒤졌는데······"

"형사님, 잠시만요. 토끼라고요?"

"네. 무슨 토끼였는데······"

나는 옆에서 카메라를 잡고 있던 조연출에게

물었다.

"헬로키티가 토끼야?"

"토끼는 아닐걸요."

이쪽 분야에 무지했던 우리는 잠시 촬영을 멈추고 검색을 시작했다. 검색 결과, 헬로키티는 토끼가 아니라 고양이였다.

"형사님, 토끼 스티커 맞아요? 고양이 아니고요?"

"아이~ 고양이는 절대 아니에요. 유명한 토끼였는데……"

"유명한 토끼면…… 마시마로?"

"아, 맞아. 그런 거였어. 그래서 우리가 토끼 스티커가 붙은 신발장을 다 뒤졌는데……"

"형사님! 이거 정확히 확인하고 인터뷰해야 할 것 같아요. 잠시만요."

마침 그날은 우리가 미수 사건 제보 공고를 처음으로 방송에 내보내기로 한 날이었다. 이미 '헬로키티 스티커가 붙은 신발장'으로 CG를 의뢰해놓은 상태였기에 조금이라도 더 빨리 사실을 확인해야 했다. 나는 인터뷰를 중단하고 취재 작가에게 급히 전화했다.

"헬로키티 아닐 수도 있으니까 공고 일단 보류해!"

"헬로키티가 아니라고요? 그럼 현수막은요?"

아차. 신정역에 걸어둘 제보 현수막에도 헬로키티 이미지와 문구를 넣어 의뢰해뒀던 걸 깜빡하고 있었다.

"현수막도 중지! 일단 다 중단해. 팩트 체크하고 알려줄게."

그사이 형사도 어딘가로 전화를 걸었다.

"야, 그때 신정동 사건 신발장 있잖아. 스티커가 뭐였지?"

형사는 상대에게 원하는 답을 들었다는 듯 고맙다는 인사와 함께 통화를 끝냈고 이내 스윽 미소 지었다.

"맞네요. 유명한 토끼, 마시마로. 우리말로는 엽기토끼."

당시 함께 출동했던 동료 형사에게 확인한 것이었다. 그래도 찜찜한 마음을 떨치지 못한 나는 그에게 엽기토끼와 헬로키티 이미지를 보여줬는데 형사는 엽기토끼가 확실하다며 당시 이 캐릭터 이미지를 들고 한동안 신정동 근방을 돌아다녔기에 절대 잊을 수 없다고 했다. 휴, 하마터면 엽기토끼가 아닌 헬로키티로 공고가 나갈 뻔했다.

담당 형사도 미제팀 형사와 마찬가지로 생존자가 도망쳐 나온 그 집을 못 찾은 것이 가장 아쉽다고 했다. 출동 당시 그 집을 찾으려고 했으나 생존자가 원치 않았고 이후에도 수사에 협조하지 않았다고 했다. 너무 두려웠던 걸까. 아니면 우리가 모르는 다른 이유가 있는 걸까. 10년이 넘도록 수사 협조를 일관되게 거부하는 데에는 어떤 이유가 있을 것이었다. 그렇다면 우리의 연락 또한 달가워하지 않을 것임이 분명했다.

'니 같은 애'

예상대로 미수 사건 생존자는 우리의 취재 요청을 단호히 거절했지만 끈질긴 설득 끝에 방송 3일 전, 그와의 인터뷰가 극적으로 성사됐다. 이에 작가는 부랴부랴 구성안을 다시 썼고 조연출은 추가 재연 촬영에 돌입했다. 그렇게 팀원 모두가 쪽잠을 자며 완성한 방송이 「그것이 알고싶다」 1005회 〈엽기토끼와 신발장─신정동 연쇄살인사건의 마지막 퍼즐〉 편이었다. 수사 관계자들과 제작진의 절박함이 통한 걸까. 시청자 반응은 그 어느 때보다 더 뜨거웠다. 사실 제보 공고가 나갈 때부터 반응이 심상치 않았는데, 「그알」과 엽기토끼라는 어울리지 않는 조합이 주는 기이함이 사람들의 궁금증을 자극한 모양이었다. 방송이 되기도 전에 제보만으로 화제를 불러온 이례적인 사례였다. 방송 후에는 다른 미제 사건과는 비교도 안 될 만큼 수많은 제보가 쏟아졌고, 시청자 게시판에는 로드뷰를 활용해 범인의 집을 추정하는 글이 줄지어 올라왔다. 한번은 제보 내용을 확인하러 신정동에 갔다가 커다란 지도를 펼쳐 들고 범인의 집을 찾고 있는 열혈 시청자를 만나기도 했다.

마주치는 교양국 선배들도 방송 잘 봤다며 우리 팀을 추어올려주었고, 나를 「그알」로 보낸 국장도 기특하다는 듯 칭찬의 말을 해주었다. 얼떨떨했다. '「그알」은 절대 안 간다'며 그토록 피해다니다가 마지못해 팀에 온 게 겨우 4개월 전이었다. 「그알」에 와서 제작한 두 번째 방송이었으며 팀에 폐만 끼치지 말자, 30년 가까이 「그알」이 쌓아 온 업적에 먹칠만 하지 말자는 생각으로 제작에 임했을 뿐이었다. 단지 운이 좋았던 걸까.

그 당시 나보다 훨씬 더 앞서 「그알」을 거쳐갔던 한 선배가 내게 해주었던 말이 있다.

"원래 너 같은 애가 「그알」 잘해."

여기서 '너 같은 애'를 번역해보자면 '보통의 시사교양 피디들보다 범죄 관련 상식이 부족한 사람' 정도가 될 것이다. 모르는 게 많고 궁금한 건 더 많은 사람. 특히 그는 '엽기토끼와 신발장'이라는 방송 제목에서부터 놀랐다고 했다. 그동안 「그알」에서 본 적 없   232

는 성격의 제목이었으며, 나라서 이런 제목을 붙일 생각을 할 수 있었던 거라고. 당시 난 겸손을 떨며 손사래를 쳤지만 곱씹어볼수록 예리한 피드백이었다. 실제로 난 이 사건을 처음 접했을 때부터 엽기토끼에 꽂혔다. 그 단어와 그림을 방송에 적극적으로 활용하고 싶었다. 무거운 탐사보도 프로그램에 귀여운 토끼 캐릭터가 중요하게 다뤄지는 그림이 이질적이라고 느껴졌고, 사람들도 바로 그 지점에서 관심을 가질 거라는 직감이 발동한 거였다.

나는 내 직감을 믿고 '엽기토끼와 신발장'이라는 제목을 밀었지만 팀에서는 장난으로 여겨 웃어넘기거나 타이틀로는 적절치 않아 보인다는 의견이 나오기도 했다. 다행히 팀장은 크게 반대하지 않았는데, 관건은 엽기토끼라는 이름과 이미지를 방송에 써도 되느냐는 거였다. 그때만 해도 나는 엽기토끼가 일본 캐릭터인 줄 알았고, '일본에서 설마 「그알」을 보겠어? 방송에 써도 모르지 않을까?'라며 안일하게 생각했는데, 좀더 조사를 해보니 아뿔싸, 엽기토끼는 일본이 아닌 순수 한국 캐릭터였다. 이때부터 고민에 빠졌다. 저작권자에게 사전 동의를 얻어야겠지……? 그렇지만 저작권자 입장에서 자기가 만든 캐릭터가 살인사건과 함께 언급되는 걸 원할 리가 없지 않나……?

동의를 안 해주면 제목에도 못 쓰고 방송에서

도 못 쓰고 그럼 화제성이 떨어질 텐데……. 팀장은 사후에 골치 아픈 일이 생길 수도 있으니 '엽기토끼'를 '토끼' 정도로 바꾸자고 했지만 나는 쉽사리 포기가 안 됐고 결국 고민 끝에 사내 법률팀에 전화했다. 예상대로 법률팀은 저작권자의 사전 동의가 필요하다는 답변을 내놓았다. 그럼에도 전화를 끊지 못하겠어서 계속 다른 방법은 없을지 집요하게 물었고 담당자는 그런 내가 딱하다는 듯 반문했다.

"꼭 엽기토끼를 쓰셔야겠어요?"

내가 그렇다고 하자 담당자는 고민 끝에 기다리던 답을 들려줬다.

"그럼 쓰세요. 사후에 문제 생기면 어떻게든 해결해볼 게요."

저작권자에겐 대단히 미안한 방식이었지만 나는 그냥 토끼가 아닌 엽기토끼가 「그알」과 만나야만 사람들의 관심을 불러일으킬 수 있다고, 그래야만 이 사건이 세간에 더 널리 알려져 범인 잡는 데 일조할 수 있다고 믿었다. 법률팀 또한 사후 문제가 생길 시 이와 비슷한 논리로 대처하려 했을 것이다(다행히 방송 후 법률팀이 나설 일은 생기지 않았다. 늦었지만 이 책에서라도 엽기토끼 캐릭터 저작권자에게 죄송하고 감사하다는 말씀을 드리고 싶다).

234

돌이켜보면 '너 같은 애가 「그알」 잘한다'던 선배의 말대로 나는 특출난 사명감이나 정의감을 갖고 있는 건 아니었지만 대신 TV를 보는 보통 시청자들의 시선을 갖고 있었다. 거기에 어디에서 궁금증이 일고 호기심이 생길까, 그것을 어떻게 흥미롭게 풀어낼 수 있을까를 고민하는 집념과 그걸 구현하는 재주도 나름 있었던 것 같다. 내가 즉 시청자였던 것이다. 내가 신정동 사건의 생존자가 있다는 사실을 듣고 범인을 잡을 수 있겠다며 범인 추적에 매달렸듯, 시청자들도 범인을 잡을 수도 있겠다는 기대로 방송에 몰입했을 것이다. 그 취재를 통해 알게 된 것이 있다. 이전에는 내게 「그알」 피디가 갖춰야 할 소양이 전혀 없다고 생각했는데, 궁금한 게 많고 궁금증에 대한 답을 어떻게 해서든 찾아야 직성이 풀리는 내 성격이 바로 그 소양임을 깨닫게 된 것이다. 사명감이니 정의감이니 하는 건 취재를 하다 보면 누구나 자연스레 갖게 되는 보편적인 감수성이다. 중요한 건 사람들이 뭘 궁금해하고, 뭘 알아야 하며, 뭘 어떻게 전달해야 하는지를 간파해내는 시청자의 마인드다. 그것만 갖추고 있다면 누구든 이 일을 할 수 있다. 나 같은 놈도 해내지 않았는가.

그땐 정말 네가 범인인 줄……

〈엽기토끼와 신발장〉 편이 방송된 후 쏟아진 많은 제보 중에서도 우리의 기를 턱 막히게 한 제보가 하나 있었다. 방송이 나간 그다음 주 월요일이었다. 「그알」 팀은 월요일마다 모여 지난주 방송 모니터 회의를 한 뒤 회식을 한다. 그날도 회의가 끝난 뒤 회식 갈 준비를 하는데 사무실 전화벨이 울렸다. 우리 팀 취재 작가가 받았는데 낌새가 심상치 않았다. 그는 평소에 본 적 없는 놀란 표정을 하고 자리에서 벌떡 일어나 발신인의 이야기를 듣고 있었다. 그러고는 수화기를 내려놓더니 날 향해 소리쳤다.

"피디님! 이 집 맞는 것 같아요!"

취재 작가는 한껏 고조된 목소리로 나와 조연출, 작가를 모아두고 제보 내용을 설명했다. 제보자는 사건 당시 신정동 주택가에 거주했던 중년 여성이 있다. 방송에서 묘사된 범인의 집과 자신이 살던 집의 구조가 비슷하며, 자신은 그때 2층에 살았는데 아이가 현관문 앞 신발장 위쪽에 엽기토끼 스티커를 붙여놨던 게 정확히 기억난다고 했다. 특히 그 스티커가 일반 스티커가 아닌 풍선껌에 들어 있는 판박이 형태의 스티커였고, 신발장 위에 아이가 만든 화분을 올려놨다는 점까지 생존자의 증언과 정확히 일치했다. 당시 반지하 방에는 30대 후반의 남자가 월세로 살았는데, 처음엔 혼자 살다가 나중엔 다른 남자 한 명이 들어와 함께 살았다고 했다. 그러니까 반지하 방에 남자 두 명이 살았다는 거였다(생존자는 우리와의 인터뷰에서 범인이 두 명이었다고 말한 바 있었다). 또 놀라운 건 2006년 중반에 그들이 갑자기 이사를 갔다는 말이었다. 미수 사건은 2006년 5월 말에 발생했고, 이에 불안함을 느낀 범인들이 그 후 신정동을 떠났을 가능성이 높다고 전문가들이 입을 모아 말했던 게 떠올랐다. 그래서 이후 신정동에서 비슷한 사건이 벌어지지 않았을 거라고.

유사한 집 구조와 엽기토끼 스티커가 붙은 신발장, 두 명의 남성 세입자, 이사 시기. 모든 게 생존자의 증언과 딱 맞아떨어졌다. 취재 작가의 브리핑이 끝나자마자 우린 모두 만세를 불렀다. 비유적 표현이 아니라 실제로 사무실에서 두 팔을 뻗고 만세를 불렀다.

제보자가 살았다던 집에는 현재 제보자의 어머니가 살고 있었다. 사건 당시에도 세입자 관리는 어머니가 했기에 자기보다 어머니가 당시 상황을 훨씬 더 잘 알고 있을 거라 했다. 나와 조연출은 부푼 기대를 안고 제보자의 어머니가 있는 집을 방문했다. 그러나 막상 그의 어머니 입에서 나온 말은 제보자의 증언과 일치하지 않았다. 당시 반지하에 남자 둘이 산 적도 없었고, 그 시기에 이사 나간 세입자도 없었다고 했다. 혹시 당시 세입자의 전출입을 확인할 수 있는 계약서나 거래 내역서가 있는지 물어봤지만 너무 오래전이라 그런 자료는 없다고 했다. 나는 그에게 몇 가지 질문을 더 해서 유의미한 정보를 듣고 싶었지만 그의 태도는 단호했다. 그리고 제보자 역시 어쩐지 더는 협조해주지 않았다.

당초 계획은 당시 반지하에 살던 세입자를 파악해 해당 인물에 대해 취재한 뒤 경찰과 공조하는 거였지만 더는 그러기 어려워졌다. 나는 한 가닥 희망을 걸고 미제팀 담당 형사에게 위의 제보 내용을 공유했다. 경찰이라면 당시 세입자 조회가 가능할 거라고 생각해서였다. 물론 그가 전입 신고를 했다는 전제하에. 그리고 며칠 뒤 형사에게서 반가운 전화가 왔다.

"찾았어유! 이름이 ○○○이네유."

그러고는 해딩 인물에 대해 조사를 좀 해봤다며 몇 가지 정보를 들려줬다. 그는 현재 모처에서 장사를 하고 있으며 며칠간 지켜봤지만 특이 사항을 발견하진 못했다고 했다. 그가 가게 앞에서 피우다 버린 담배꽁초를 수거해 DNA 분석도 해봤으나 불일치였다(1차 사건은 DNA 같은 직접 증거가 남지 않았으나, 2차 사건은 시신을 감싼 돗자리에서 머리카락이 발견돼 그 DNA가 남아 있었다. 돗자리의 출처를 알 수 없기에 그게 범인의 것이라 단정할 순 없지만 혹여 정보가 일치하는 자가 있다면 강력히 의심해볼 만하다. 반대로 DNA 정보가 일치하지 않는다 해도 용의선상에서 배제할 수는 없다).

맥 빠지는 얘기였다. 제보가 왔을 때까지만 해도 마치 범인을 찾기라도 한 듯 만세를 불렀건만. 그런데 형사가 마지막으로 들려준 이야기는 다시금 내 가슴을 뛰게 했다. 그는 호기심을 잔뜩 유발하는 말로 포문을 열었다.

"근디…… 진짜 희한한 게 하나 있어유. 그 사람이 지금 홀어머니랑 같이 사는디 어머니가 무슨 일 하는지 알아유? 저도 깜짝 놀랐당께유."

"무슨 일 하시는데요?"

"아니, 지가 어머님한테 아들에 대해서 뭐라도 캐보려고 찾아갔는디, 아니 글씨, 그분이 폐지 줍는 일을 하더라구유.”

“……폐지요?”

“예에. 어머님 리어카에 쌀 포대가 잔~뜩 쌓여 있는
디, 신정동 사건 쌀 포대가 탁 떠오르면서 온몸에 소름이
좌악~ 돋더라니께유.”

형사의 말을 전해 듣는 내 몸에도 순식간에 소름이 좌
악 돋았다. 신정동 1, 2차 사건의 시신 유기 방식으로 볼 때
범인이 폐지 줍는 일을 하는 사람은 아닐까 생각한 적이 있
었다.

“근디 더 놀라운 게 뭔 줄 알아유? 어머님이 폐지 줍
는 일을 상당히 오래 한 거예유. 그니께 사건 당시에도 그
일을 했던 거쥬. 그때 아들 집에도 자주 오갔다고 하니께
만약에 그놈이 범인이라믄 어머니가 주워 온 쌀 포대랑 돗
자리를 범행에 활용했을 수도 있쥬.”

놀라운 이야기의 연속이었지만 그저 우연의 일치일
수도 있었다. 형사는 그것 외에는 어머니로부터 아들에 대
해 의심해볼 만한 특별한 정보를 얻지는 못했다며 아쉬워
했다. 이후에도 해당 제보에 대한 수사가 한동안 이어졌으
나 사건과 연관 지을 만한 특이점을 찾지는 못했다고 한다.
우리가 제보를 확인하러 매일같이 신정동으로
출근하는 사이 양천서는 전담반을 꾸렸다. 신

정동 주택을 하나도 빠짐없이 확인하라는 서장의 특별 지시가 떨어졌고, 서울청 미제팀 담당 형사는 생존자의 새로운 증언을 토대로 9년 전 샅샅이 뒤졌다던 신정동 주택가를 다시 찾았다. 만세를 불렀던 제보가 별 성과 없이 끝나고 얼마 지나지 않은 날, 미제팀 형사에게서 또 전화가 왔다. 이전보다 훨씬 더 상기된 목소리였다.

"준우야. 내가 방금 상당히 놀라운 일을 겪었는디, 너한테 확인할 게 있구만." (방송 후 그와 나는 호형호제하는 사이가 됐다.)

"어, 형 무슨 일이길래요?"

"여기 신정동인디, 대문 색깔도 그렇고 구조도 비슷한 집이 있어서 들어가봤걸랑. 2층에 신발장도 있어서 올라가봤제. 근디 그 신발장에 엽기토끼 스티커가 붙어 있는 거여!"

더 놀라운 건 신발장 위에 아이가 만든 듯한 조그만 화분이 놓여 있고 신발장 손잡이에 빨간 노끈까지 묶여 있다는 것이었다. 생존자가 증언한 그대로였다.

"아따, 내가 심장이 터질 것 같아서 담배 다섯 대를 연달아 피웠다니께!"

줄담배로 가까스로 흥분을 가라앉힌 형사는

두근거리는 마음으로 2층 집에 노크를 했다.

그곳엔 마침 집주인이 살고 있었고 형사가 신정동 사건 수사 중이라며 협조를 구하자 생각지도 못한 말이 돌아왔다고 했다.

"그 사건 알죠! 며칠 전에 김상중 씨도 왔다 갔는데?"

「그것이 알고싶다」의 진행자 김상중 씨가 이 집을 다녀갔다고? 그때부터 형사는 혼란에 빠졌고 내게 전화를 한 거였다. 그는 이어서 말했다.

"근디 이상한 것이, 내가 9년 전에 신정동을 싹 뒤졌는디, 그때는 이런 신발장 있는 집이 없었걸랑. 어째 지금 딱 나타날 수 있냔 말이여."

나도 같은 생각이었다. 9년 전 신발장이 그 상태 그대로 지금까지 유지되고 있었다고? 설사 그렇다고 해도 김상중 씨가 왜 거기를……? 아! 놀라움과 의아함이 섞여 잠시 혼란했던 머릿속에서 무언가가 번쩍 떠올랐다. 난 형사에게 집 사진을 보내달라고 했고, 안 그래도 그걸 확인하려고 전화한 거라며 그는 바로 사진을 전송해왔다. 전송된 사진을 보자마자 나도 모르게 깊은 탄식이 새어 나왔다.

"아…… 형 미안해요! 진짜, 진짜 미안! 거기 우리가 촬영한 집이야……."

미제팀 담당 형사가 방문한 집은 우리가 방송을 준비하며 재연 촬영을 한 집이었다. 신   242

정동 주택가에서 범인 집의 구조와 가장 비슷한 집을 섭외했기에 형사의 눈에도 그 집이 들어왔을 것이다. 게다가 보통은 재연 촬영 후 소품을 회수하지만 그때는 재연 외 진행자 촬영도 늘 찍던 실내가 아닌 신정동 사건 현장 인근에서 진행했고 촬영 장소 중에 마침 그 집도 있었다. 집주인에게 동의를 구하고 재연 촬영 때 세팅해놓은 신발장을 그대로 둔 채 진행자와 촬영을 진행했는데, 야외 촬영이 모두 끝난 뒤 소품 회수를 깜빡한 것이었다.

"그렇지? 왠지 그런 것 같더라. 허허허. 그래도 혹시나 하고 확인해본 건디……."

형사도 어느 정도 예상은 한 눈치였지만 막상 애타게 찾던 집이 아니라는 걸 확인한 뒤 몰려오는 허탈함은 숨기지 못했다. 소식을 들은 조연출은 아차! 하며 뒤늦게 신발장을 회수해왔고, 확인 결과 그 집은 당연히 신정동 사건과는 전혀 연관이 없었다. 그 후로 이 에피소드는 담당 형사와 술잔을 기울일 때마다 따라오는 단골 안주가 되었고, 당시 조연출과도 가끔 그날의 일을 떠올리며 실소하곤 한다. 허무 개그와도 같은 어이없는 해프닝. 그러나 범인 잡는 데에 혈안이 되었던 그때의 우리를 떠올리게 해주는 애잔한 추억이기도 하다.

243

불방 1호가 될 순 없어

　"「그알」하면서 가장 힘든 점이 뭐예요?"

　「그알」피디라면 누구나 한번쯤, 아니 수없이 듣는 질문이다. 질문자는 대개 위협, 협박, 소송 등 살벌한 키워드가 섞인 답변을 기대하지만 실제 그런 돌발적인 요소들은 피디들을 아주 가끔, 그리고 조금 힘들게 만들 뿐이다. 대다수 피디는 그보다 신정동 미수 사건 생존자처럼 인터뷰를 원치 않는 피해자나 유족을 인터뷰해야 할 때가 훨씬 더 힘들다고 답할 것이다. 사건을 회고하고 증언하는 일 자체가 인터뷰 당사자에게 고통스럽고 위험할 수 있기에 피디는 자기 주제의 공익성과 인터뷰 필요성에 대한 확신을 갖고 인터뷰이의 트라우마를 최대한 자극하지 않는 방식으로 그를 설득해야 하는데, 이 과정이 결코 만만치 않고 이때 드는 자괴감, 자책감도 무겁다.

죽이겠냐고 협박하는 가해자보다 '제발 좀 내비려두라'는 피해자를 만나는 일이 훨씬 더 괴로운 이유다.

이런 게 취재에 있어서의 고충이라면 「그알」이라는 프로그램 자체가 자아내는 고충은 따로 있다. 정해진 날짜에 방송을 꼭 해내야 한다는 부담이 바로 그것이다. 어라, 그 당연한 게 힘들다고? 이게 무슨 말인가 싶을 거다. 「궁금한 이야기 Y」 「TV 동물농장」과 같은 프로그램은 주어진 날까지 영상이 안 나오더라도 다른 피디가 제작한 VCR로 분량을 채울 수 있고, 「꼬리에 꼬리를 무는 그날 이야기」와 같은 사전 제작 프로그램은 방송되는 에피소드 순서를 바꿀 수 있지만 「그알」은 내가 제날짜에 방송을 못 하면 그게 곧 '펑크'다. 물론 이런 특징을 「그알」만 갖고 있는 건 아니지만 그럼에도 중압감은 크다. 가장 큰 이유는 이거다. 「그알」이 방송된 지난 30년간 단 한 번도 불방된 적이 없다는 것. 즉, 특집 편성이나 가처분 인용 등 불가항력적 사유로 '결방'한 적은 있어도 방송 소재 선정 실패, 취재 부실 등 피디의 능력 부족으로 '불방'된 적은 단 한 번도 없었다.

이것이 피디들이 「그알」에 대해 느끼는 공포심의 근원이다. 선배들이 30년간 공들여 쌓아 올린 탑을 내가 무너뜨릴지도 모른다는 두려움, 자칫하면 내가 프로그램에 최초로 불방의 불명예를 안길지도 모른다는 불안감. 어쩌면 이런 감정들이 내면에 도사리고 있기에 위협과 소송을 무릅쓰는 위험한 취재도, 내적 갈등을 이겨내며 피해자와 유족을 설득하는 일도 할 수 있는 것 같다. 머뭇거릴 여유가 없달까. 오죽하면 어떤 이는 이런 말까지 했을까. 취재 가서 만나는 살인범보다 취재가 잘 안 풀린 뒤 사무실에서 보게 될 작가의 얼굴이 더 두렵다고.

나는 세 번째 방송을 준비하며 처음 그 두려움의 실체와 마주했다. '와, 내가 불방 1호가 될 수도 있겠구나' 하는. 어느 때보다 순조롭게 방송 준비를 이어가던 어느 날 갑자기 들이닥친 일이었다.

사실 〈엽기토끼와 신발장〉 편이 방송된 그날, 이미 다음 방송 소재가 생겼기에 내게 불방의 위기가 올 거라곤 전혀 예상하지 못했다. 내가 신정동 사건 다음으로 점찍어둔 것은 노들길 살인사건이었다.

범인이 두 명이라면 노들길 사건과 동일범일 가능성이 높습니다.

신정동 사건 방송이 끝나자마자 표창원 박사가 보내온 문자 메시지가 그 시작이었다. 미수 사건 생존자 인터뷰가 방송 직전에 이뤄지는 바람에 246

방송을 통해 생존자의 새로운 증인을 치음 듣게 된 표 박사가 적잖이 놀란 모양이었다. 앞에서 적었다시피 신정동 사건 취재는 작가가 신문 기사를 건네며 툭 던진 한마디에서 시작됐었다. '이 두 사건 좀 비슷하지 않아?'

그때만 해도 사건 발생 지역이 다르고, 시신 유기 방식에도 큰 차이가 있으며, 결정적으로 노들길 사건은 범인이 두 명, 신정동 사건은 범인이 한 명이라고 알려져 있었다. 그래서 두 사건이 동일범의 소행일 수 있다는 생각은 전혀 하지 못한 채로 신정동 사건에만 집중했다. 그러나 생존자의 증언대로 신정동 사건의 범인이 두 명이고, 두 사건 사이에 미수 사건이 있었다면 이야기는 달라진다. 만약 미수 사건 이후 불안함을 느낀 범인들이 거주지를 옮긴 뒤 범행 방식을 바꾸었다면? 거기에까지 생각이 미치자 전혀 별개의 것으로 보이던 두 사건의 유사점이 두드러지기 시작했다.

전문가들은 신정동 미수 사건의 범인이 신정동 1, 2차 사건의 범인과 같다면, 신정동 연쇄살인사건과 노들길 살인사건의 연결 고리가 꽤 늘어난다는 의견을 내놨다. 특히 목 졸림 흔적, 결박흔, 이물질 삽입 등 범행 수법이 비슷하다는 것 외에 공범의 형태를 취하는 두 사건이 비슷한 시기에 각각 다른 범인들에 의해 일어

247

날 확률이 희박하다는 주장도 인상적이었다. 쉽게 말해 2인조가 같은 시기, 인접한 지역에 각각 존재할 확률은 두 사건의 범인이 동일범일 확률보다 훨씬 더 낮다는 주장이었다.

그렇다면 〈엽기토끼와 신발장〉 후속 편에서 두 사건의 동일성을 면밀히 살펴볼 필요가 있겠다는 생각이 들었다. 두 사건에는 상호 보완적인 부분이 있다는 점이 특히 눈길을 끌었다. 노들길 사건은 용의자 특정이 어렵지만 피해자 시신에서 확보된 범인의 DNA, 즉 직접 증거가 있었고, 신정동 사건은 직접 증거는 없지만 미수 사건 생존자의 증언을 토대로 용의자를 추려볼 수 있었다. 신정동 사건 제보를 확인하며 용의자를 가려낸 뒤 노들길 사건 범인의 DNA와 비교해본다면 두 미제 사건을 동시에 해결할 수도 있겠다는 생각에 다시금 심장이 뛰었다.

그러나 후속 취재는 순탄치 않았다. 우선 팀장이 완곡히 반대 의사를 밝혔다. 신정동 연쇄살인사건 후속 편은 새로운 용의자처럼 확실한 '새로운 것Something New'이 있을 때 제작하는 게 낫지 않겠냐는 이유에서였다. 대중의 관심이 워낙 많이 쏠리는 사건이니 할 거라면 힘 있게 하자는 얘기였다. 틀린 말은 아니었다. 방송 이후 쏟아진 제보를 미제팀 형사들과 확인 중이었지만 이렇다 할 성과는 없는 상태였으니까. 그렇게 하루빨리 노들길 시간을 취재하고 싶은 마음이 굴뚝 같았기에 쉽사리 포기하지 못하고 시간만 흘려보내던 차에, 팀 메일함에서 흥미로운 제보 하나가 눈에 띄었다. 제목은 '△△동 스님의 두 얼굴'.

'△△동에 한 노스님이 있는데 밤마다 고급 술집에 다니며 유흥을 즐기고 절에 찾아오는 젊은 여자 손님들을 유혹해 성폭행까지 했다'는 내용의 제보였다. 호기심이 일었다. 도대체 어떤 인물일까. 큰 고민 없이 제보자부터 만났다. 제보자는 자신이 그에게 성폭행을 당했다고 주장하며 그의 생활 패턴과 범행 수법을 알려줬고 우린 그길로 △△동으로 향했다. 노스님이 지낸다는 절은 주택가에 뜬금없이 자리해 있었는데, 주의 깊게 보지 않으면 고급 단독주택 정도로 여겨질 법한 곳이었다. 밤이 되자 제보자의 말대로 차고 문이 열리고 검은색 고급 승용차가 나왔다. 우리는 곧장 그 뒤를 따랐다. 차는 주택가를 벗어나 숙박업소와 술집이 뒤섞인 유흥가로 진입했고 어느 호텔 앞에서 멈춰 섰다. 잠시 후 뒷자석에서 키 작고 호리호리한 빡빡머리 노인이 내리더니 호텔 안으로 걸어 들어갔다. 저 사람이군. 좀더 지켜보자. 그는 얼마 지나지 않아 호텔에서 나와 차에 다시 올라탔고, 절로 돌아갔다.

우리는 절의 불이 꺼지는 걸 확인한 뒤 다시 호

텔로 가서 물었다. 노인이 호텔에 자주 오는지, 누구와 함께 오는지. 그리고 제보자가 알려준 고급 술집 몇 군데도 탐문했다. 키 작고 호리호리한 빡빡머리 노인 손님을 아는지, 안다면 와서 무얼 하는지도. 확인 결과 그는 술집에 꽤나 자주 방문하고 있었으며 호텔에도 종종 오지만 누구와 뭘 하는지까지는 알 수 없었다.

오케이. 일단 이것으로 제보 내용 1차 확인. 다음은 절에 잠입 취재하는 것이었다. 「그알」 팀 취재 작가 중 한 명이 상담을 가장해 잠입해보기로 했다. 상황을 촬영하기 위해 가방에 위장 카메라를 숨겨 들어갔고 나와 조연출은 만약의 상황에 대비해 절 앞에 차를 대고 기다렸다. 작가는 스님과의 대화를 메신저로 실시간으로 공유했다.

스님이 사주 봐주는 중.

부모 덕을 못 보는 사주라고.

갑자기 헛소리 시작.

어제 영검한 꿈을 꿨는데 나를 만나려고 그런 것 같다고 함.

그는 사주와 꿈을 들먹이며 '너는 부모 외에 누군가가 필요한데 그게 아마도 나인 것 같다'라는 잇소리를 정확히게 늘어놓는 중이었다. 그리고 둘이 이야기를 시작한 지 30분쯤 지났을까. 작가는 그에게서 황당한 제안을 받았다.

같이 가라오케 가자고 함.

아니, 스님이라는 사람이 만난 지 30분밖에 안 된 방문객한테 그런 소리를 할 수 있나. 예상보다 더 빨리 본색을 드러낸 그의 뻔뻔함에 놀랐다. 잠입 취재가 매우 성공적으로 진행되고 있다는 방증이기도 했지만, 작가의 안전이 최우선이었기에 그의 제안을 거절하고 이제 그만 빠져나오라고 전했다. 그러나 스님은 꽤 집요했다.

약속 있어서 안 된다고 했는데 언제 끝나냐고.
늦게 끝난다니까 데려다주겠다 함.
거절해도 계속 고집부림.

결국 둘은 가까운 지하철역까지 동행하는 것으로 합의를 봤고 우리는 그런 그들을 차로 뒤따르기로 했다. 얼마 지나지 않아 전날 밤 봤던 검은색 고급 승용차가 차고에서 모습을 드러냈다. 다행히 스님은

251

약속대로 근처 지하철역에 차를 세웠고 그와 헤어진 작가는 우리가 타고 있던 차량에 올라타며 해맑은 목소리로 외쳤다.

"용돈 주던데요?"

작가가 받아온 흰 봉투 안에는 현금 30만 원이 들어 있었다.

"받기 싫댔는데 고집이 엄청 세더라고요. 그리고 약속 끝나면 꼭 가라오케로 오래요. 같이 놀면 엄청 재미있을 거라면서."

그러면서 작가에게 명함을 쥐어줬는데 명함에는 스님이 아닌 회장이라는 직함이 적혀 있었다. 노스님은 사실 자신이 스님이자 한 기업의 회장이며, 우리가 알 만한 재벌과 사업가들의 이름을 들먹이며 그들과 절친한 사이임을 떠벌렸다고 했다. 그런 내용을 전해 듣는 순간에도 팀 폰은 스님이 보내오는 구애 문자로 쉼 없이 진동했다.

늘 사무실에 갇혀 있다가 간만에 취재 현장에 나와 잔뜩 신이 난 작가는 가라오케까지 잠입 취재를 이어갈 기세였지만 이 정도면 제보 내용을 어느 정도 확인했다고 판단, 다음 단계로 넘어가기로 했다(이때 겁 없이 잠입 취재를 즐기던 2년 차 취재 작가는 현재 최연소 「그알」 메인 작가로 8년 만에 「그알」에 복귀했다).

다음 단계는 공개 제보였다. 그의 정체를 아는 사람과 추가 피해자를 찾기 위해 제보 요청을 방송에 내보냈다. '그가 조계종 소속 스님이다' '나도 비슷한 피해를 입었다' 등의 제보가 속속 들어왔다. 됐다. 이제 본격적으로 취재해 보자.

「그알」에서 '△△동 스님의 두 얼굴'을 다루기 위한 필요조건은 피해자들의 증언을 최대한 많이 확보하는 것이었다. 최초 제보자는 성폭행 피해를 주장하긴 했지만 매달 스님에게 약속된 돈을 받았고 최근 몇 달간 그 돈이 끊긴 상태였다. 보면 볼수록 제보자가 성폭행 피해를 말할 때보다 스님이 더 이상 돈을 주지 않는다는 사실을 이야기할 때 더 분개한다는 느낌이 들었다. 그의 말만을 100퍼센트 믿을 순 없었던 우리는 다른 피해자들을 만나 더 많은 이야기를 들었고, 그들의 증언을 토대로 그의 범죄 수법을 파악할 수 있었다. '절에 온 여성 방문객에게 회장 명함을 건네며 부를 과시하고 금전을 대가로 성적인 관계를 요구한다.' 황당하고 기가 차는 이야기였지만 최초 제보의 핵심 내용이었던 '성폭행'에 대한 확실한 증언은 아니었다. 즐겨 다닌다는 가라오케에서도 그는 얌전히(?) 놀다 가는 편이었고, 최초 제보자 외에 다른 제보자의 진술도 모두 성폭행과는 무관했다. '나도 그 땡중을 안다' '나도 절에 갔다가 그런 제안을 받은 적이 있다' 정도였다.

초반의 잠입 취재가 잘 풀리고 추가 제보도 꽤 들어온 덕에 이번 방송은 수월하게 만들 수 있겠다 생각했는데, 사이드 취재는 쌓여가는 반면 핵심 취재의 공백은 쉽사리 메워지지 않았다. 그래도 이 사건을 방송하겠다는 생각에는 변함이 없었다. 2주간 열심히 취재했고, 행여 성폭행 사실이 확인되지 않는다 하더라도 우리나라 불교 최대 종파인 조계종 스님의 비위 사실을 폭로하는 일이었으니까. 밤마다 가라오케를 다니고, 가짜 명함과 용돈으로 젊은 여성들을 유혹하는 노스님의 모습이 시청자들의 관심을 끌 거라는 직감과 자신감도 있었다. 그러나 방송을 겨우 2주 앞두고 그 자신감은 와르르 무너지고 말았다.

노스님 취재가 한창이던 어느 날이었다. 팀장이 잠시 회의를 하자고 불러 가보니, 회의실엔 팀장 외에 시피와 국장도 함께 앉아 있었다. 취재 중에 국장과 함께 회의할 일은 드물기에 의아한 표정을 짓고 있던 내게 국장이 말을 꺼냈다.

"준우야, △△동 스님이 시청자들 관심을 끌 만한 흥미로운 소재는 맞아. 그러니까 소위 시청률 잘 나오는 아이템이지. 그런데 우리가 다뤄야 하는 사

254

인인지는 모르겠다."

나 역시 신경 쓰고 있었던 사건의 핵심에 대한 취재의 부재를 지적하는 말이었다.

"성폭행 사실은 아직 확인하고 있긴 한데요. 그러지 않았다 해도 조계종 스님이……"

"조계종 스님인 건 확실하게 확인된 거니?"

"아 그 최측근인 제보자가 조계종이라고 확실히 들었다고……"

"너는 「그것이 알고싶다」 피디다. 정확히 확인해야지!"

반박할 수 없는 말이었다. 실은 노스님의 종적宗籍을 알아보기 위해 조계종 측에 진작 확인을 요청했는데, 돌아온 답변은 '과거에는 조계종 소속이었으나 종적을 옮긴 지 오래됐다'였다. 조계종에선 증거 자료로 노스님이 직접 써서 제출했다는 사직서까지 팩스로 보내왔지만 어쩐지 그 사직서가 조계종에서 꼬리를 자르기 위해 노스님과 합의 하에 급조한 문서일 것 같다는 의심이 들었다. 나는 내력 모를 종이 문서보다는 최근까지도 본인이 조계종 소속이라고 말하는 걸 들었다는 스님 측근의 이야기를 더 믿었는데, 만약 사직서와 관련된 내용이 전부 사실이라면 노스님의 비위 행위는 조계종 사직 이후의 일이 되는 거였다.

"준우야, 네가 2주간 취재하느라 고생한 건 알지만 그 사람의 종적과 성폭행 여부가 정확히 확인되지 않으면 엎어야 된다고 본다.「그것이 알고싶다」가 적당히 대충 방송할 순 없잖니."

국장이 나간 뒤 팀장은 내게 최소한 스님의 종적이라도 정확히 확인해보자고 했다. 내가 피해자를 찾기 위해 2주간 기울였던 노력을 잘 알고 있었기에 그나마 가능성 있는 종적 확인을 먼저 해보고 방송 여부를 다시 판단해보자는 얘기였다. 단, 최대한 빨리. 방송까지 남은 시간은 고작 2주뿐이었다.

텅 빈 회의실에 홀로 앉아 상념에 빠졌다. 내가 너무 나이브하게 생각했나. 왜 제보자 말만 믿고 종적 확인을 소홀히 했을까. 정말 조계종에서 사직한 거면 어떡하지. 성폭행 피해자는 못 찾을 거 같은데. 지금 취재 엎으면 2주 안에 방송은 할 수 있을까. 편집 한 주 빼면 일주일 안에 새로 소재 찾고 취재까지 해야 하는데 이게 가능할까. 설마 내가 불방 1호가 되는 건 아니겠지.「그알」30년 역사상 단 한 번도 없었던 불방 1호의 주인공 도준우. 여기까지 생각이 미치자 가슴이 두근거리고 두피의 땀구멍이 일제히 열리며 순식간에 몸이 화끈 달아올랐다. 나는 심리적 안정을 되찾기 위해 팀 선배들을 찾아가

딤□ 옳 시자했다.

"선배, 가장 늦게 취재 시작한 게 언제예요?" 지금의 나보다 더 급박한 상황을 이겨내고 무사히 방송을 해낸 전례를 확인해서 마음의 안식을 얻고 싶었다. 그러나 하나같이 절망스러운 답변뿐이었다. "늦어도 취재 2주 차 전엔 시작했지." "1주 취재하고 방송한 적은 있어."

앞서도 설명했지만 「그알」 피디는 6주에 한 편씩 방송을 제작하는데, 최초 2주는 기획 주, 그다음 2주는 취재 주, 그다음 1주는 편집 주다. 당시 나는 휴가 1주를 제외한 5주의 시간 중 1주는 노들길 사건에, 2주는 노스님 취재에 올인한 상황이었다. 이번 소재가 엎어질 경우 남들보다 1주 늦게 취재를 시작하게 되는 셈이었다. 선배들 말에 따르면 늦어도 지금부터는 취재를 시작해야 했지만 소재를 새로 발굴해야 했기에 취재 시작 또한 한 주 밀릴 가능성이 컸다.

그래. 이제 와서 엎을 수는 없다. 나는 서둘러 취재 작가에게 조계종 사직서에 쓰인 필체와 △△동 스님의 필체를 비교, 분석하는 의뢰를 넣을 것을, 또 조계종 측에 요청해 사직서 원본을 확보할 것을 부탁했다. 사직서 원본을 확보하면 잉크나 종이를 화학적으로 분석해 작성 시기를 추적해볼 수 있지 않을까 하는 기대에서였다. 동시에 팀 선배들의 진술만으로는 '불방 1 호'에 대한 불안감이 가시지 않아 이미 「그알」을 졸업한 몇몇 선배에게까지 전화를 돌리기 시작했다. 질문은 같았다.

"「그알」 하면서 가장 늦게 취재 시작한 게 언제예요?"

선배들은 내 처지가 가여우면서도 웃긴 모양인지 박장대소하며 위로와 격려의 말을 건넸다. 고맙긴 했지만 원하는 답(그거 큰일 아니야)을 주는 사람은 없었다. 그러던 중 답답한 마음을 달래보려 회사 바깥에 마련된 흡연 구역에 갔다가 우연히 만난 다른 선배가 그 답을 주었다.

"난 취재 2주 차 수요일에 새로 시작한 적도 있어."

"에? 그게 가능해요?"

"불가능하지. 나는 그때 무조건 불방이라고 생각했어."

"근데 어떻게 방송한 거예요?"

"상황이 닥치니까 하게 되더라고. 한 4~5일 취재했나?"

선배의 얘기를 듣다 보니 이 선배도 참 막막했겠다는 동질감, 지금 내 상황도 언젠가 저렇게 웃음을 파는 추억이 될 수도 있겠다는 안도감이 찾아왔다. 선배는 마지막으로 담배꽁초와 함께 격려의 말을 던지며 내 어깨를 툭툭 치고 떠났다.

"원래 똥줄 타면서 만든 방송이 대박이 나. 나도 그랬어. 너도 대박 날 거야."
258

기대와 달리 △△동 스님의 조계종 사직서가 위조임을 드러내줄 증거는 찾을 수 없었다. 물론 사직서가 진짜일 수도 있었다. 내가 그렇지 않길 바랐을 뿐. 그때의 난 2주간 매달렸던 취재를 어떻게든 살려보려고 마지막 발악을 하고 있었다. 그날 오후, 팀장이 나를 다시 불렀다. 방송이 펑크 날 수도 있다는 낌새를 감지한 모양이었다. 반나절 만에 다시 나와 얼굴을 마주하고 앉은 그는 간결한 말로 선배로서의 생각을 전했다.

　　"아쉽겠지만 이건 접자. 대신…… 노들길 다시 해보는 건 어때?"

똥줄은 이렇게 타는 겁니다

노들길 살인사건.

신정동 사건을 방송한 직후부터 그 후속 편으로 내보내겠다 마음먹고 취재한 사건이었다. 좀더 시간을 두고 신중히 제작하자는 팀장의 만류로 중단했는데, 2주 만에 팀장의 입에서 노들길 사건을 다시 취재해보라는 말을 들은 것이다. 이럴 줄 알았다면 그때 계속 취재하도록 놔둘걸 그랬다며 살짝 무안해하면서도 취재 기간이 며칠 남지 않았으니 새로운 걸 찾기보다 기존 취재를 이어가는 게 현실적이지 않겠느냐고 했다. 가장 현실적인 대안이었지만 허탈한 마음을 숨기기 어려웠다. 지난 2주간 △△동 스님이 아니라 노들길 사건을 취재했다면 지금쯤 꽤 많은 사건 관계자와 제보자를 만났을 테고 신정동 사건과의 동일성 여부도 파악해볼 수 있었을 텐데. 무엇보나 주어진 취재 기간이 겨우 1주라는 게 사무치게 아쉬웠다.

그러나 머뭇거릴 시간이 없었다. 가장 시급한 건 경찰의 협조였다. 우린 곧바로 영등포 경찰서로 향했으나 그들은 우리의 방문을 썩 반기지 않았다. 취재 협조를 하려면 서울청의 승인이 필요하다고 했다. 서울청~양천서 셔틀을 수차례 한 뒤에야 일주일 만에 겨우 취재 협조를 얻을 수 있었던 지난날의 악몽이 떠올랐다. 그때야 시간 여유가 있었지만 지금은 그렇지도 않았다. 일이 그때처럼 흘러간다면 불방을 면치 못할 것이었다. 다시 샘솟은 불방 공포에 식은땀이 주욱 흘렀다. 그렇다면 이번에도 신정동 사건 협조를 받아냈던 그 방법을 써보자!

나는 또 한 번의 행운이 있길 간절히 바라며 서울청 형사과장실로 향했다. 이전의 경험을 되살려 미제팀 형사의 도움을 받아 정문을 통과했고 3층으로 성큼성큼 올라갔다. 형사과장실 앞에는 지난번과 달리 담당 직원이 있었지만 매우 위급한 상황인 척 가벼운 눈인사만 하고 빠른 걸음으로 그를 지나친 뒤 형식적인 노크만으로 형사과장실 문을 열었다. 급작스러운 방문이었지만 이미 한 번 겪어봐서인지 그는 그리 당황한 기색을 보이지 않았다.

나는 간단한 소개로 우리의 인연을 상기시킨

뒤 빠르게 용건을 말했다.

"노들길 살인사건 취재 협조가 필요한데 승인 좀 부탁드립니다."

"이런 식으로 계속 찾아오시면 안 됩니다."

지난번과 달리 매우 단호한 표정과 말투였다.

"신정동 사건과 동일범일 수 있습니다. 그러니 이번 한 번만 더……"

"두 번은 안 됩니다. 정식 절차를 밟으세요."

그는 자리에서 일어나 닫힌 문을 다시 열고는 손을 바깥으로 쭉 뻗으며 엄중한 목소리로 말했다.

"나가시죠."

불행히도 행운은 반복되지 않았다. 30초 만에 방에서 쫓겨난 나는 서울청 홍보팀을 찾았다. 홍보팀 직원은 늘 그러하듯 정식 공문을 보내면 검토해보겠다고 했다. 공문을 쓰고 보내는 거야 일도 아니지만 그 과정에 소요되는 시간이 항상 문제였다. 실무자와 말을 다 맞춘 뒤 형식적으로 보내는 공문이 아닌 이상 처리 과정에 1주가 소요될지 2주가 소요될지 장담할 수 없다. 긍정적인 답을 기대하기도 어렵다. 게다가 그날은 방송을 겨우 2주 앞둔 금요일 늦은 오후였다. 그날 내로 경찰 협조를 구하지 못하면 주말을 흘려보내고 사건 자료를 전혀 확보하시 못한 상태로 취재 미지막 주를 맞이해야 했다. 설령 차주에 협조를 받는다고 하더라도 실제로 취재할 수 있는 기간은 1주가 채 안 된다. 당연히 취재의 면밀함과 정확성이 떨어질 수밖에 없었다. 그런 상태로 방송에 내보내는 건 사건의 피해자와 그 엄중성, 그에 쏠린 세간의 관심 모두를 배반하는, 어쩌면 불방보다 못한 짓일 수 있겠다는 생각이 들었다. 어떻게든 오늘 안에 경찰 협조를 끌어내고 주말부터 본격적으로 달려야 했다. 다른 길은 없었다.

저녁 6시 전에 결판을 내야 했다. 어떻게 하면 빠른 시간 내에 서울청 형사과장의 마음을 흔들 수 있을까. 이래저래 머리를 굴려보다 기자가 된 동기가 떠올라 그에게 연락했다. 서울청 출입 기자라면 형사과장과 친분이 있지 않을까 하는 생각에서였다. 통화로 내 상황을 알게된 동기는 시경캡에게 도움을 청해보라고 조언했다. 시경캡? 처음 들어보는 말이었다. 알고 보니 시경캡은 서울시경과 캡틴을 합치고 줄인 말이었다. 서울시경은 서울지방경찰청의 과거 명칭인 '서울특별시 경찰국'을 줄인 말이고, 시경캡은 서울지방경찰청 출입 기자 중 최고 선임 기자를 가리키는 말이다. 기자 동기는 현재 시경캡을 맡고 있는 선배가 좋은 분이며 상황을 얘기하면 흔쾌히 도와줄 거라고 귀띔해줬다. 역시 죽으란 법은 없구나. 구름 잔뜩 낀 하늘에서 가느다란 동아줄 한 가닥이 내려온 느낌이었다.

기자 동기에게 들은 대로 시경캡은 매우 호의적이었다. 조급한 내 상황을 귀 기울여 들은 그는 자신감 넘치는 말로 이렇게 답해주었다.

"도 피디님 좋은 일 하시려는 건데 당연히 경찰이 협조해야죠. 걱정 마세요. 제가 얘기해보겠습니다."

"그런데 선배님, 오늘 안에 협조를 받아야 하는데……가능할까요?"

"아 오늘이요? 시간이 별로 없군요. 흠…… 잘 얘기해보겠습니다. 너무 걱정 마세요."

오늘이라고 해봐야 남은 시간은 겨우 서너 시간. 너무 무리한 부탁을 했나 싶기도 했지만 따지고 보면 한 사람만 설득하면 되는 일이었기에 절대적으로 많은 시간이 소요될 일도 아니었다. 시경캡의 자신감을 믿고 우리는 서울청에서 다시 영등포 경찰서로 차를 돌렸다. 영등포서 앞에서 대기하다가 취재 협조가 떨어지면 곧장 사건 자료를 확보하고 담당 형사 인터뷰까지 마칠 요량이었다. 그렇게만 된다면 주말 이틀을 활용해 자료를 토대로 취재 라인을 짜고 전문가들에게 미리 자문도 구할 수 있으니 월요일부터 1주간 알찬 취재가 가능해진다.

4 5일 취재해서 나간 방송도 있다는데 이 정도면 최악의 상황은 아니었다.

영등포서 주차장에 세워둔 봉고차 안에서 마음을 졸이고 있는데 오후 세 시, 네 시, 다섯 시…… 형사과장의 퇴근 시간이 다가오는데도 시경캡에게선 연락이 없었다. 얼굴 한 번 본 적 없는 그에게 무턱대고 전화해 무리한 부탁을 한 상황이었기에 재차 전화로 재촉하기도 송구해서 정중하게 상황 확인 부탁드린다는 문자 메시지만 보낸 뒤 초조하게 시간을 보냈다. 여섯 시가 다 되어가도록 휴대전화는 울리지 않았고 영등포서에서도 서울청에서 온 연락은 없다고만 했다. 어느덧 주변은 깜깜해졌고 점심도 제대로 못 먹은 터라 배에선 밥 달라는 꼬르륵 소리가 계속됐다.

"이제 그만 가시죠. 근처에서 식사하고 회사로 복귀할게요."

낙담한 나는 가라앉은 목소리로 기장님과 조연출에게 철수를 알렸고, 기장님은 경찰서 주차장 구석에 잠들어 있던 차를 깨워 정문을 향해 몰았다. 그렇게 경찰서 정문을 나서려는 데, 벨이 울렸다. 시경캡이었다. 다급히 기장님에게 차를 멈추고 후진하시라 전한 뒤 떨리는 마음으로 전화를 받았다.

265   "네, 선배님!"

"도 피디님! 늦어서 죄송합니다. 지금 막 해결됐습니다. 어서 영등포서로 가세요!"

나는 시경캡이 어떻게 협조를 얻어낸 건지 물어볼 새도 없이 감사하다는 인사만 짧게 건네고는 차에서 내려 조연출과 함께 강력팀으로 달려갔다. 그때가 저녁 6시가 되기 2, 3분 전이었던 걸로 기억한다. 퇴근 시간이 지났음에도 취재에 적극적으로 협조해준 당시 사건 담당 형사 덕분에 우리는 그날, 노들길 사건 자료 확보와 담당 형사 인터뷰까지 무사히 마칠 수 있었다.

방송 2주 전 금요일, 기존 취재를 엎어야 하는 최악의 상황에 부닥쳤지만 많은 이의 기지와 도움으로 극적으로 새로운 취재의 발판을 마련하면서 불방 1호를 면할 수 있었다. 이 모든 게 하루 만에 벌어진 일이라고는 믿기지 않을 만큼 수많은 사건이 터지고 감정이 크게 요동쳤다. 영등포서 정문을 지나는 순간 거짓말처럼 울리던 시경캡의 전화는 아직도 잊히지 않는다.

'똥줄 타면서 만든 방송이 대박 난다'던 모 선배의 말대로 노들길 사건 방송은 높은 시청률을 기록했다. 「그알」에서 오랜만에 나온 두 자릿수 시청률이었다(탐사 보도 프로그램의 가치는 결코 시청률로 판단할 수 없다. 그러나 당시 「그알」은 동시간대 타 방송사

네능 프로그램에 밀려 힌등인 시청자들의 관심을 받지 못하고 있었기에 그에 대한 고민을 아예 하지 않을 수는 없는 상황이었다).

갖은 고초를 다 겪은 후에 송출한 〈토끼굴로 사라진 여인─신정동 연쇄살인사건의 또 다른 퍼즐인가〉 편은 20대 여성이 당산역에서 한강으로 이어지는 토끼굴 인근에서 사라졌다가 이튿날 새벽 성산대교 인근 노들길 배수로에서 알몸의 시체로 발견된 사건을 파헤치고, 신정동 연쇄살인사건과의 연관성을 범죄 전문가들과 분석한 편이었다. 방송을 통해 두 사건이 동일범의 소행일 수도 있다는, 기존 수사팀이 크게 고려하지 않고 있던 새로운 가능성을 제시했고 서울청 미제팀 담당 형사는 그 가능성을 토대로 신정동 사건의 새로운 용의자가 확보될 때마다 노들길 사건의 범인 DNA와 대조하고 있다. 그러나 아직 일치하는 인물을 찾진 못했다.

어쩌면 두 사건의 범인은 동일 인물이 아닐 수도 있다. 내가 두 차례에 걸쳐 방송했던 두 사건을 넓게 펼치면 신정동 1·2차 사건, 미수 사건, 노들길 사건, 이렇게 총 네 개의 사건으로 구분할 수 있는데 이 중 앞의 두 사건은 동일범의 소행일 가능성이 매우 높다. 그리고 미수 사건의 범인 역시 앞선 사건들의 범인과 일치할 가능성이 높지만 미수 사건이라는 한계가 있기에 앞의 두 사건보다는 그 연결 고리가 헐겁다. 여기에 노들길 사건을 엮으려면, 앞의 세 사건이 모두 동일범의 소행이라는 전제가 필요하며, 유사점 외에 차이점도 분명 존재하기에 같은 범인에 의한 범행일 확률은 상대적으로 가장 낮을 수밖에 없다.

신문 기사를 내밀며 두 사건이 비슷해 보이지 않느냐 물었던 작가의 말로 시작해 미수 사건의 존재를 알게 되고, 생존자 증언을 확보하며 앞선 신정동 사건과 미수 사건의 연관성을 발견해내고, 그 동일범이 노들길 사건의 범인일 수 있다는 가능성을 짚어내는 데까지 이른 전 과정은 점에서 선을 만들어가는 일과도 같았다. 그 과정을 추동한 것은 다양한 실마리를 제공해 사건이 더욱 빨리 해결되기를 바란 우리 팀의 바람과 전문가들의 객관적인 분석이었다. 그렇게 선을 그려나가다 보면 그 선으로 범인의 얼굴을 그려낼 수도 있지 않을까 하며 마음이 달뜨기도 했지만 방송이 나간 지 8년이 지나도록 선은 그 자리에서 더 나아가지 못하고 멎어 있다. 내가 선을 잘못 그은 것일 수도, 언젠가 선이 다시 그어질 수도 있을 것이다. 어느 쪽이든 죽기 전에 범인의 얼굴은 꼭 보고 싶다. 내가 그때 제대로 선을 그렸던 건지 알고 싶다.

유족이자 용의자였던 남자

신정동, 노들길 사건 취재가 점으로서 전문가들의 분석을 촘촘히 이어가며 선을 만들어가는 과정이었다면 배산 대학생 피살사건 편은 내가 가진 의문점을 전문가들이 하나씩 지워가며 물음표(?)의 곡선을 느낌표(!)의 직선으로 반듯이 다려내는 과정이었다.

시작은 제보였다. 담당 작가와 방송 소재 선정에 있어 합의점을 찾지 못해 막막해 하던 차에 걸려온 고마운 전화였다. 마침 그 전화를 우리 팀 취재 작가가 받았고, 그는 들뜬 목소리로 내게 외쳤다.

"피디님! 배산 사건 유족 제보예요!"

배산 대학생 피살 사건. 당시 「그알」 피디라면 모르는 사람이 없었던 사건이다. 2001년 발생했고 여전히 범인이 잡히지 않은, 부산에서 가장 오래

된 미제 사건. 공소시효가 만료되기 직전에 살인사건 공소시효를 폐지하는 일명 태완이법이 국회를 통과하면서 영구 미제 사건이 되었다. 당시 대학생이던 피해자가 새벽에 잠옷 차림으로 집을 나섰다가 집 근처 배산 중턱에서 흉기에 찔려 사망한 사건으로, 용의자를 특정하지 못한 채 피해자가 새벽에 집을 나선 이유에 대한 여러 의문과 추측만이 난무하는 상황이었다. 많은 피디가 취재를 시도했으나 경찰의 취재 협조 거절에 부딪혀 좌절했는데 유족이 먼저 우리에게 제보를 해온 것이었다.

「그알」팀 사무실에는 매일같이 수십 수백 통의 제보 전화와 메일이 쏟아지지만 이처럼 팀에서 눈여겨보던 사건의 당사자나 유족에게서 제보가 오는 일은 정말 드물다. 특히 배산 사건 제보는 피해자의 동생에게서 온 전화였는데, 그는 피해자가 새벽에 집을 나서던 시각 그 옆에서 자고 있던 인물이었다. 그런 이유로 그는 피해자가 그 시각에 왜 집을 나섰는지, 혹은 누군가 방문을 했는지 어렴풋이나마 알고 있을 수 있는 유일한 목격자인 동시에 유력한 용의자로 수사를 받았다. 나와 작가는 이 제보에 바로 한마음이 되었다. 나는 집에 들러 출장 준비를 한 뒤 곧장 부산으로 떠났다.

궁금한 게 너무 많았다. 왜 16년이 지난 지

급에야 계보를 캐온 건지, 사건 당시 상황에 대해 기억나는 게 정말 하나도 없는지, 본인에 대한 용의점은 모두 해소된 것인지. 아직 뚜렷한 용의자가 없다는 건 당시 유력 용의자 중 한 명이었던 피해자 동생을 여전히 용의선상에서 배제할 수 없다는 말과도 같았다. 본인이 저지른 사건을 「그알」에 제보하는 사람이 어디 있겠냐마는, 범죄자의 생각과 마음을 우리가 매번 다 이해할 순 없을 것이므로 모든 가능성을 열어두고 그를 만나기로 했다.

유족이자 용의자. 그런 사람을 만나 인터뷰한다는 건 마음이 복잡해지는 일이었다. 온전히 그의 슬픔과 아픔에 공감하는 인터뷰가 되어서도, 그를 끝없이 의심하며 추궁하는 인터뷰가 되어서도 안 됐다. 표면적으로는 유족과의 인터뷰 형태를 취하되, 틈틈이 상대의 감정을 해치지 않을 정도의 날카로운 질문을 던지며 용의점을 확인해야 했다. 먼저 이제야 제보를 한 이유를 물었다. 그는 사건 당시 중학생으로 어린 나이였으며, 그 뒤로 집안에서는 그 누구도 사건에 대해 이야기하지 않는 분위기였다고 했다. 시간이 지나며 자연스레 사건이 종결된 거라 여기고 살았는데 최근 지역 신문 기사를 우연히 접하며 누나 사건이 여전히 해결되지 않았다는 사실을 알게 됐다고. 사건 당시엔 잠든 상태였기에 기억나는 건 없으며, 용의선상에 올라 수사받았던 일도 덤덤하게 얘기해줬다. 당시 경찰은 동생이 잠든 누나를 성추행하려다 들키자 누나가 이 사실을 부모님에게 이를까 봐 사건을 저질렀을 가능성을 염두에 뒀던 모양이었다. 중학생 시절 누나를 잃고, 누나를 살해한 범인으로까지 몰린 것이 얼마나 큰 상처가 되었을까 안타까운 마음이 들었다. 그렇다고 경찰의 추정이 거짓이라고 섣불리 판단할 수도 없는 일이었기에 카메라 없이 식당과 카페에서 이런저런 대화를 나누며 그가 정말 범인일 가능성은 없을지 가늠해보았다. 그를 의심해서라기보다 그에 대한 의심을 조금도 남기고 싶지 않은 마음이 들어서였다. 이 부분이 해소되어야 다음 단계로 넘어갈 수 있을 것 같았다.

사건 제보를 받고 가장 먼저 해보고 싶었던 건 최면 수사였다. 누나가 외출하던 당시 동생은 잠들어 있었다고 했지만 무의식중에 눈을 떠서 봤던 광경이나 들었던 목소리가 있었을 수도 있다. 그러나 최면 수사에 걸림돌이 되는 건 그가 범인일 수도 있다는 가능성이었다. 최면에 성공하려면 대상자가 저항 없이 무의식 상태로 들어가야 하는데, 범인이나 유력 용의자면 본인이 진실을 말하는 걸 두려워하기에 최면에 잘 걸리지 않는다. 그래서 최면 수사가 목격자에겐 매우 효과적이지만 범인에

게시는 성과를 기두기 이럽다.

취재 기간 동안 피해자 동생과 인터뷰를 포함해 많은 대화를 나누며 그에 대한 의심 대부분을 거둘 수 있었다. 특히 그는 최면 수사에 대한 거부감이 전혀 없었는데, 내가 처음 제안했을 때 자기도 사실 답답한 마음에 한번 해보고 싶었다며 적극적인 태도를 보였다. 나는 혹시 모를 가능성을 최면을 해서 확인해볼 심산이었다.

선입견이 가리는 것

최면 촬영은 부산이 아닌 군산에서 진행됐다. 최면을 통해 16년간 아무런 진척이 없던 이 사건의 실마리가 찾아질지도 모른다는 생각에 가장 실력 좋은 전문가를 찾다 보니 먼 길을 가게 됐다. 군산에 위치한 조그마한 상담 심리 센터에 도착해 전문가와 인사를 나눈 뒤 최면을 진행할 방을 안내받았다. 아이들 공부방 크기 정도의 작은 방이었는데 성인이 편히 다리를 뻗고 누울 수 있는 1인용 소파와 전문가의 것으로 보이는 작은 의자 외의 물건은 보이지 않았다. 방으로 들어선 피해자의 동생은 다소 긴장한 표정이었다. 최면 전문가는 그의 긴장을 풀어주기 위해 일상 대화를 짧게 나눈 뒤 호흡 상태를 확인하며 최면 유도를 시작했다.

"하나, 기억이 점점 떠오르고 더 떠오릅니다. 둘, 마치 꿈꾸듯이 기억이 선명하게 떠오릅니다. 셋, 기억이 선명히 떠오릅니다. 혹시 떠오르는 게 있나요?"

"기억이 안 나는데……"

"지금 집 소파에 편안하게 누워 있다고 생각하세요. 앞에 텔레비전 보이나요?"

"네."

"텔레비전에 내가 좋아하는 방송이 켜집니다. 하나 둘셋! 켜졌나요?"

"아니요."

"지금 2001년 필름을 영사기에 넣을 거예요. 하나 둘셋! 필름이 돌아갑니다."

"아직 기억이 안 나요."

최면 유도를 시작한 지 한 시간이 지나도록 그는 최면에 걸리지 않았다. 최면 전문가는 최면을 유도하기 위해 텔레비전을 켜고, 영사기에 필름을 넣고, 엘리베이터에 그를 태우는 등 다양한 방식을 사용했지만 소용없었다. 슬슬 불안한 마음이 들었다. 왜 유도가 안 되는 거지? 한번 해보고 싶었다던 말과는 달리 그는 사실 최면을 거부하고 있는 걸까. 혹시 이 사건에 대해 말하고 싶지 않은 무언가가 있는 걸까. 하지만 최면 유도가 안 된다는 이유만으로 이 사람을 의심해선 안 됐다. 원래 최면에 잘 빠지지 않는 사람도 있으니까. 그런 그를 복잡한 심경으로 들여다보는데 최면 전문가와 눈이 마주쳤다. 그는 고개를 절레절레 저으며 난감한 표정을 지어 보였고, 나는 그보다 고개를 더 세차게 흔들며 어떻게든 해달라는 애원의 메시지를 보냈다. 전문가는 다시 한번 엘리베이터로 그를 데려갔다.

"자, 이번엔 지하까지 내려갈 거예요. 지하 10층까지 갈게요. 내려가고 더 내려가요. 얼마만큼 왔어요?"

"4층."

"더 내려갈게요. 아래로, 아래로. 점점 더 내려갑니다. 몇 층이죠?"

"지하 10층."

"고개를 돌리면 문이 많이 있어요. 첫 번째 문은 2017년이라고 써 있네요. 보이죠?"

"네."

"지나갑시다. 2016년, 2015년 다 지나가요. 2003년, 2002년, 이제 2001년 문 앞에 서세요."

"네."

"그 문을 열면 또 다른 문 열두 개가 나올 거예요. 보이세요?"

"1월부터 12월."

276

마침내 최면 전문가는 피해자 동생을 사건이 벌어진 2월 4일의 전일인 2월 3일로 데려가는 데에 성공했다. 최면 유도를 시작한 지 한 시간 반 만에 드디어 그가 긴장을 풀고 무의식의 세계에 발을 디딘 것이었다. 그러고는 인터뷰 때는 전혀 기억하지 못했던 당시의 기억을 하나둘 입 밖으로 꺼내놓았다.

"엄마랑 누나랑 왔어요. 목욕탕 갔다 온 것 같아요. 그리고 텔레비전 보면서 밥 먹어요. 밥 먹고 나서…… 근데 누나가 말이 없어요. 아픈 건 아닌 거 같은데…… 힘이 없어요. 같이 밥 먹은 거 치우고 텔레비전 보고…… 자려고 이불 깔아요."

"그게 몇 시예요?"

"아홉 시 좀 넘은 거 같아요. 누나랑 엄마랑 셋이 누웠어요. 누나랑 막 장난치다가 물어봐요. 내일 어디 가냐고. 주말에 나 혼자 있으면 심심하니까."

"누나가 뭐래요?"

"집에 있는다고 했어요. 근데 평소보다 슬퍼 보여요. 이유는 모르겠어요. 그러면서…… 누나가 먼저 자요. 그다음에 제가 잠든 거 같아요……. 일어났는데 누나가 없어요."

그는 사건 전날 저녁부터 사건 발생 직후까지 꽤 또렷하게 당시를 기억했다. 중요한 단서가 나올까 봐 숨죽이며 지켜보는데 그는 가장 중요한 순간인 누나가 집을 나서던 순간의 기억은 훌쩍 건너뛰어버렸다. 최면 전문가는 다시 한번 시간을 2~3일 앞으로 되돌린 후 기억을 차근차근 끄집어내기 시작했다. 사건과 딱히 관련 없는 기억들만 맥락 없이 나오던 중 갑자기 그의 입에서 우리가 그토록 듣고자 했던 그 순간의 기억이 불쑥 튀어나왔다.

"누가 똑똑거리는 거 같은데…… 그러고는 추워요. 그 소리가 나고 나서."

그는 실제로 추위를 느끼는 듯 몸을 웅크리며 말을 이었다.

"누나가 나가는 거 같은데."

"누가 불렀나요?"

"아니요. 똑똑만 했어요. 추워요, 그냥. 많이 추워요."

그는 몸을 더욱 웅크릴 뿐 그 이상의 기억을 끄집어내진 못했다. 최면 전문가는 다시 전날로 시간을 되돌리며 그가 끄집어낸 그날의 기억을 하나하나 들려주었다. 그의 머릿속 어딘가 숨어 있는 기억의 조각을 하나라도 더 끄집어내려는 마지막 시도 같았다. 그러자 그는 그날 밤 잠결에 들은 소리를 기억해냈다.

"밤에 전화가 와요. 엄마가 받아요. 누나   278

를 바꿔주는 게 좋은데. 날씬가 하고 금방 끊었어요."

"누구한테 전화가 왔어요?"

"친구라 하는 거 같은데 여자인 거 같아요."

"왜 여자인 거 같아요?"

"느낌이 그래요."

그리고 잠결에 들은 또 다른 소리 하나를 더 기억해
냈다.

"밖에 온 사람이 한 사람이 아닌 거 같아요. 두 명인 거
같아요. 여자랑 남자랑 한 명씩. 무슨 말을 하는지는 안 들
려요."

조금만 더, 조금만 더 기억이 떠오르길 바랐지만 그는
그 이상은 기억해내지 못했고 세 시간 가까이 진행된 최면
은 거기서 마무리됐다.

최면에서 깨어난 그의 얼굴은 눈물로 범벅이 되어 있
었다. 그는 왜 눈물이 나는지 모르겠다며 멋쩍은 웃음을 지
었다. 나는 우선 그가 진정할 수 있도록 잠시 혼자만의 시
간을 주고 전문가를 따로 불러내 물었다.

"최면에 걸린 건가요?"

"네. 최면 상태에 확실히 들어갔습니다."

"처음엔 왜 잘 안 걸린 거죠?"

"많이 긴장하신 것 같아요. 그런 경우가 종종

있습니다."

　나는 혹시라도 그가 처음에 최면을 스스로 거부했을 가능성, 그리고 최면에 걸린 척 말을 지어냈을 가능성을 확인했다. 그에 대해 품을 수 있는 아주 작은 의심까지도 남기고 싶지 않았고, 그가 최면 상태에서 한 말의 신뢰성도 최대로 확보하고 싶었다. 최면 전문가는 그가 최면 중 보인 징후들, 즉 호흡 상태와 안구 운동, 그리고 누나가 문을 열고 나갈 때 실제로 추위를 느끼는 듯 웅크린 동작 등을 볼 때 완전히 최면 상태에 들어갔으며 최선을 다해 당시의 기억을 끄집어내려 노력했다고 판단했다. 오케이. 그렇다면 그가 범인일 가능성은 내 마음속에서 깔끔하게 지우는 거다. 나는 오로지 피해자의 동생으로서 그가 최면 상태에서 뱉은 말을 검증해보기로 했다.

　가장 확인하고 싶은 건 그가 가장 마지막에 끄집어낸 기억, 남자 한 명과 여자 한 명이 집에 찾아왔다는 말이었다. 그 말인즉 범인은 한 명이 아니며, 더구나 공범 중 한 명은 여성이라는 말이었다. 남녀가 함께 살인을 저질렀다? 단 한 번도 생각해보지 않은 시나리오였다. 그래서 처음 그 말을 들었을 때 '여자 한 명'은 누나를 가리키는 것이라 생각했다. 최면 상태에서 누나의 목소리를 다른 여성의 목소리로 착각한 것이리라.

회면 건문기의 대회를 미친 뒤 이느 찡도 진징뒨 뇌해사 농생과 인터뷰를 시작했다. 중점적으로 물어본 건 그날 새벽 찾아온 인물에 관해서였다.

"그날 찾아온 사람이 두 명이었는데 그게 남자 한 명, 여자 한 명이었다는 거죠?"

"네, 느낌. 느낌이."

"느낌인 거예요?"

"네. 뭐라고 해야 하지. 설명은 안 되는데 느낌이……"

나는 흐릿한 기억을 떠올리려 애쓰는 그에게 물 한 잔을 권했다. 그리고 급할 것 없으니 천천히, 그리고 정확히 기억나는 것만 알려달라고 했다. 잠시 후 그가 다시 입을 열었다.

"그러니까 여자 소리는 제가 들었어요."

"그 여자 목소리가 누나였을 수도 있잖아요."

"아니, 누나 목소리는 아니었던 것 같아요. 누나 목소리는."

"확실해요?"

"네. 뭐라고 하는지는 모르겠는데 여자 목소리는 확실히 들었어요."

"그럼 남자 목소리는요?"

"남자, 남자…… 남자 소리도 났던…… 안 났나?

아무튼 한 명은 아니었어요."

그는 그날 새벽, 누나를 찾아온 방문자 중 한 명은 여자였다고 확신했지만 남자의 존재는 확신하지 못했다. 나는 최면을 한 번 더 해서라도 정확한 기억을 끄집어내고 싶었지만 최면 전문가는 고개를 저었다. 그가 이미 온 힘을 다해서 기억을 꺼냈고 더 이상의 최면은 의미가 없다고 했다. 그렇다면 그가 꺼낸 기억 중 어디까지를 신빙성이 있다고 봐야 하는 걸까. 그날 두 명이 방문했다는 기억도, 그중 한 명이 여자라는 기억도, 내겐 쉽사리 받아들일 수 없는 사실이었다. 최면 전문가는 조심스레 입을 뗐다.

"그날 새벽에 누군가 찾아왔고 방문자 중 여자가 있었다는 기억은 신빙성이 높아 보여요. 하지만 방문자가 두 명이었고 그중 남자도 있었다고 단정 짓는 건 위험할 것 같아요."

세 시간에 가까운 최면을 통해 얻어낸 가장 핵심적인 정보는 '사건 당일 새벽, 어떤 여자가 찾아와 누나가 나갔다'는 것. 그게 사실이라면 배산 사건의 범인이 여성일 가능성도 있다는 말이었다. 매우 놀라운 이야기였지만 당시 나는 솔직히 실망스러운 마음이었다. '최면 기법은 믿을 만한 게 못 되는구나. 범인이 여자일 리 없잖아.' 뚜렷한 용의자가 있는 건 아니지만 그때까지 누구도 범인의 성별이 여성일 가능성은 고려하지 않았기에 더욱 그런 마음이었다. 사건 당시 수사팀도, 부산경찰청 미제팀도, 그리고 나를 포함한 제작진도 전혀 염두에 둔 적 없는 가능성이었다. 범인은 흉기로 단번에 피해자에게 치명상을 입혔고 피해자의 몸에는 단 두 개의 상흔만 남았으며 반항의 흔적도 찾을 수 없었다. 그렇기에 범인은 의심할 여지 없이 건장한 남자일 거라 생각했던 것이다.

'범인은 남자'라는 선입견에 강하게 사로잡혀 있던 나는 최면 촬영 후에도 새로운 가능성을 확보했다는 기쁨보다는 최면까지 하고서도 특별히 얻어낸 게 없다는 아쉬움에 빠져 있었다. 여성 방문자의 존재 가능성을 듣긴 했지만 나는 여전히 그가 떠올린 '남자 한 명, 여자 한 명' 중 여자는 누나였으며 누나의 목소리를 그가 타인의 목소리로 착각한 것이라고 생각했다. 촬영을 마치고 사무실로 돌아와서도 작가에게 '최면으로 특별히 건진 게 없다'는 얘길 했던 것 같다.

선입견에 금이 가기 시작한 건 최면 촬영이 끝나고 일주일가량이 지난 때였다. 범인이 여성일 가능성에 대해서는 집중적으로 파고들지 않은 채 취재를 이어가고 있었는데, 그러던 중 법영상분석가 황민구 소장에게서 연락이 왔다. 사건 현장 사진과 피해자 시신

사진을 토대로 범인의 신체 정보를 유추해볼 수 있을지 분석을 의뢰했었는데, 그 결과가 나왔다는 소식이었다. 사실 의뢰를 할 때까지만 해도 큰 기대는 없었다. 16년 전 찍힌 저화질 사진 몇 장 분석한다고 유의미한 무언가를 발견할 수 있을 것 같지 않았기 때문이다. 그저 단서가 없어도 너무 없다 보니 이거라도 분석해보자는 마음이었다.

황민구 소장은 우리가 제공한 사진에서 몇몇 단서를 포착했고 일주일간의 모델링 작업을 통해 범인의 신장을 유추해내는 데 성공했다. 첫 번째 단서는 피해자 시신 복부에 남은 상흔, 두 번째 단서는 사건 현장인 등산로의 경사도였다. 즉, 경사도가 5도에서 10도 사이인 등산로에서 신장이 148센티미터인 피해자의 복부 상흔 위치에 상흔의 모양대로 흉기를 찔러 넣을 수 있는 신장 범위를 산출한 것이다. 우선 범인이 피해자의 위쪽에서 범행을 했다면 범인의 신장이 130센티미터 중반에서 140센티미터 초반이라야 했다. 이는 보통 초등학생 정도의 신장이기에 실제 범인의 키라고 보기 어려웠다. 범인이 평지 또는 아래쪽에서 범행했다면 범인의 신장이 150센티미터 초반에서 160센티미터 중반일 것이라는 계산이 나왔다.

황 소장은 범행 당시 범인의 정확한 자세까지는 알 수 없기에 그 부분을 고려해 시뮬레이션하다 보니 신장의 범위기 넓게 나왔다는 말을 덧붙였다. 어쨌거나 범인의 키는 많이 쳐도 160센티미터를 크게 넘지는 않을 거라는 얘기였다. 범인은 당연히 남성일 거라 생각했던 내겐 뜻밖의 결과였다. 소장은 "신장으로 봤을 때는 범인이 여자일 가능성을 배제할 수 없어요"라는 말로 인터뷰를 마무리했다. 사전에 최면 결과를 포함해 범인의 성별에 대해서는 아무런 정보도 주지 않고 진행된 인터뷰였다.

머리 한구석에 떠다니던 물음표가 살짝 고개를 들었다. 피해자 동생이 최면 상태에서 기억해낸 게 진정 사실일 수도 있으려나. 물론 남성이, 키 작은 남성이 범인일 가능성도 배제할 순 없었지만 범인의 신장 분석을 통해 여성이 범인일 가능성 또한 커진 건 분명했다. 그리고 이튿날, 박지선 사회심리학 교수와의 인터뷰를 통해 그 가능성이 좀 더 선명해졌다. 박지선 교수는 사건이 평소 등산객이 빈번히 오가는 해가 뜬 아침 시간에 벌어졌음에도 아무런 목격자가 없다는 사실에 주목했다.

"등산객들이 범인을 마주쳤을 수도 있죠. 그런데 전혀 살인사건의 범인으로는 보이지 않는 사람이었을 수 있어요."

즉, 그날 등산로에서 범인을 본 사람이 아무도

없었을 가능성보다 누군가 범인을 봤더라도 그를 범인으로 의식하지 못했을 가능성이 더 크다는 말이었다. 즉, 범인은 건장한 남성과는 거리가 먼 외형을 지녔을 거라는 것. 박지선 교수의 분석 결과를 듣자 황민구 소장의 분석으로 고개를 내민 물음표의 곡선이 느낌표로 꼿꼿하게 펴지는 느낌이었다. 그렇네. 범인이 여자일 수도 있겠다.

　미제 사건 범인에 대한 새로운 가능성을 제시한 〈아침의 살인자-배산 여대생 피살 사건 미스터리〉 편은 큰 반향을 불러일으켰다. 충격, 반전, 소름 등의 단어로 놀라움을 표현하는 의견이 시청자 게시판과 온라인 커뮤니티를 뒤덮었다. 아마 시청자들도 나처럼 범인이 여성일 가능성은 전혀 생각지 못한 모양이었다. 방송에 대한 뜨거운 반응은 너무나 고마웠지만 한편으로는 부담이 되기도 했다. 방송의 본 메시지는 '범인이 여성일 가능성도 열어놓고 생각해보자'는 것이었는데, 많은 사람이 이를 '배산 사건의 범인은 여자'라는 단정으로 받아들이고 있었다. 「범인이 여자라니 충격 그 자체!」「식스 센스급 반전!」 등의 제목을 달고 줄줄이 올라오는 기사를 보고 있을 때면 불쑥 불안한 마음이 들기도 했다. 혹시 범인이 여자가 아니면 어떡하지? 최면으로 떠올린 기억에 오류가 있다면? 범인이 그저 키 작은 남성이었다면? 아니, 잡고 보니 기 큰 남지면…… 진짜 이딱아지?

그럼에도 방송에서 범인이 여성일 시나리오를 다룬 이유가 있었다. 예전에 표창원 교수에게서 들었는데, 우리나라는 사건 발생 직후의 범인 검거율은 세계 최고 수준이지만 반대로 제때 범인을 잡지 못한 사건, 즉 미제 사건의 검거율은 매우 낮다는 이야기였다. 표 교수는 그 원인이 수사 방식에 있다고 지적했다. 미제 사건은 기존에 이뤄졌던 수사와 다른 각도에서 사건을 바라보며 해결책을 찾아야 하는데, 우리나라는 미제 사건 수사를 위한 별도의 시스템 없이 일반 사건을 수사하던 형사들이 동일한 접근법으로 미제 사건도 수사하다 보니 다른 결과를 내기 어렵다는 것이었다. 나는 배산 사건을 취재하는 과정에서 사건을 바라볼 때 필요한 새로운 시선의 중요성에 대해 배웠다. 선입견 없는 새 눈으로 사건을 바라보기. 그렇게 제시한 가정이 설령 사실이 아닐지라도 대담하게 던져보고 싶었다. 16년 묵은 미제 사건의 재수사에 활력을 불어넣을 수도 있지 않을까 하는 바람에서였다.

실제로 부산경찰청 미제수사팀은 우리의 취재 결과를 바탕으로 피해자 주변의 여성들로까지 수사 범위를 넓혀 재수사를 시작했다. 안타깝게도 방송 후 7년이 지난 지금까지 새로운 용의자를 특정하지 못

하고 있지만 언젠가 그날 새벽, 피해자를 찾아온 방문자의 얼굴을 보게 될 날이 오리라 믿는다. 그게 여자든, 남자든 상관없다. 방송이 공연히 헛발질을 했다며 비아냥을 받더라도 사건 해결에 아주 사소하게나마 도움이 될 수 있다면 실제 범인이 키 2미터의 장신 남성이라도 상관없다. 아, 황민구 소장은 상관 있으려나!

답은 늘 현장에 있다

'「그알」' 하면 보통 미제 사건을 많이들 떠올린다.

물론 「그알」이 미제 사건을 자주 다루긴 하지만 그 외에도 현시대가 다뤄주길 요구하는 다양한 사회 이슈에도 기민하게 반응하려고 한다. 그래서 최근에는 디지털 성범죄, 디지털 사기, 딥페이크 등 온라인 범죄로까지 소재의 영역을 넓혀가고 있다.

아쉬운 점은 프로그램 특성상 지금 벌어지고 있는 사건과 이슈를 시의성 있게 다루기가 쉽지 않다는 것이다. 사건을 실시간으로 빠르게 대중에게 전달하는 일은 뉴스의 몫이고, 시의성을 가능한 한 기민하게 챙기며 추가 취재도 곁들이는 일은 「궁금한 이야기 Y」가 하고 있다. 반면 긴 호흡으로 취재하는 「그알」은 뜨겁게 달아올랐던 사건 및 이슈의 온도가 식은 뒤(관련 논의가 어느 정도 진행되고 숙성된 뒤) 다시 그 사건을 돌아보며 새로운 이면을 밝혀내거나 의미를 길어올리는 역할을 맡고 있다. 막 벌어진 사건의 온도가 좀처럼 식을 것 같지 않으면 현장에 뛰어들기도 한다. 뉴스나 다른 탐사 보도 프로그램보다 시의성 면에서 조금은 뒤지더라도 남다른 시선과 취재의 깊이로 차별화된 이야기를 전하기 위해서.

「그알」을 연출하던 시절, 오래된 미제 사건도 종종 취재했지만 실제로는 사회를 실시간으로 뒤흔드는 의제에 더 관심이 많았다. 「그알」 피디로서 나를 움직이는 가장 큰 원동력은 호기심이었는데, 과거의 사건보다는 지금 살고 있는 시대와 공간에서 공명하는 사건이 내게 더 많은 물음표를 던졌기 때문일 것이다. 아무래도 미제 사건을 다룬 편이 시청률도 높고 시청자들에게 깊은 인상을 남기기에 사람들이 「그알」 대표작을 물으면 '신정동 엽기토끼 사건' 편이라고 대답하지만, 내가 2년 반 동안 「그알」에 몸담으며 취재한 미제 사건은 앞서 언급했던 신정동, 노들길, 배산 사건을 포함해 네 편이 전부다.

현재의 의제를 다루는 일의 매력은 해당 사건이 던진 의문에 대한 정답을 대부분 현장에서 찾을 수 있다는 데 있다. 미제 사건은 경찰의 협조를 받아 자료를 살펴보고 관련 인물들을 만나며 의문을 풀어나

가야 하는, 즉 필연적으로 과거를 파헤쳐야 하는 소재이다 보니 시간상의 한계로 인해 증거나 증인이 사라져 끝내 의문을 풀지 못할 때가 많다. 그러나 현재적 의제라면 현장에서 의문 대부분을 해소할 수 있다. 동시대에 살고 있는 사람들과 부딪치며 듣고 배우는 의견과 시각이 종종 그 자체로 사안의 해법이 된다. 처음 그런 과정의 즐거움을 느낀 건 내가 「그알」에 온 지 딱 1년 된 시점에서 새로운 방송을 준비하고 있을 때였다.

2016년 5월, 일정대로라면 취재를 슬슬 시작해야 했지만 아직 마땅한 소재를 찾지 못한 나는 사무실에서 온라인 뉴스 기사를 살펴보고 있었다. 「그알」 피디와 작가들은 매일같이 사회면 기사를 보며 사안의 성격이나 경중을 파악하다 보니 내용만 훑어도 다뤄볼 만한 사건인지 아닌지 얼추 판단이 선다. 그만큼 탐사 보도 프로그램 제작자로서의 노하우가 쌓이고 있다는 의미이기도 했지만, 다른 각도에서 보면 사람이 죽거나 다친 끔찍한 사건을 단순히 일거리나 소재로만 여기는 무정한 자신에게 무감해진다는 뜻이기도 했다. 일정에 치여 매의 눈으로 사건을 뒤지다가도 문득 그런 자신을 인식할 때면 스스로가 무섭게 느껴지기도 했는데, '나 자신을 잃지 않으려면 재미보다는 사회의 필요에 초점을 맞춰 소재를 택해야 한다. 취재 역시 더 면밀하고 꼼꼼하게 해야 하는 것은 물론이고. 그래야 지금의 죄가 씻길 수 있다'며 자기 최면을 건 적도 있다.

　서울 강남역 인근 상가의 공용 화장실에서 20대 여성이 흉기에 찔려 사망하는 사건 발생. 처음 기사를 접했을 때 나는 아마 이 사건이 다룰 만한 소재는 아니라고 생각했을 것이다. 당시 상황에 대한 정확한 기억은 없다. 왜냐하면 이 기사는 내가 소재를 찾으며 스쳐지나간 수백 개 기사 중 하나였을 테고, 사회면 기사와 종일 붙어사는 나의 호기심을 자극하는 내용을 담고 있지도 않은 듯했기 때문이다.

　범인은 금방 붙잡혔고, 조현병을 앓던 남성이라는 사실이 밝혀지며 사건은 피해망상이 있는 조현병 환자의 '묻지 마 살인'[1]으로 정의되어갔다. 그러나 사건 현장 근처인 강남역 10번 출구를 중심으로 피해자 추모운동이 시작되면서 새로운 분위기가 형성됐다. 사건이 '묻지 마 범죄'가 아닌 '여성혐오 범죄'로 정의되어야 한다는 주장이 터져 나왔고 그렇게 '여성혐오'라는 단어가 수면 위로 떠오르게 됐다. 나는 해당 살인사건이 여성혐오 문제로 재정의되어가는 시점이 되어서

현재는 '묻지 마 범죄'라는 표현이 적절하지 않다는 공감대가 형성되어 '이상 동기 범죄'로 대체해 부르지만, 책에서는 당시 분위기를 그대로 전달하기 위해 '묻지 마'라는 표현을 그대로 사용했다.

아 시인을 면밀히 살피기 시작했다. 피해자 추모운동이 시작된 강남역 10번 출구에서는 이 사건을 두고 사람들이 두 패로 나뉘어 매일 다툼을 벌이고 있었다. 한쪽은 피해자가 여자라서 죽은 것이라며 여자라는 이유만으로 이런 일을 당하는 현실에 문제를 제기했고, 다른 한쪽은 미친 사람이 여자를 죽인 것일 뿐이라며 사건이 여성혐오 범죄라는 이들의 주장을 일축했다. 날이 거듭될수록 갈등의 규모가 커지며 대치 상황이 더욱 빈번히 발생했고 경찰도 다수 배치됐다. 살인사건이 추모운동으로 번지고, 추모의 공간이 대립의 공간으로 변해가는 과정을 지켜보며 커다란 의문이 생겼다. 강남역 살인사건이 전에 없던 유형의 사건은 아닌데(여성들이 살해당하는 사건은 너무 자주 일어나기 때문에……) 왜 사람들은 이 사건에 유독 다르게 반응하는 걸까?

나는 그 답을 찾기 위해 거리로 나가보기로 했다. 그런데 내가 강남역에 나가보겠다고 하자 주변의 만류가 시작됐다.

"그 사건 방송하는 거 위험하지 않겠어?"

"여혐 건들면 방송 하고도 욕 먹는 거 알지?"

방송을 하겠다고 마음먹은 것도 아니고 단지 사전 취재를 나가보겠다는 건데도 다들 우려

섞인 태도로 손사래를 쳤다. 하지만 내 생각은 달랐다. 대립의 현장에서 여러 이야기를 듣는 과정상 분명 새로 알게 되는 바, 깨닫게 되는 바가 있을 것 같았다. 지금 내가 사는 이 시대에 벌어지고 있는 중대한 현상을 제대로 이해하고 싶은 마음이 컸기에, 그를 통해 '필요한 메시지'를 제대로 전달하고 싶었기에 주변의 우려와 만류에 웃음으로 화답하며 강남역으로 향했다.

강남역 10번 출구 앞은 평일 낮이었음에도 인파로 가득했다. 현장에서는 소리 지르는 이, 맞서 소리 지르는 이, 말리는 이, 말리려다 더 크게 소리 지르는 이들의 육성이 뒤엉켜 커다란 소음이 만들어지고 있었고 곳곳에서 말다툼, 몸싸움이 끊이지 않았다. 우리는 대립의 현장을 관찰자의 입장으로 지켜보며 현장의 모습을 카메라에 그대로 담았고, 소요가 다소 가라앉은 뒤 시작한 인터뷰는 해가 지고 새벽이 될 때까지 이어졌다. 거리에 나온 이들은 이 사건과 이슈에 대해 말하고자 하는 바가 분명한 사람들일 테고 그들의 이야기를 듣다 보면 이 사안에 대해 내가 다소 모호하게 넘겨짚었던 지점들이 분명해지리라, 이 사건을 어떻게 바라봐야 할지, 그리고 우리 사회에 울려퍼지고 있는 이 구원ㅅ됀한 구호를 사람들에게 어떻게 설명해야 할지 확신이 생기리라 믿었기에 최대   294

힌 많은 시림의 목소리글 듣고사 노덕했나.

이날 인터뷰로 얻은 깨달음 중 하나는 '여성혐오'라는 단어에 대한 양분된 반응의 배경에 대한 것이었다. 스스로를 '일베 회원'이라 소개하며 인터뷰에 응한 이들과 대화하며 많은 이가 여성혐오를 잘못 이해하고 있음을 알게 됐다. 그들은 이를 단순히 '여성을 싫어한다'는 의미로 해석하고 있었다. "나는 여성혐오 안 한다. 여자를 좋아하니까" "우리 엄마도 여잔데 어떻게 여성을 혐오할 수 있겠나"라는 식이었다. 젠더 이슈에 큰 관심을 갖지 않고 살아온 사람이라면 충분히 헷갈릴 수 있었다. 특히 여성혐오라는 단어가 모두에게 익숙하지 않았던 당시엔 더더욱 그랬을 것이다.

여기에 더해 현장에 나오기 전 가졌던 의문, '이전에도 비슷한 사건은 많았는데 사람들은 왜 유독 이 사건에 특별하게 반응하는 걸까?'에 대한 명확한 답도 얻을 수 있었다. 사람들은 단순히 이 한 사건의 잔악성에 분노해 거리로 나온 게 아니었다. 이 사건의 일상성과 연쇄성—숱한 여성들이 여성이라 죽임을 당한 그간의 사건들—을 깨닫고 그 고리를 끊고자 나온 것이었다.

그날 나는 현장에서 여성들이 일상적으로 겪는 위협과 공포에 대한 이야기를 들었다. 그리고 「그알」의 팬이라며 인터뷰를 자청한 한 대학생이 인터뷰 말미에 전해준 충고로 「그알」 역시 여성혐오 문제에 있어서 예외가 아니었음을 새삼 깨닫게 됐다.

"「그알」은 여성혐오 하지 말아주세요."

"아, 그럼요. 저희가 왜 여성혐오를 하겠어요. 하하."

단순한 당부의 말로 여기고 호탕하게 웃으며 인터뷰를 마무리하려던 순간, 웃음을 뚝 잘라버리는 똑 부러지는 고언이 돌아왔다.

"「그알」도 하잖아요. 여혐!"

"네? 「그알」이 언제……"

"가끔 해요. 피해자가 여자일 때만 성별 부각시키는 것도 여혐이에요."

"아……"

"여대생 살인사건이라는 제목은 써도 남대생 살인사건이라고는 안 하잖아요."

그는 사실 확인을 제대로 시켜주려는 듯 휴대전화를 꺼내 최근 회차의 제목을 내게 그 증거로 내밀었다. 〈사라진 14분 ─ 여대생 캠퍼스 추락 미스터리〉. 공교롭게도 내가 연출한 방송이었다. 꽤나 집요했던 그는 해당 회차의 담당 피디 이름까지 확인했다.

"본인이 직접 하신 거네요! 도준우 피디!"

그러고는 다시 한번 당부했다.

"앞으로는 그러지 마세요! 저 정말 「그안」 좋아한단 말이에요."

　잔뜩 신명이 난다는 듯 면전에서 나를 저격하던 그를 포함해 현장에서 만난 다양한 이들과의 대화를 통해 여성혐오는 「그알」도, 나도, 모두가 더욱더 예민하게 인식하고 해결해나가야 하는 심각한 문제라는 걸 피부로 느꼈다. 여성들이 느끼는 위협과 공포의 일상성과 그에 따른 분노의 합당성, 내가 현장에서 얻은 깨달음을 시청자들에게도 전해주고 싶다는 생각에 본격적인 취재를 결심했고 점착 메모지로 가득 채워진 추모 공간에 나도 하나를 더한 뒤 현장을 떠났다.

「그것이 알고싶다」는 이 죽음이 의미하는 바를 결코 잊지 않겠습니다. 삼가 고인의 명복을 빕니다.
1034번째 「그것이 알고싶다」는 이 죽음에 대한 숙제를 풀어보려 합니다. 그러기 위해선 여러분의 도움이 필요합니다. 고인과 관련이 있거나 피의자를 알고 계시는 분, 여성이라는 이유로 심각한 피해를 입은 경험이 있으신 분의 연락을 기다립니다.

「그알」의 대표적인 헛발질이라뇨

이튿날부터 제보가 쏟아졌다. 전부 여성들이 일상적으로 겪고 있는 위협과 공포에 대한 내용이었다. 아마 제보 건수로는 역대 최고 기록을 세웠을 거다. 우리 팀 제보가 너무 많다 보니 다른 팀에서 농담 반 진담 반으로 '이 정도면 업무방해죄에 해당되는 것 아니냐'고 할 정도였다. 여성혐오의 만연함에 대한 방증이었다. 사건 취재하랴 제보자들 인터뷰하랴 빡빡한 일정을 소화하는 동시에 이 사안의 심각성을 제대로 전달할 수 있는 방식 또한 집요하게 고민했다. 남성들도 우리 방송을 보며 여성들이 이 사건을 통해 느낀 공포와 절망에 공감했으면 했다. 어떻게 하면 내가 현장에서 느끼고 깨달은 바를 시청자들 피부에 가닿게 만들 수 있을까. 팀원들과 숱한 회의를 거쳐 내린 결론은 대략 이랬다. 남성도 여성의 공포를 느낄 수 있도록 억지시지의 방법을 활용해보자!

　우리는 세 가지 장치를 고안했다. 첫 번째, 일상 속 성범죄 피해 제보 내용을 피해자 1인칭 시점으로 재연해 시청자들이 마치 지금 자신에게 벌어지는 일처럼 느끼게끔 하는 연출적 장치. 두 번째, 여성이 혼자 길을 다닐 때 어떤 일이 벌어지는지를 보여주는 실험 장치(실험 참여자는 여섯 시간 동안 강남역 주변을 걸었고, 총 여덟 명의 남성이 말을 걸었다. 허락 없이 몸에 손을 대는 남성도 있었고, 말은 걸진 않지만 대놓고 몸을 위아래로 훑거나 뒤를 따라오는 남성도 있었다. 실험 참여자는 실험이 끝난 뒤 촬영 중이었음에도 무서움을 느꼈다고 털어놨고, 지켜보는 제작진 없이 정말 홀로 겪은 상황이었다면 더욱 공포스러웠을 거라고도 덧붙였다). 가장 중요한 건 세 번째 장치였다. 바로 '미러링' 장치. 남성이 여성에게 가하는 성폭력 사례를 여성이 남성에게 가하는 상황으로 연출함으로써, 남성들이 피해 여성과 여성 일반의 공포를 간접적으로나마 느끼고 그 공포에 공감할 수 있게끔 하려는 의도였다.

　그러자 팀장을 포함해 주변의 우려가 또 한 번 이어졌다. '다소 위험하지 않겠냐.' '욕먹을 수도 있다.' 하지만 조금 위험하고 조금 욕을 먹더라도 이를 통해 단 몇 명에게라도 우리의 의도가 제대로 전해진다면 괜찮다고 생각했다. 그래서 여성 제보자의 피해 사례 두 건을 선정해 음성을 남성으로 변조하고 재연도 성별을 바꾸어 촬영했다. 이렇듯 뒤집힌 상황을 약 4분간 보여준 뒤 스튜디오로 컷을 넘겨 진행자가 미러링이라는 장치에 대해 설명한 다음 이런 멘트를 하는 것이 우리가 구상한 그림이었다.

남성 여러분, 불쾌하셨습니까? 아니면 피해자를 연기한 남성을 한심하게 생각하셨습니까? 아니면 '세상이 정말 이상하게 변했구나'라고 생각하셨습니까? 혹시 '어쩌면 나도 저런 피해를 당할 수 있구나'라고 생각한 남성분들이 있었는지 한번 물어보고 싶습니다.

강남역 살인사건과 여성혐오 문제를 다룬 〈검거된 미제 사건－강남역 살인사건의 전말〉(강남역 살인사건의 범인은 검거됐지만, 여성혐오는 계속되고 있기에 '검거된 미제 사건'이라는 제목을 붙였다) 편은 방송 전부터 온라인 커뮤니티를 중심으로 큰 주목을 받았다. 여초, 남초 온라인 커뮤니티 모두 「그알」에서 이 사건을 어떻게 분석할지, 여성혐오 문제를 어느 편에서 바라볼지 매의 눈으로 지켜보고 있다는 느낌이었다. 나도 그 어느 때보다 긴장되는 마음으로 방영을 기다렸다. 드디어 방송이 시작됐고 강남역 살인사건의 전말에 대한 내용이 약 30분간 이어졌다. 시간이 흐를수록 여초 커뮤니티에서는 부정적인 반응이 늘어났다.

왜 계속 사건 얘기만 하지?
설마 여혐은 안 다루는 거 아니겠지?
사건 얘기 그만하고 여혐으로 빨리 넘어가라고!

「그알」에서 사건 취재만 하고 정작 중요한 의제는 다루지 않고 넘어갈까 걱정하는 여성이 많았다. 내심 이 소재를 방송하기로 한 결정이 틀리지 않았다는 생각이 들었다. 이렇게나 많은 이가 「그알」에서 여성혐오 문제를 다뤄주길 바라고 있었다는 거니까.

그러다 미러링 장면이 나오자 양쪽 커뮤니티의 새 글 올라오는 속도에 가속이 붙기 시작했다. 남초 커뮤니티는 지지와 환호를, 여초 커뮤니티는 비난과 야유를 보냈다. 나는 양측의 반응을 실시간으로 확인하기 위해 휴대전화로 쉴 새 없이 양쪽을 오가는 중이었다. 남초 커뮤니티의 주된 반응은 예상대로였다.

여자도 잠재적 가해자임을 「그알」이 증명함!

잘한다 「그알」! 이런 게 중립이지.

여초 커뮤니티의 반응도 어느 정도 예상한 대로였다.

「그알」 지금 뭐하는 거임? 미쳤냐 「그알」??

아니, 여기서 남자 피해자를 굳이 왜 보여줘!

그런데 이어서 당황스러운 글들이 우수수 올라오기 시작했다.

더 이상 못 보겠어서 껐음. 「그알」 실망.

저도 TV 껐어요. 다신 「그알」 안 봄.

해당 장면을 연출하면서 여기까진 예상하지 못했었다. 끝까지 봐주셔야 하는데……. 조금만 더 봐달라고 커뮤니티에 직접 글이라도 쓰고 싶은 심정이었다. 4분가량의 짧은 분량이었지만 그 시간이 내게는 너무나도 길게 느껴졌다. 드디어 장면이 끝나고 스튜디오에서 진행자가 해당 장면을 연출한 우리 의도를 밝히자 양측의 반응은 곧바로 뒤집혔다. 남초 커뮤니티는 다시

302

금 제작진을 비난했고, 여초 커뮤니티는 정밀 「그일」에 실망할 뻔했다며 안도하는 분위기였다. 미러링 장치를 칭찬하는 반응도 나왔다.

여성혐오 문제를 제대로 다루기 위해 그 어느 때보다 현장에서 많은 사람과 대화하고, 많은 제보자를 만나고, 내 나름의 질문을 심화해나가며 준비한 이 방송은 안타깝게도 양측에서 모두 욕을 먹는 결과를 낳았다. 여전히 한쪽은 갈등의 현장에서처럼 강남역 살인사건으로 여성혐오를 논하는 일 자체가 잘못됐다고 비난했고, 다른 한쪽은 여성혐오 문제를 더 깊이 다루지 못했다고 질타했다. 전자의 반응은 예상한 바였지만 후자의 반응은 뼈아팠다. 그간의 학습과 고민, 그것을 구현해내는 방식에 있어서의 결점들을 돌이켜봤다.

방송 준비에 많은 도움을 주었던 여성학자 이나영 교수는 이런 반응들을 눈치챘는지 방송 후 내게 전화해 격려와 위로의 말을 전해주었다. 자신은 지금껏 여성혐오 문제를 다룬 방송 중 이번 편이 가장 훌륭했다고 생각하며 어떻게 방송해도 욕먹을 수밖에 없는 주제이니 힘내라는 내용이었다. 강의 자료로 쓰겠다며 미러링 장면의 DVD를 요청한 걸로 봐선 그의 위로가 아주 빈말은 아닌 것 같아 실제로 힘이 됐다.

여성혐오 문제에 무관심한 이들을 논의의 장으로 끌어들이고, 부정하는 이들의 생각을 조금이라도 바꿔놓고 싶다는 마음으로 그 어느 때보다 치열하게 준비한 방송이었다. 온라인 커뮤니티 반응만 봐서는 우리의 노력이 통했는지 확신이 안 서지만 누군가가 우리 방송을 보고 해당 의제에 관심을 갖게 됐다면, 유효한 방향으로 고민을 시작하게 됐다면 그게 단 몇 명일 뿐이라 하더라도 노력의 보상을 받은 거라 생각한다. 여전히 나무위키에는 내가 연출한 〈강남역 살인사건〉 편이 「그알」의 대표적인 헛발질로 소개되고 있지만, 당시의 나로서는 모든 에너지를 끌어모은 강력한 '슈팅'이었다. 언젠가 그때 내가 날린 슈팅이 어시스트 정도는 됐다고 생각할 수 있는 그런 날이 오기를 진심으로 바란다.

내가 「그알」에 있던 2015~2017년은 교양 피디들 사이에 서 「그알」의 최전성기로 불린다. 2015년 상반기까지 동 시간대 예능 프로그램에 밀려 다년간 관심을 받지 못했 던 「그알」이 '세모자 사건' 3부작, '신정동 엽기토끼 사건' 2부작을 통해 다시금 주목을 받게 된 데 더해 재벌 오너가 의 비리를 취재한 1000회 특집 '대한민국에 정의를 묻다' 3부작으로 탐사 보도 프로그램으로서의 묵직한 존재감까 지 새삼 각인시킴으로써 대중성과 신뢰성을 확보한 때여 서다. 그리고 2016년 말, 사상 초유의 국정 농단 사태로 인 해 「그알」은 우리 의지와 관계없이 더욱 주목받게 됐고 매 번 눈을 의심케 하는 높은 시청률을 기록하며 시대의 암흑 속에서도 제 길을 걸어나갔다.

세월호 일곱 시간의 진실을 시작으로 최태민 일

가, 우병우·김기춘·최순실 등 국정 농단 관련 인물에 대한 취재가 이어졌고, 대통령 5촌 간 살인사건, 국정원 댓글 조작 사건 등 이전에는 민감한 주제라 여겨져 취재가 여의치 않았던 정치적 소재들도 분위기를 타고 별 탈 없이 제작됐다. 이 시기에는 「그알」이 국정 농단 사태를 다루든 미제 사건을 다루든 평소보다 두세 배 더 많은 사람이 방송을 시청했고, 우리는 그런 상황이 놀랍고 기쁘면서도 한편으로는 「그알」시청률이 이렇게 나온다는 건 우리 사회가 그만큼 심각한 상태라는 방증이라 느껴지기도 해 근심하기도 했다. 무엇보다 국정 농단 사태가 국민을 반으로 갈라놓은 탓에 '내 편' 아닌 '상대편'을 향한 증오는 날마다 커져만 갔다.

동료 피디들이 국정 농단 사태의 주범에 대한 취재를 릴레이처럼 이어갈 때 나는 다시금 현장에 주목했다. 강남역 살인사건 취재를 통해 현장 취재의 진미를 깨달아버렸기에, 수만 명 규모의 사람이 매일같이 모여드는 집회 현장을 그냥 봐 넘길 수 없었다. 추운 날씨에도 수많은 사람이 거리로 나와 촛불을 밝혔던 2016년 말에는 촛불 집회를 취재했고, 대한민국 헌정 사상 최초로 현직 대통령이 탄핵되었던 2017년 3월에는 태극기 집회를 취재했다. 촛불 집회 취재는 촛불을 밝히는 국민의 바람과 염원을 응원한다는 의미로 팀 차원에서 추진

된 측면도 있었지만, 태극기 집회 취재는 내 순수한 궁금
증에서 시작됐다. 왜 저분들은 저렇게 열심히 집회에 나와
서 탄핵 무효, 대통령 석방 등 대다수 국민의 정서와 반대
되는 주장을 하고 있는 걸까.

나의 태극기 집회 취재 강행 소식에 동료들은 강남역
살인사건에 이어 또 한 번 우려를 표했다. 잘못 건드리면
괜히 욕만 먹을 수 있다는 이유에서였다. 틀린 말은 아니었
다. 강남역 살인사건 방송 이후 양쪽에서 욕먹었던 기억이
남아 있기도 했다. 그러나 내겐 여전히 호기심이 취재의 가
장 큰 원동력이었기에 이번에도 일단 현장에 나가 부딪혀
보고 싶었다. 가자, 시청 앞으로!

「그알」 피디에게 현장은 대체로 거절의 공간이다. 자
기 동네에서 발생한 사건 현장을 취재한다며 들쑤시고 다
니는 이를 반길 주민은 없을 테니까. 내쫓지 않고 기본적인
협조만 해줘도 감사할 뿐, 카메라를 들고 유쾌하지 않은
이야기를 들려달라고 청하는 우리를 반기는 사람은 거의
없다. 그래서 거절에 인이 박인다.

전화해도 받지 않는 사람, 찾아가도 만나주지 않는 사
람, 문을 쾅 닫으며 내쫓는 사람. 「그알」을 연출하던 시절,
내게도 거절당하는 일은 일상이었다. 그러나
태극기 집회 취재는 거절에 익숙한 나조차도

매우 곤혹스러웠던 고난도 취재였다. 카메라를 들고 다가가면 가장 먼저 듣는 말이 있었다.

"어디 방송사야?"

거기에 SBS 「그것이 알고싶다」 팀이라고 답하면 내 말이 끝나기도 전에 불같은 역정이 돌아왔다.

"아, SBS랑은 안 해!"

역정만 내면 다행이지 온갖 쌍욕을 하며, 또는 위협적인 동작을 취하며 우리를 격퇴하려는 이도 꽤 있었다.

당시 시청 앞에서 SBS와 JTBC 취재진은 집회 참가자들에게 공공의 적이었다. 오로지 MBC만 환영받았다. 거절이야 워낙 익숙하니 나는 크게 개의치 않고 다른 대상을 찾아 노크를 이어갔지만 반응은 한결같았고, 그러다 누군가 "여기 SBS 왔다!"라고 크게 소리라도 치면 그 일대 참가자들의 시선이 우리에게 쏠리며 불호령이 떨어졌다. 여기서 어서 썩 꺼지라는. 그렇게 여기저기서 문전박대를 당하고 인터뷰라곤 단마디도 따지 못한 채 집회 현장 외곽으로 밀려나 나무 그늘 아래에 쪼그려 앉아 이 난관을 어떻게 헤쳐나가야 할지 고민하고 있던 차에 한 할머니가 우리 곁으로 다가왔다.

"밥은 먹었어?"

할머니는 여기저기서 쫓겨 다니는 우리가

인디끼있는지 직집 써 온 끼다며 김빕 도시릭을 내밀있다. 조금 전까지 우리를 힐난하던 무리에 속한 참가자였지만 또 따로 대화를 해보니 그저 옆집 할머니 같은 정겨운 분이 었다. 할머니가 내민 김밥을 먹고 다시 힘을 내 외곽에서부 터 재차 취재를 이어갔다. 집회 참가자들이 대화를 거절하 더라도 우리 할머니, 할아버지라 생각하며 살갑게 다가갔 고, 그러자 그들도 이전처럼 우리를 매몰차게 뿌리치지 못 했다. 대화의 물꼬가 트이면 옆에 있던 다른 참가자들도 슬 쩍 다가와 기웃거리다 한마디씩 거들었고 그렇게 처음엔 전혀 풀리지 않을 것 같았던 취재가 자연스레 풀려갔다.

당시 현장 취재는 직업인으로서 내게 큰 의미를 남겼 다. 취재 초반 인터뷰가 원활하지 못했던 데는 나를 바라보 는 그들의 선입견 때문만이 아니라 그들을 바라보는 내 선 입견도 한몫했음을 깨달았고, 대화가 선입견을 깨주는 가 장 효과적인 툴이라는 것을 다시 한번 여실히 느꼈다. 태 극기 집회 참가자의 다수는 여느 국민과 다를 바 없이 그저 나라 걱정에 밤잠 못 이루는 우리의 할머니, 할아버지들이 었다. 정작 지탄과 분석의 대상으로 삼아야 할 이들은 지리 적 공간인 그곳 '현장' 뒤에 존재하는, 잘못된 정보를 양산 하고 배포해 애국하고자 하는 마음을 이용하 려는 소수의 선동자였다.

나는 국정 농단, 대통령 탄핵 등 전에 없던 국가적 사태로 반으로 갈라진 국민이 서로에게 내뿜는 증오와 멸시가 조금이라도 가셨으면 하는 바람으로 현장에서 느낀 바를 방송에 꾹꾹 눌러 담았다. 우리가 만든 방송으로 시청자들의 마음이 얼마나 움직였는지는 정량적으로 측정할 수 없지만, 내 마음 한편에 자리 잡고 있었을 그들에 대한 미묘한 거리감이 사라진 것만으로도 큰 깨달음을 얻었다고 여긴다.

　「그알」 피디로 일한다는 것, 나아가 교양 피디로 일하는 것의 가장 큰 장점은 스스로 이전보다 더 나은 사람이 되어간다는 느낌을 받을 수 있다는 거다. 나는 예능 피디로 시작했다가 본의 아니게 교양 피디가 됐고, 교양국에 와서도 교양 피디가 아닌 예능 피디로서의 정체성을 놓지 않으려 애썼다. 그래서 몇 년간 「그알」을 피해다녔고, 끝내 「그알」 팀에 합류한 것도 추후 내가 원하는 프로그램을 기획하는 기회를 얻기 위한 전략적 후퇴였다. 하지만 나는 여러 프로그램을 거치면서, 특히 「그것이 알고싶다」를 제작하면서 다양한 사람을 만나고, 편견이 깨지고, 그들 간의 공통점과 차이점을 알게 되고, 혐오는 이해심으로 극복되기도 한다는 걸 깨달았다. 그리고 그로 인해 이전보다 조금씩 더 나은 사람이 되어가고 있다.

캄보디아 언쇄 멘붕 사건

돌이켜보면 나는 「그것이 알고싶다」라는 프로그램 제목에 매우 헌신적인 피디였다. 미제 사건이든 현재의 사건이든 미치도록 '알고 싶다'고 느끼는 지점이 있어야 취재를 시작할 수 있었다. 그렇기에 결론이 나 있는 취재는 내게 매력적이지 않았다. '나는 이번 방송을 통해 이런 이야기를 할 거야'라는 생각으로 취재를 시작하는 피디들도 있었고, 그 방법이 명확하고도 묵직한 메시지를 전달하기에 좋은 방법이기도 했지만 나는 애초에 그런 부류가 아니었다. 그것을 알고 싶어야 취재할 마음이 생기는 거지, 그것을 알고 있는데도 취재를 시작할 순 없었다. 그래서 나는 늘 결말을 열어놓고 취재에 들어갔다. 이럴 때, 가장 불안한 경우는 해외 취재다. 나는 「그알」을 하면서 미국,

캄보디아, 중국 등지에서 해외 취재를 경험했

는데, 국내 취재와 비교해 시간, 제작비 등 실패했을 때의 기회비용이 너무 크기 때문에 도중에 취재가 엎어지지 않도록 평소보다 사전 조사를 몇 곱절 더 꼼꼼하게 해야 했다. 그러나 현장의 일은 늘 예상과 다르게 흘러갔다. 정신력이 꽤 강한 편인 나도 해외에서 취재가 안 풀릴 때면 멘털이 쉽게 무너졌는데, 그중에서도 가장 파사삭 무너진 건 캄보디아에서였다.

2016년 말, 캄보디아에서 교회를 운영하며 열 명에 가까운 현지 아동을 성폭행한 한인 목사를 취재하기 위해 캄보디아 시엠레아프로 출장을 갔다. 공항에 도착해 취재 기간 동안 통역과 가이드를 맡아줄 현지 코디와 인사를 나누고 본격적으로 일을 시작하기 전에 식당에 들렀는데 이상하게도 코디가 캄보디아어가 아닌 어설픈 영어로 메뉴 주문을 하는 것 아니겠는가. 이때만 해도 대수롭지 않게 생각하고 넘어갔는데 식사 후 취재 현장에 가서 코디에게 통역을 요청하자 그는 캄보디아어는 할 줄 모른다며 당황했다. 아니, 현지 코디의 가장 중요한 역할이 통역인데 현지어를 할 줄 모른다니? 내가 더 당황스러웠다. 확인해보니 취재작가에게 해당 코디를 소개해준 캄보디아 한인 협회장이 코디의 개념을 정확히 이해하지 못한 거였다.

한인 협회장은 코디를 그저 운전기사 정도의   312

개념으로 생가했던 거다.

　잘잘못을 따질 시간이 없었다. 우리는 취재를 잠시 중단하고 새로운 코디부터 찾기 시작했다. 생각지도 못한 일이었지만 그때까지만 해도 금방 해결될 거라 생각했다. 그러나 캄보디아에 사는 한국인 중 현지어를 능숙하게 하는 사람을 찾는 일은 생각보다 쉽지 않았다. 결국 적합한 인물을 찾지 못한 채 하루를 흘려보냈고, 나는 고민 끝에 사전 조사 과정에서 도움을 받았던 캄보디아 한인 교수에게 한 번 더 도움을 청해보기로 했다. 교수에게 코디를 부탁하는 게 다소 생뚱맞은 일이긴 했지만, 새로운 코디를 제때 찾지 못해 해외 촬영을 접고 돌아가야 하는 불상사가 벌어질 수도 있었기에 벼랑 끝에 선 마음으로 간곡히 부탁을 드렸다. 그리고 오랜 설득 끝에 교수의 승낙을 얻어냈다.

　그렇게 문제가 봉합된 건 천만다행이었으나 하나의 문제가 또 우릴 기다리고 있었다. 교수는 일찍이 잡아둔 일정 때문에 보통의 현지 코디처럼 하루 종일 우리와 동행할 수 없었다. 어쩔 수 없이 그의 일정이 없을 때만 취재를 다닐 수 있었는데, 그래봤자 함께할 수 있는 시간은 하루에 겨우 서너 시간뿐이었다. 해외 취재는 가뜩이나 국내보다 일정이 짧아서 아침부터 저녁까지 부지런히 움직여야 겨우 정해진 일정 안에 마칠 수 있는

데 하루 서너 시간이라니……. 눈앞이 캄캄했지만 당장 대안이 없었다. 나는 다이어리를 꺼내 캄보디아에서 꼭 만나야 하는 취재원을 생각나는 대로 쓰기 시작했다. 그리고 통역 필요 여부에 따라 그들을 구분했다. 그 기준으로 일정을 재정리해보니 정해진 시간 내에 빠르게 움직이면 어찌어찌 방송은 내보낼 수 있겠다 싶었다. 가해자 주변 인물, 한인회 등 통역이 굳이 필요 없는 취재는 기존 코디와 함께 다니고 피해자 가족, 동네 탐문 등 통역이 꼭 필요한 취재만 교수와 다니는 작전이었다.

「그알」에서 통역이 가능한 코디와 통역이 안 되는 코디, 이렇게 복수의 코디와 함께 이분된 해외 취재를 다닌 피디는 아마도 나밖에 없을 거다. 그만큼 예사롭지 않은 상황이었지만 내게는 믿는 구석이 하나 있었다. 바로 교수의 섭외 능력. 교수는 이번 사건을 수사한 현지 경찰, 검사는 물론 가해자 측 변호사도 섭외할 수 있다고 자신했다. 캄보디아는 어지간하면 돈으로 다 해결할 수 있다는 게 자신감의 원천이었다. 출연료 개념으로 적당한 돈을 쥐여주면 누구든 인터뷰할 수 있다고. 그러나 취재가 시작된 첫날, 그 말은 사실이 아니었음이 드러났다. 자신만만한 걸음으로 경찰서에 들어갔던 교수는 출연료라며 서장에게 섣불리 돈을 내밀었다가 호되게 혼쭐이 났

314

고 기해자 즉 빈모사에세노 모기 좋게 퇴짜를 맞았다. 캄보디아는 돈이면 다 되는 곳이 아니었다.

그렇게 또 하루를 날리게 된 그날, 나는 「그알」을 하며 말 그대로 '멘털이 붕괴된다'는 걸 처음 경험했다. 말도 안 통하는 이곳에서, 믿을 사람 한 명 없는 이곳에서 제때 취재를 마치고 돌아갈 수 있긴 한 걸까. 결방될 일은 없을까. 축구 경기라도 끼어들 가능성은? 불방되면 어떡하지. 그냥 캄보디아에 눌러살아야 하나. 멘털이 바스러질 대로 바스러진 나는 그날 밤 한국에 있는 작가에게 전화를 걸었다.

"저 그냥 한국 돌아갈까 봐요."

"아니, 왜요?!"

"답이 없어요. 이거 엎고 다른 거 해요."

캄보디아에 도착한 지 고작 이틀째 되던 날 한국으로 돌아가겠다고 칭얼거렸던 걸 생각하면 그날의 난 그야말로 멘붕 상태였던 게 확실하다. 작가는 한국에서도 다른 코디를 찾아볼 테니 좀만 더 힘내자며 그런 나를 한참 달랬다. 사실 여기서 취재를 중단하고 한국으로 돌아간다 해도 뾰족한 수가 없는 건 맞았다. 지금 내가 할 수 있는 건 주어진 환경 속에서 최선을 다해보는 것. 이미 이틀을 허비했기에 더 이상 물러설 곳도 없었다. 이튿날 나는 버스러진 멘털을 다시금 다잡으며 취재를 숨

가쁘게 재개했다.

　그렇게 캄캄한 상황에서 시작한 캄보디아 취재는 다행히 코디 문제 외에는 큰 시련 없이 진행됐다. 주요 피해자들도 어렵지 않게 만날 수 있었고 영사관의 도움으로 현지 경찰은 물론 현지 교도소에 수감된 가해자를 인터뷰할 기회도 얻었으며, 귀국 전날 밤엔 계획한 모든 업무를 끝내고 조연출과 느긋하게 술 한잔 기울일 여유까지 있었다. 아무것도 정해두지 않고 출발해 더욱 불안했던 해외 취재였지만 현지와 국내에 있는 이들의 적극적인 도움 덕에 가해자가 성폭행 외에 자신의 선교 활동 후원자들에게 현지 아이들 성 접대를 알선한 정황도 새롭게 알아낼 수 있었다.

　정신이 무너져 대책 없이 해외 취재를 나온 스스로를 한없이 탓하다가도 이렇게 생각지도 못한 성과를 거두고 나면 언제 그랬냐는 듯 의기양양해지곤 하는 게 피디인 것 같다. 자백과 자학을 끊임없이 반복하는 일, 그 왕복 운동이 힘들다는 걸 알면서도 끝내 즐길 수 있는 사람. 수명을 갉아먹히는 일인 걸 알면서도 그 가학성을 놓지 못하는 사람. 나는 「그알」을 하며 수없이 자주 자백과 자학을 오갔고 그 과정 탓에 명줄이 얼마간 줄어들었을지언정 피디다움에 좀더 가까워지긴 했을 것이다.

범죄 전문 피디의 가족으로 산다는 것

몸이 힘든 건 순간이지만 마음이 힘든 건 여운이 길다. 사건의 피해자, 유족들을 끊임없이 만나다 보면 감정 소모가 잦고, 또 클 수밖에 없다. 그로 인해 어려움을 토로하는 동료들도 있었고, 그래서 「그알」을 졸업하면 사건과 무관한 프로그램을 기획하거나 「TV 동물농장」과 같이 비교적 가벼운 마음으로 임할 수 있는 프로그램으로 가는 피디들이 많다. 반면에 나는 취재하는 순간에는 피해자 혹은 그 주변인의 감정에 몰입하되, 방송이 끝나면 최대한 그 감정을 멀리 떨어트린 채 내 기존 감정의 결을 회복하려 애썼다. 그래서 꼭 필요한 게 아니면 출연자와의 관계도 방송 이후로 이어나가지 않았다. 매정하게 보일 수 있지만 그게 이 일을 오래할 수 있는 방법이라 생각했다. 일보

다 중요한 건 내 삶과 가족이며, 그게 무너지면

이 일도 계속할 수 없을 테니까.

　같은 이유로 가장 힘들었던 때를 꼽자면 내 일로 인해 일상에 불필요한 변화가 생기고, 가족이 원치 않는 불편함을 겪게 됐을 때다. 타지에서 생활하는 부모님이야 내가 하는 일로 영향받을 일이 없지만 아내는 나와 함께 산다는 이유로 여러 불편을 감수해야 했다. 그중에서도 그 고충을 가장 크게 체감했던 건 강남역 살인사건 방송 직후였다. 당시 나는 방송을 준비하면서부터 이 사건을 여성혐오 범죄로 바라보지 않는 사람들에게 비난받을 각오를 하고 있었는데 예상과 달리 화살이 엉뚱한 곳으로 날아들었다. 현장에서 취재하고 방송에 얼굴까지 내비쳤던 내가 아니라 담당 작가에게 악성 댓글이 쏟아진 것이다. 일부 네티즌은 작가의 신상을 파악해내고는 구글링으로 가족사진까지 찾아내 그와 그의 가족을 향해 차마 입에 담기 힘든 욕설, 비하, 저주를 내뱉었다. 나는 남성이라는 이유로 분노 표출의 대상이 되는 것을 피할 수 있었지만 여성인 작가는 곧바로 타깃이 되어 모르는 이들로부터 부당한 공격을 받은 것이다. 분노한 작가는 악플러들을 고소하기로 했고 나는 사내 법무팀을 통해 법률 지원을 요청했는데 문제는 악플러들이 모두 해외 이메일을 사용한 까닭에 추적이 어렵다는 거였다. 지능적인 놈들이었다.

318

나는 널컥 걱정이 났다. 그늘이 강남역 살인사건 편을 담당한 피디의 아내의 신상을 알아내겠다고 나서면 어떡하지. 우리가 함께 찍은 사진이라도 찾아내면 어떡하지. 나는 그렇게 나 아닌 내 아내가 공격 대상이 될지도 모른다는 불안감에 휩싸였다.

다행히 아내는 내가 「그알」로 발령 난 순간부터 절대로 SNS에 나와 함께 찍은 사진을 올리지 않았다. 카카오톡 프로필에도 마찬가지. 자동차 주차 스티커의 아파트 동·호수도 매번 가렸고 아주 가까운 친구를 제외하고는 남편의 직업을 알리지도 않았다.

초면에 호구조사 하듯 상대에게 무례한 질문을 하던 예전과 달리 요즘엔 서로의 사생활을 존중하는 분위기라 그게 그렇게까지 어려운 일은 아니었을지 몰라도 다들 SNS를 하는 시대니 아내도 꽤 답답하긴 했을 것이다. 하지만 어쨌든 그렇게 아내가 조심한 덕분에 내가 살인사건을 취재하든 여성혐오 문제를 다루든 태극기 집회를 취재하든 우리 일상에 실질적 위협이 되는 일은 없었던 건지도 모른다. 그리고 이 모든 건 아내와 나의 성별이 바뀐 상황이었다면 하지 않아도 될 걱정들이었다.

사실 아내는 그 누구보다도 사회문제에 관심이 많은 사람이다. 특히 여성, 동물 등 사회적 약자나 소수자가 당하는 일에 자기 일처럼 분노하고 적극적으로 목소리를 높이려는 사람이었기에 내가 이런 이슈를 다룰 때마다 언제나 큰 지지와 응원을 보냈다. 사실 한명의 사회 구성원으로서의 응원은 얼마든지 가능하지만 나처럼 실질적인 공격을 받을 수 있는 직업인의 가족으로서는 그러기가 쉽지 않다. 그럼에도 아내는 단 한 번도 내게 그런 민감한 이슈는 다루지 말아달라고 말한 적이 없으며 오히려 적극적으로 조언을 해주기도 했다.

한 성폭력 사건을 취재하던 나는 가해자의 악마화에 집중하기보다는 더 많은 피해자가 나오지 않도록 '성적 동의'에 대한 사회적 인식을 변화시키는 쪽에 초점을 맞추고자 했는데, 그때 아내가 추천해 준 유튜브 영상이 바로 '차 마시기와 동의Tea consent'였다. '성적 자기 결정권'을 함께 차를 마시기 위해서는 상대가 '마시겠다'고 동의하는 과정이 반드시 필요하다는 내용에 빗댄 해외 애니메이션이었는데, 나는 당시 방송에 그 영상을 소개했고 뜻을 함께한 다양한 분야의 영향력 있는 사람들이 재능 기부 형식으로 해당 영상의 한국어판 더빙을 도와주었다.

이처럼 범죄를 다루는 피디의 가족이라고 해서 불안하고 두려운 일만 겪게 되는 건 아니다. 나는 이미 직업인이긴 하지만 가장 가까운 가족으로부터 영향을 꽤 많이, 그리고 자주 받기에 그들과 힘써 세상을 변화시키고 있다는 감각이 들 때마다 무척 뿌듯하다. 그리고 지금 아내는 말한다. 오히려 "깡이 생긴 것 같다"고. 설령 범죄 피해를 입게 되더라도 도움 줄 사람이 언제나 있다는 걸 옆에서 봐 왔기 때문에 두렵지만은 않다고.

「그알」에 온 지 2년 반이 되던 날, 나는 마침내 만기 제대했다. 동료 피디들과 비교하면 그리 긴 시간은 아니다. 그래도 애초에 딱 1년만 해보기로 국장과 약속했던 걸 떠올리면 나로서는 꽤 긴 시간을 보낸 셈이었고, 기대 이상으로 즐겁게 일했으며, 「그알」의 최전성기를 동료들과 함께 보내는 행운도 누렸다. 그렇다고 해서 「그알」을 더 하고 싶은 생각은 추호도 없었다. 애초에 내가 「그알」에 오기로 한 이유는 명료했기 때문에. 내 기획 하기. 「그알」에 있는 시간 동안 충분히 즐겁게 일했고 많이 배웠다. 그것으로 충분하다. 이렇게 여한 없이 「그알」을 떠나며 마지막 인사를 했다. 즐거웠다 「그알」. 다신 보지 말자!

4

방송국에서 아르바이트 하는 사람

「그알」 피디가 힙합을 아느냐

「방과 후 힙합」.

2018년의 무더운 여름밤, SBS에서 방송한 힙합 프로그램의 제목이다. 엠넷의 「쇼미더머니」가 대한민국 힙합 프로그램은 물론 힙합신마저 장악하고 있던 시절, SBS가 '지상파 최초의 힙합 버라이어티'를 내세우며 야심차게 내놓은 프로그램이었다. 그러나 대중의 철저한 무관심 속에서 단 한 차례 방송된 후 사라지고 말았다. 그나마 관심을 가진 이들은 연예부 기자였다. 그들은 궁금해했다. 왜 예능국이 아닌 교양국에서 힙합 프로그램을 만든 건지, 왜 「그알」 출신 피디가 뜬금없이 힙합 버라이어티를 기획한 건지. 하지만 이 책을 여기까지 읽은 독자라면 그 이유를 쉽게 유추할 수 있을 것이다. 나는 피디이기 이전에 래퍼였고, 좋아하는 음악 장르를 소재로 한 프로그램을 늘 만들고자 한 사람이었기 때문이다. 「방과 후 힙합」은 그런 내가 입사 후 처음으로 단독으로 기획, 연출한 파일럿 프로그램이었다.

　조연출 시절부터 누구보다 기획을 갈망했던 나는 저연차 시절 운 좋게 동기들과 함께 「백 투 마이 페이스」라는 파일럿 프로그램 제작 기회를 얻었고, 그 뒤로도 매년 지치지도 않고 페이크 다큐 형식의 시사 프로그램, 프로 레슬링 콘셉트의 토론 쇼, 게스트 하우스 리얼 버라이어티, 폐업 위기 업장을 회생시켜주는 프로그램 등 새로운 기획안을 써냈다. 그중에서도 내가 집착하듯 주기적으로 냈던 것이 힙합 프로그램 기획안이었다. 그때그때 방송가 트렌드에 맞게 제목과 형식은 바꿨지만 어쨌든 핵심은 '힙합'이었다. 결국 「그알」을 전역하던 해에 작성한 2017년 버전의 힙합 프로그램 기획안이 교양국 기획안 공모전에서 당선되어 「백 투 마이 페이스」 이후 약 4년 만에 다시금 새로운 프로그램을 만들게 됐다(후문에 의하면 당선 이유는 그 내용이 특별히 좋아서라기보다 '저렇게나 힙합 프로그램을 하고 싶어 하는데 한번 시켜주자' '그동안 「그알」 열심히 했으니까 기회 한번 주자'와 같은 휴머니즘에 있었다).

지나친 성형으로 불편을 겪는 사람들을 성형 전 모습으로 되돌려주는 역(逆) 메이크 오버 프로그램. 2014년 5월 방송.

　힙합의 진정한 가치를 사람들에

세 날리고 싶었다. 스무 살 때 처음으로 힙합이라는 음악을 접한 뒤 나는 그 장르가 표방하는 문화에 깊이 빠져들었고 그렇게 힙합은 내 삶 전체에 커다란 영향을 주었다.

힙합의 진짜 매력은 음악 그 자체보다도 삶을 대하는 태도, 가치관에 있다고 생각한다. 남의 눈치 안 보고 당당하게, 거짓 없이 말하고 행동하는 '힙합 정신'. 바로 그것을 프로그램에 잘 담아내고 싶었다. 그래서 가장 솔직하고 자유롭게 자기 이야기를 꺼낼 수 있는 10대를 주인공으로 선정했고 그렇게 「방과 후 힙합」이 탄생했다.

「방과 후 힙합」은 기성 래퍼들로 구성된 '힙합 쌤'들이 중학교나 고등학교를 찾아가 10대들을 만나고, 그들의 이야기를 랩으로써 함께 전달하는 형식이었다. 1회당 학교 한 곳을 방문하는 콘셉트였기에 출연자들의 랩 수준을 기대하기 어려운 구조였으나(전국 방방곡곡에서 '나 랩 좀 해요' 하는 이들이 모이는 게 아니다 보니 어쩔 수 없었다) 나는 개의치 않았다. 「방과 후 힙합」은 '힙합 정신'을 보여주는 프로그램이니까. 학생들의 랩 실력보다는 자기 이야기를 눈치 보지 않고 당당하게 전달하는 태도에 방점을 두기로 했으니까. 그래서 기존 힙합 프로그램의 핵심 요소인 경쟁 구도나 디스도 의도적으로 제외했다.

2018년의 나는 바로 이 점이 기존 힙합 프로그

램과 비견되는 「방과 후 힙합」만의 차별화된 강점이라 생각했고, 일단 전파만 타면 힙합 애호가들이 '드디어 대한민국에서 힙합을 제대로 아는 사람이 만든 제대로 된 프로그램이 나왔다'고 극찬해주리라 기대했다. 당시 언론 인터뷰에는 그때의 소신과 확신이 여실히 드러나 있는데, 내용은 대략 이랬다. 도준우 피디는 힙합을 음악의 한 장르일 뿐 아니라 삶의 태도, 개인의 가치관을 아우르는 문화 그 자체라고 생각한다. 도준우 피디는 기존의 힙합 프로그램이 힙합 정신을 제대로 구현하지 못한다고 생각한다. 도준우 피디는 그 정신을 「방과 후 힙합」에 담아내고 싶어한다……. ▍

나는 그렇게 「방과 후 힙합」에 입사 이래 가장 많은 노동 시간과 혼을 갈아넣었다. 그러나 시청자들은 이를 철저히 외면했다. 대중이 힙합을 바라보는 시선, 이해도를 고려하지 않고 내가 주장하고 싶은 메시지만 일방적으로 담아낸 결과였다. 차별화된 강점이라 여겼던 요소들은 결과적으로 약점이었다는 게 확인됐고, 제대로 된 힙합 프로그램이 될 거라는 생각은 나만의 착각이었던 걸로 판명됐다. 좋아하는 게 일이 되면 안 된다는 말도 그때 뼈저리게 이해할 수 있었다.

연휘선, 「'방과 후 힙합' PD의 힙합 정신[인터뷰]」, TV데일리, 2018년 8월 17일 자.

그토록 신심을 다한 프로그램이었기에 좌절감이 컸다. 그러나 제대로 말아먹고 나니 마음 한구석이 후련하기도 했다. 사실 그동안 예능국에서 왔다는 이유로 교양국 선배와 동료들은 내게 거는 기대가 있었다. 왠지 도준우는 좀 더 감각적으로 편집할 것 같고, 좀더 창의적일 것 같고, 기존 교양 피디들과는 다른 프로그램을 만들 것 같다는 막연한 기대(실제로는 크게 기대하지 않았을 수도 있다. 그들이 별생각 없이 내게 툭툭 던진 말을 내가 너무 진지하게 받아들였는지도……). 나 역시 그러고자 하는 욕심이 있었고 스스로에게 거는 기대도 꽤 컸다. 그래서 VCR 프로그램을 제작할 때도 늘 새로운 촬영 기법과 편집적인 장치를 고민하며 남들과 다른 결과물을 만들기 위해 애썼던 거고. 누군가에게 인정받는 일은 기분 좋지만 인정과 기대는 함께 온다는 점, 그리고 그 기대를 충족시키려 애쓰다 보면 부담이 눈덩이처럼 불어나기 마련이라는 점을 그때 확실히 알았다.

단독으로 연출한 첫 프로그램이 처참히 깨진 경험은 '예능에서 사고 치고 온 놈'이 교양국에서 10년 가까이 구르며 겨우 쌓아올린 공든 탑을 한순간에 와르르 무너트린 듯한 좌절감을 안겼지만, 동시에 그동안 어깨에 짊어진 채 내려놓지 못했던 무거운 바윗덩

어리를 비로소 바닥에 떨궈낸 듯한 후련함도 주었다. 나는 교양국에서 자꾸 예능을 하려 하고 「그알」은 절대 안 간다며 도망다닌 말 안 듣는 청개구리 같은 피디였지만, 자세히 들여다보면 주변의 기대에 부응하려고 누구보다 나 자신을 혹독하게 채찍질한 모범생이기도 했던 것 같다.

　남 눈치 안 보고 할 말 하는 힙합 정신에 꽂혔던 이유도 내가 보기와는 달리 남 눈치를 많이 보는 사람이기 때문 아니었을까. 어쩌면 「방과 후 힙합」은 힙합 정신 없는 피디가 세상에 힙합 정신을 주입하려는 모순적인 상황이 낳은 실패한 연출이었는지도 모르겠다. 단 하나 확실한 건 「방과 후 힙합」의 실패 이후 나는 비로소 주변의 기대와 시선에 흔들리지 않고 내 길을 가는, 한층 더 나아간 힙합 정신을 갖추게 됐다는 것이다. 결과적으로 「방과 후 힙합」은 나를 위한 프로그램이었던 셈이다.

유튜브 시켜주세요!

「방과 후 힙합」의 실패는 많은 깨달음을 주었다.

우선 자기 객관화. 내게 존재한다고 믿었던 '예능적 장점'은 교양국 안에서만 살짝 빛났을 뿐, 진짜 '예능 프로그램'을 제작해보니 나는 그저 예능 프로 한번 만들어본 적 없는 평범한 교양 피디일 뿐이었다. 내가 교양 프로그램을 제작하며 쌓은 경험은 사회면 기사를 보며 적절한 방송 소재를 찾는, 형사들에게 사건의 주요 정보를 캐내는, 인터뷰 거부하는 취재원을 설득해내는, 숨어 있는 가해자를 쫓아가 질문을 던지는 일 등이었다. 이것들이 내 경력이자 장기일 수 있지만 동시에 내 한계 아닌가 하는 생각도 들었다.

「방과 후 힙합」은 경쟁과 디스 등 갈등에 따른 서스펜스를 자아내는 예능적 요소를 의도적으로 소거한 '착한' 프로그램이었다. 다년간 교양 프로그램을 제작하며 형성된 가치관과 몸에 밴 연출 방식이 제작 과정에 반영되었을 테고, 그 결과 「방과 후 힙합」은 이도 저도 아닌 어중간한 프로그램이 되고 말았다. 그렇다면 나는 앞으로 어디에서 무엇을 만들어야 할까. 입사 후 10년 만에 처음으로 길을 잃은 느낌이었다. 나는 예능 피디의 DNA를 지녔지만 교양 피디의 경력만 주야장천 쌓아버린 비운의 예능 피디인 걸까, 아니면 교양 피디의 DNA를 지녔지만 스스로 예능 피디라고 착각하며 살아온 멍청한 교양 피디인 걸까.

예능과 교양의 벽이 허물어지고 장르의 구분에 큰 의미가 없어진 현재 이런 고민은 다소 시대착오적으로 보이지만 당시의 내겐 절체절명의 문제였다. 피디로서 어떤 소양과 자질을 지녔는지, 어떤 부분이 부족하고 뛰어난지를 냉정하게 분석한 뒤 내가 잘할 수 있는 길 위에 다시 서고 싶었다. 마치 다채한 인간의 성격을 열여섯 가지로 단순하게 유형화해버리는 MBTI처럼 내 정체성을 무 자르듯 쉽고 간편하게 한 가지로 정의하고 싶었는지도 모른다. 그렇게 명확한 정체성을 원하면서도 정체화에 어려움을 겪으며 갈피를 못 잡던 나에게도 다음 행선지를 결정해야 하는 시간이 다가오고 있었다.

교양 피디가 된 뒤 예능형 교양 프로그램,   332

속 쇼양을 만들고 싶다는 꿈을 늘 지녀왔지만 한번 실패한 자에게 같은 기회가 주어질 리 없었다. 기획을 하고 싶어하는 피디는 많은데 새 프로그램이 끼어들 자리는 한정돼 있고 기존 프로그램의 유지와 보수에 필요한 피디는 늘 부족했기 때문이다. 그래서 시장 원리에 따라 기획의 기회는 피디들에게 그야말로 깜짝 선물처럼 주어졌고, 자신이 기획한 파일럿 프로그램이 정규 편성으로 이어지지 못하면 다시 유지와 보수 작업에 투입되는 게 일반적이었다. 피디의 꽃은 기획이지만, 조직이 모든 인원의 개화를 적극적으로 응원하고 지지할 인력 및 시스템을 갖추고 있는 경우는 흔치 않았다.

그럼에도 새로운 도전을 좋아하는 내가 한곳에서 오래 일할 수 있었던 것은 방송국 피디라는 직군의 특성 덕이다. 피디라는 일이 그렇다. 프로그램을 옮길 때마다 이직하는 기분이 든달까. 새로운 팀에 가면 새로운 사람들과 호흡을 맞추고 새로운 제작 시스템을 익혀야 했다. 특히 조연출들은 다양한 프로그램을 경험해야 하기에 이제 좀 팀에 익숙해졌다 싶을 때 새로운 팀으로 발령이 났는데, 환경의 변화를 즐기고 호기심도 많은 나는 가동성이 곧 체질인 방송국 시스템이 싫지만은 않았다. 오히려 나는

제작 과정이 몸에 익으면 편안함보다는 지루

함을 더 크게 느끼는 편이었고 그럴 때면 선배들에게 새로운 팀으로 보내달라고 먼저 나서서 졸랐다. 이렇게 보면 천성이 딱 피디인 건데 그럼에도 SBS 교양국이 지닌 태생적 한계에 따른 고민은 있었다. 시피, 국장 등 보직자를 제외한 평피디 50여 명으로 꾸릴 수 있는 교양 프로그램의 수는 이미 정해져 있었고, 새로운 정규 프로그램이 탄생하는 일도 흔치 않다 보니 교양 피디 생활을 몇 년쯤 하면 대부분의 프로를 이미 거친 상태가 될 수밖에 없다.

나는 딱 10년 차 피디가 된 시점에 파일럿 프로그램의 실패로 다시 정규 프로그램으로 돌아가야 하는 상황에 맞닥뜨렸는데, 당시의 내게 호기심이나 도전 욕구를 불러일으키는 팀은 더 이상 남아 있지 않았다. 교양국에 온 뒤 처음으로 이곳에서 하고 싶은 게 없다는 생각이 들었다. 「방과 후 힙합」이 끝나고 나를 따로 불러 몇 가지 보기를 제시하며 어느 프로그램에 가고 싶냐고 묻는 본부장의 말에 나는 이렇게 대답했다. "유튜브 팀 가고 싶습니다." 나는 여전히 도전하기를 원했다.

「방과 후 힙합」을 제작하는 과정에서 내 한계점에 부딪혔고 이상과 현실의 괴리를 느꼈으며 잠시 길을 잃었던 것도 사실이지만 그럼에도 여전히 새로운 뭔가를 만들고 싶다는 열망만큼은 그대로였다. 334

열정이 다한 게 아니라 정말로 갈 만한 프로그램이 없는 상황이었다. 교양국 안에서 길이 보이지 않아 방황하던 그때, 시간을 거슬러 올라가 내가 피디를 하고 싶어했던 이유를 다시 더듬어보았다. 애초에는 TV 보는 걸 좋아한 내가 있었다. 그런데 지금의 나는 방송을 만드는 직업을 가졌음에도 챙겨 보는 프로그램이 거의 없었다. 거실 TV로는 주로 넷플릭스를 시청했고, 여가 시간은 유튜브가 독차지하고 있었다. 이렇듯 시청 패턴을 들여다보니 '내가 꼭 방송에 매달릴 필요는 없지 않을까'에까지 생각이 미쳤고 그러자 저 멀리서 새로운 길이 어렴풋이 열리는 듯했다. 마침 보도국과 예능국에는 유튜브 콘텐츠 제작팀이 만들어진 상태였고 〈스브스뉴스〉〈비디오머그〉 등 주요 채널들이 인지도를 쌓아 올리고 있었다.

당시 교양국에 유튜브 팀이 없었던 게 도전에 걸림돌이 됐다. 유튜브 콘텐츠를 만들려면 교양국이 아닌 타 부서로 이동해야 했기 때문이다. 나 같은 일개 사원에게는 부서 이동 여부가 그다지 중요한 사항은 아니었지만 부서장들 입장은 다른 모양이었다. 본부장은 곧 교양국에도 유튜브 팀을 만들 계획이니 그전까지만 기존 프로그램을 하며 기다려달라고 했고 그런 그의 입장을 받아들여 협상은 극적으로 타결됐다. 결국 나는 「SBS 스페셜」팀에서 비혼, 미니멀리즘 다큐멘터리 두 편을 제작하고 6개월 뒤 교양국 소속의 유튜브 팀인 '교양D스튜디오'로 이동했다.

10년간 방송만 만들던 내가 유튜브라는 새로운 길을 선택한 데에는 다양한 이유가 있었다. 우선 기획할 기회가 방송보다 더 자주 있었다. 콘텐츠 제작 규모나 파급력은 방송에 비해 떨어지지만 그만큼 더 자유롭고 다양한 기획을 해볼 수 있으리라 기대했다. 오랜 기간「그알」「궁금한 이야기 Y」등 무거운 주제를 다루는 프로그램을 제작하며 생긴 내 연출적 한계를 깨고 좀더 가벼운 콘텐츠를 만들어보고 싶다는 마음도 있었다(이때까지만 해도 교양국에서 쌓은 경험을 장점으로 보지 못하고 내 한계를 규정짓는 단점으로만 여겼다).

나의 이런 홀가분한 기대를 비웃기라도 하듯 정작 교양D에서 날 기다리고 있었던 건…… 또다시「그알」이었다. 얼마 전 다신 보지 말자며 작별 인사를 고했던 바로 그「그알」말이다. 어떻게 된 일인가 하니, 교양D가 만들어지기 직전 '버닝썬 게이트'가 터졌고 이 사태를 다룬「그알」방송이 높은 시청률을 기록했는데 이때「그알」팀에서 자체적으로 유튜브 채널을 만들어 영

현재는 '제작D스튜디오'로 부서명이 바뀌었다. 사내에서는 '교양D'로 줄여서 부른다.

상 세 개를 올렸다고 했다. 그렇다면 「그알」팀에서 계속해서 채널 관리를 하면 될 터였지만 그럴 여력까진 또 없어서 그 채널은 떨렁 영상 세 개만 품은 채 한 달이 넘도록 방치되고 있었다. 교양D 담당 시피는 내게 새로운 유튜브 채널을 만드는 것보다 「그알」채널을 정상화하는 게 우선이라며 그걸 맡아달라고 부탁했다. 그는 전혀 내키지 않는 표정을 짓고 있었을 내게 채널이 알아서 굴러가게끔 딱 6개월만 맡아주면 그다음엔 다시 본방 팀에 넘기겠노라 약속했다. 나는 딱 6개월이라는 기한을 재차 확인받은 뒤 그러겠노라며 그의 제안을 받아들였다.

왜 또……

「그알」채널을 맡는 게 내키지 않았던 이유는 단순했다. 기획도 좀더 다양하게 해보고, 발랄한 콘텐츠도 만들어보고 싶어 유튜브 팀에 자원한 내게 마치 골탕이라도 먹이려는 듯 대한민국에서 가장 무겁다면 무거울 수 있는 시사 프로그램의 채널을 맡으라고 한 거니까. 게다가 플랫폼이 유튜브라 한들 본원이 「그알」인 이상 얼마나 새롭고 다양한 기획을 할 수 있겠느냐는 의구심과 회의감도 들었다. 물론 주어진 시간 동안 민망하지 않을 만큼만 채널을 굴리다가 본방 팀에 넘기는 방법도 있었지만 그렇게 쉽게 가기엔 2년하고도 반년간 몸담으며 「그알」과 쌓은 애정이 너무 컸다. 그래, 옛정을 생각해서라도 채널을 제대로 만들어놓고 넘기자. 이때까지만 해도 정말 딱 6개월 바짝 고생한 뒤 채널을 주인에게 되돌려줄 심산이었다.

가장 먼저 고민한 건 채널 브랜딩이었다. 기존 「그것이 알고싶다」의 이미지는 무겁고 진지하다지만 유튜브 세상에서의 「그알」은 좀 더 친근한 이미지였으면 했다. 각 잡고 집중해서 보는 방송과 달리 유튜브는 언제 어디서든 막 접속할 수 있는 가벼운 플랫폼이기에 누구나 거부감 없이 와서 볼 수 있게 하려면 방송보다 더 다정할 필요가 있어서였다. 그래서 채널 로고를 정하는 데만도 시간이 꽤 걸렸다. 대중에게 익숙한 본방 로고를 그대로 사용하는 게 가장 안전한 방법이었지만, 그건 단순히 로고를 계승하는 것 이상으로 「그알」의 기존 이미지까지 그대로 가져오는 행위로 여겨졌다. 그래서 기존 로고에서 다른 글자는 과감히 날리고 '그'와 '알'만 남겨 유튜브 채널만의 로고를 만들었다. 「그알」은 예나 지금이나 '그알'이 아니었나 생각할 수 있지만 당시만 해도 「그것이 알고싶다」를 '그알'로 줄여 부르는 건 일반적이지 않았다. 교양국 내에서 통용되는 줄임말이 있었지만 그건 '그것이'였다. 지난주 '그것이' 봤어? 너곧 '그것이' 간다며? 일부 네티즌이 '그알'이라는 용어를 사용하긴 했지만 어감이 다소 장난스러워('알'이 너무 '알'이었다……) 겉도는 느낌이었기에 「그알」은 대체로 '그것이'였다. 어감이 장난스럽고 친숙하다는 말은 유튜브에는 오히려 잘 맞을 수 있다는 뜻이었다. 나는 '그알'이 「그알」의 정체성은 잃지 않으면서도 구독자들에게 더 친숙한 느낌을 줄 수 있으리라고 확신했다 (지금은 교양국 내에서도 「그것이 알고싶다」를 '그알'로 부르며 그렇게 '그것이'는 사어가 되었다).

운영 초반 콘텐츠 제작에 있어 나만의 원칙이 있었다. 친근하되 가볍진 않을 것. 지상파 정규 방송의 무게에서 벗어나 내용과 형식 면에서 비교적 자유로울 수 있는 유튜브를 통해 사람들에게 「그알」이 전하고 싶은 이야기를 하되 절대 가벼운 이미지로 소비되면 안 됐다. 무엇보다 오랜 세월 「그알」이 쌓아온 긍정적 이미지를 훼손해선 안 됐다. 단기간에 구독자수를 늘리고 조회수를 뽑아내기 위해 욕심을 부리다가 「그알」이 욕먹는 일이 생긴다면 유튜브 채널은 없느니만 못한 존재가 될 거라 생각했다. 실제로 교양D가 만들어지기 전에 올라갔던 영상들이 댓글 창에서 뭇매를 맞았는데, 〈버닝썬 게이트〉 편의 취재 뒷이야기를 가벼운 톤으로 풀어내서였다. 엄연히 다수의 피해자가 존재하는 사건을 다루는 태도가 적절하지 못했음을 시청자들이 질책한 것이었다. '「그알」의 공식 유튜브'라는 특이성을 진지하게 고민해볼 새도 없이 '재미' '흥미' '편안함' 등 유튜브 문법에만 충실했던 초심자의 시행착오로 볼 수 있었지만 당장 채널을 운영해야 하는 내 입장에서는 그런 반응 하나하나가 다 공포로 다가왔다. 내가 선무당이 되어 과욕을 부리거나 오판을 하면 「그알」 전체가 욕먹을 수 있겠다. 정신 똑띠 차리자.

채널을 맡은 초반에는 방송본 요약, 담당 피디의 취재 비하인드, 범죄 전문가와의 사건 분석 정도의 비교적 안전한(?) 콘텐츠를 주로 제작했다. 모두 「그알」의 본래 성격에 충실한, 웃음기 쫙 뺀 진지한 콘텐츠였다. 이런 제작 방향은 채널의 안정적인 운영에는 적합했지만 대중에게 친근하게 다가가려던 애초의 계획과는 거리가 있었다. 나는 조금씩 구독자들과 친근하게 잘 지내는 유튜버들을 공부하며 그들의 방식을 흉내 내보기 시작했다. 김상중 엠시와 함께 실버 버튼 언박싱도 하고 「그알」 엠디를 기획해 이벤트도 하고 구독자 애칭도 만들었다('그앓이'로, '그알을 앓고 있는 사람들'이라는 뜻이며 앓는 정도가 심한 사람은 '찐그앓이'라 부른다).

구독자들의 반응은 기대 이상이었다. 그들은 기다렸다는 듯 이벤트에 적극 참여했고 여태껏 보지 못했던 「그알」의 새로운 소통 방식을 기꺼이 즐겨주었다. 그앓이들도 웃고 즐길 줄 아는 사람들인데 그동안의 나는 그들의 진지하고 날카로운 면에만 촉각을 곤두세우고 있었던 것이다. 「그알」과 더 친해지기를 바랐던

341

그앓이들은 어쩐지 인격이 느껴지는「그알」채널을 반갑게 맞아주었다. 이런 과정을 거치며 나의 제작 원칙도 바뀌었는데, '친근하되 가볍진 않을 것'에서 '뭐든 하되 불편하진 않을 것'이 된 것이다. 가벼운 얘기도 하고 웃고 떠들 수 있지만, 그것이 보고 있는 누군가에게 불편함을 줘선 안 된다는 것. 뒤집어 말하면 누군가에게 불편함을 야기하는 내용이 아니라면 뭐든 해봐도 좋다는 것. 이처럼 단순한 생각의 변화는 당시에는 누구도 생각하지 못했을「그알」채널의 무한 확장을 불러온다.

「그알저알」이 그 시작이었다.

채널 오픈 후 1년쯤 지난 2020년 여름에 첫 영상이 올라간「그알저알」은 내가 직접 진행하는 토크 콘텐츠로 본방에서 활약하는 전문가, 형사, 제작진과 함께 대담을 진행하는「그알」채널의 대표 콘텐츠다. '그것도 알고 싶고 저것도 알고 싶다'를 줄여서 만든 제목으로, 무거운 범죄나 사건 이야기 외에 범죄 전문가, 제작진들의 사사롭고 가벼운 이야기도 들어본다는 의미를 담았다.「그알」세계관에서 가벼운 이야기를 본격적으로, 또 대놓고 나누는 최초의 콘텐츠였기에 첫 화 영상 초반에 "저희가 농담을 나눌 수도 있고 웃을 수도 있는데 그러더라도 양해를 해주시면 좋을 것 같습니다"라며 구독자들에게 미리 알렸다. 그 정도로 매우 조심스러웠다.

　내가 직접 진행을 맡은 이유도 비슷했다. 누군가에게 그 역할을 맡기는 게 매우 조심스러웠다. 범죄, 사회 이슈에 대한 이해도가 어느 정도 있으면서 사건을 다루는 태도가 보는 이들로 하여금 불편함을 느끼지 않게 할 정도의 감수성을 갖춰야 했다. 그렇다고 딱딱한 진행이 보고 싶은 것도 아니었다. 진중한 김상중 진행자보다는 친근한 느낌을 주는 동시에 그얾이들이 거부감을 느끼지 않을 만한 누군가가 필요했다. 사내 아나운서부터 「그알」을 좋아한다는 연예인까지 두루 고려해봤지만 이것저것 따지다 보니 마땅한 사람이 없었다. 그렇다면 프로그램 진행 경험은 없어도 프로그램 회식 진행 경험은 다수 있는 내가 일단 맡아서 해보자는 생각이 들었다. 그때만 해도 내가 이렇게나 오래 출연하게 될 줄은 몰랐다. (이럴 줄 알았으면 출연료를 받을걸 그랬다.)

　한 걸음 한 걸음 조심스럽게 내디딘 콘텐츠였다. 다행히 반응은 긍정적이었다. 구독자 대부분이 응원과 지지를 보내며 힘을 실어줬고 나도 제작을 거듭하며 깨닫는 바가 있었다. 진지해야 할 때 진지하고, 화날 때 화내고, 웃길 때 웃으면 된다는 것. 지극히 당연한 사실이지만 이걸 깨닫고 나니 이전보다 훨씬 더 적극적으로 콘텐츠를 만들 수 있었다. 「그알저알」을 통해 얻은 깨달음과 자신감을 토대로 「그알 마피아」「스모킹권」「지선씨네마인드」 등 「그알」 유튜브 오리지널 시리즈¹를 차례대로 기획, 제작했다.

「그알 마피아」는 권일용 전 프로파일러, 박지선 범죄심리학 교수 등 국내 최고의 범죄 전문가들과 함께 마피아 게임을 하는 콘텐츠로, '범죄 전문가들은 마피아 게임도 잘할까?'라는 단순한 궁금증에서 출발했다. 많은 이의 호기심을 불러일으킨 덕에 범죄 전문가와 「그알」 피디들이 맞붙은 제1회 「그알 마피아」 영상은 400만 회에 가까운 조회수를 기록하는 등 폭발적인 반응을 얻었다. 사람들은 범죄심리학자가 펼치는 수준 높은 마피아 게임에 열광했고, 1000명이 넘는 범죄자를 면담한 베테랑 프로파일러도 마피아 검거에는 소질이 없다는 반전에 즐거워했다.

「스모킹권」은 그앓이들과 함께 국내 1호 프로파일러 권일용 교수가 현역 시절 수사에 참여한 사건에서 범인을 특정할 결정적 증거, 즉 스모킹건을 찾아내는 콘텐츠다. '스모킹건'과 '권일용'을 합성해 제목이 만들어졌는데, 그 순간 팀원 모두가 벌떡 일어나 소리 질렀던 기억이 생생하다. 지금

그알 본방과 관계없이 유튜브 팀에서 자체적으로 제작하는 콘텐츠로 범죄, 사회 문제, 심리 등 여러 주제를 다양한 방식으로 다룬다.

생각해도 아주 탁월한 작명이었다. 「스모킹권」은 범인 추적과 사건 해결 방식에 관심 많은 그알이들의 취향을 저격하며 시즌2까지 제작됐고 누적 조회수가 약 3000만 회에 이를 정도로 많은 사랑을 받고 있다.

「지선씨네마인드」는 박지선 교수와 함께 범죄심리학자의 시선으로 영화를 분석하는 콘텐츠다. 최초에 제작한 유튜브 시리즈가 큰 인기를 얻으며 TV 프로그램으로 편성되었고, 현재 시즌2까지 방송된 상태다. 유튜브에서는 「추격자」「올드보이」 등 범죄 영화를 위주로 분석했고, 방송에서는 「굿 윌 헌팅」「위플래쉬」「이터널 선샤인」 등으로까지 장르를 확장해 별별 인간관계를 통해 드러나는 등장인물들의 심리를 분석했다. SBS에서 유튜브 콘텐츠가 방송으로 정규 편성된 최초이자 현재까지 유일한 사례다.

어느덧 5주년을 맞은 지금의 「그알」 채널은 「그알 비하인드」「그알 외전」과 같은 본방의 스핀오프 콘텐츠는 물론 앞서 소개한 정통 범죄 추리 콘텐츠, 예능형 콘텐츠, 영화 분석 콘텐츠 등 다양한 장르를 포섭해가며 세계관을 확장하고 있다. 운영 초기를 떠올리면 뿌듯하기 그지없다. 일방통행 1차로를 달리다 왕복 8차로를 달리는 느낌이랄까.

구독자들의 피드백에 귀 기울이고 소통하며

일궈낸 결과다.

어쩌다 보니 6개월만 맡기로 했던 채널을 5년 넘게 하고 있다. 한 프로그램을 1년 만에 싫증 냈던 과거를 생각하면 신기한 일이다. 이토록 오랜 기간 한 팀에서 일할 수 있는 원동력은 끊임없이 새로운 일을 벌이는 이 팀의 특성에서 나온다. 방송 팀에서는 새로운 기획에 많은 시간과 인력, 제작비, 사공(?)이 개입되지만 유튜브 팀은 그렇지 않다. 더 적은 시간, 인력, 비용으로 새 콘텐츠를 만들어볼 수 있고 무엇보다 사공의 수가 적다. 그때그때 떠오르는 아이디어를 이리저리 재지 않고 비교적 즉각 현실화해볼 수 있기에 틀에 갇히지 않은 시도들이 가능하다. 「그알」 채널이 지금의 다양성과 확장성을 가질 수 있었던 이유도 여기에 있다.

유튜브는 6년 전 내가 피디로서의 정체성에 혼란을 느끼던 시기에 돌파구로 택한 (남들이 보기에는 다소) 무모한 선택지였다. 그러나 내 피디 인생 최고의 난제였던 '예능 프로그램을 만들고 싶은 교양 피디'의 정체성이 이 팀에서 어느 정도 확립된 것도 같다. 모순적이게도 내가 그토록 피하고 거부하며 도망치고자 했던 「그알」 팀에서 말이다. 거기에다 어쩌다 보니 진행자 역할까지 맡았으니 학창 시절 잠깐이나마 꿈꿨던 코미디언의 꿈도 10분의 1 정도는 이룬 것 아닐까?

346

범죄와 예능 사이

내가 유튜브 팀에 있는 사이 플랫폼을 막론하고 범죄를 다루는 프로그램이 급격히 늘었다. SBS에서만 2020년, 2021년에 각각 「꼬리에 꼬리를 무는 그날 이야기」와 「당신이 혹하는 사이」라는 새로운 프로그램이 론칭됐다. 「꼬꼬무」는 세 명의 출연자가 각각 마주 앉은 친구에게 이야기를 들려주는 형식인데 한국 근현대사를 중심으로 국내에서 벌어진 사건, 사고를 대화의 소재로 삼는다. 「당혹사」는 대여섯 명의 출연자가 원탁에 둘러앉아 각종 미스터리, 음모론을 공유하고 그 실체를 들여다보는 프로그램으로 유에프오, 초능력자, 시간 여행자 등 전통적인 미스터리부터 존 F. 케네디 암살 사건, 장국영 사망 사건, 브리트니 머피 의문사 등 전 세계 유명인들의 죽음까지 다양한 주제를 다뤘다.

두 프로그램은 '범죄 사건을 연예인이 이야기한다' 는 형식 외에 단 한 번도 소재가 겹친 적이 없건만 놀랍게 도 이 둘을 헷갈려하거나 심지어 같은 프로그램으로 알고 있는 이들이 꽤 된다. 나는 그 이유를 유튜브 조회수로 유추해본 적이 있는데, 두 프로그램의 유튜브 요약본 영상을 인기순으로 정렬해보면 「꼬꼬무」는 〈최악의 살인사건 모음〉(759만 회), 〈정남규 연쇄살인사건〉(703만 회), 〈형 제복지원 사건〉(695만 회) 순이었고, 「당혹사」는 압도적 1위를 차지한 〈개구리 소년 실종사건〉(978만 회) 뒤로 〈강 력반 형사 의문사〉(349만 회), 〈김정남 암살 사건〉(286만 회), 〈남해고속도로 실종 사건〉(269만 회) 등이 상위권에 있었다. 여기서 인상적인 건 「꼬꼬무」든 「당혹사」든 인기 있는 영상이 모두 강력 범죄와 관련되어 있다는 점이었다. 다른 주제에 비해 범죄에 쏠리는 대중의 관심이 우리가 생각하는 것 이상으로 크다는 것을 다시 한번 절감했다.

대중이 지금 뭘 좋아하는지에 촉각을 곤두세우고 있는 방송쟁이들이 이 사실을 놓칠 리 없었다. 어느 순간부터 모든 방송사와 유튜브에서 마치 짠 듯 범죄 프로그램을 내놓기 시작했다. 물론 오래 전부터 타 방송사에서 「그알」 「Y」와 유사한 프로그램을 내놓긴 했지만 최근 에는 그 수가 이전과 비교할 수 없을 만큼 붙어

났다. 지상파, 종편 채널, 케이블은 물론 OTT에도 범죄 콘텐츠가 넘쳐난다. 이렇듯 비슷한 프로가 워낙 많이 나오다 보니 소재와 내용에서 차별점을 찾기 어려워졌고 서로 다른 프로그램이 같은 사건을 반복해 다루는 일은 더 빈번해졌다.

「그알」 본방을 연출하던 시절, 나를 가장 괴롭혔던 것은 취재나 편집이 아니라 방송 소재를 찾는 거였다. 제보를 받거나 내가 직접 발제하지 않을 때는 기존 미디어를 통해 알려진 사건을 다뤘는데 이 경우가 특히 까다로웠다. 앞에서도 말했듯이 '무언가 새로운 것'이 꼭 필요했기 때문이다. 사실 새로운 것은 그 자체로 목적이 아니며 목적을 달성해줄 수단이다. 새로운 것을 통해 우리가 추구한 것은 다음과 같았다. 진실 규명, 정의 구현, 소외된 이슈 조명, 억울한 피해자 구제, 범죄에 대한 경각심 고취, 사안에 대한 새로운 이해, 그로 인한 사회 인식 개선, 범죄 예방…… 궁극적으로 「그알」의 목적이란 결국 공익성에 있는데, 우리는 스스로 발굴해낸 새로운 시각과 거기서 길어올린 통찰, 실마리로 그 공익성을 추구하고자 했다. 그래서 「그알」에서는 이미 알려져 있는 사건이라면 재공론화할 뚜렷한 이유가 있거나 사건의 새로운 의미를 발견했을 때에만 취재를 시작했다. 이는 「그알」 제작진이 특출난 사명감, 정의감을 갖고 있어서가 아니었다. 범죄를 다루는 행위에 대한 최소한의 명분, 피해자에 대한 최소한의 예의를 끊임없이 의식해서였다. 나는 이처럼 제작자가 자신이 다루는 소재의 엄중함을 계속 되새기는 일이 범죄 프로를 제작하는 모든 이에게 부과된 업이라고 생각한다.

이러한 의식 없이 기존 사건을 재탕 삼탕하며 그저 사건의 자극적인 면만 확대, 강조하는 프로그램을 볼 때면 무섭다는 생각마저 든다. 내 뇌리에 줄곧 도사리고 있는 불온함에 대한 공포와 정면으로 마주한 기분이 들어서다(이때의 불온함이란 범죄 사건을 콘텐츠화하는 일에 대한 책임감과 죄책감, 그 필요성에 대한 근원적인 의구심에 기인한다). 그 공포는 다른 누군가가 내가 만든 방송을 보며 나 스스로가 결단코 피하고자 애쓰는 어떤 '가벼움'을 느낄 수 있다는 데서 온다. 타인의 고통으로 장사하는 괴물이 되고 싶지 않은 나는 그래서 언제나 명분에 집중한다. 유튜브 콘텐츠에 어떻게든 작은 명분이라도 담아내려고 노력하는 이유다.

수신인과 발신인 사이에는 오해와 왜곡의 여지가 있을 수밖에 없고 그렇기에 내 메시지가 의도대로만 전달되는 것은 사실 기적이나 다름없다.

그렇기에 더더욱 범죄를 다루는 피디는 지금 자기가 하는 일에 부끄러움이 없어야 한다. 지금 내가 하고 있는 취재가 그저 주어진 편성 시간을 채우기 위한 것이라고, 높은 시청률이나 조회수를 내기 위한 것이라고 느껴진다면 방향을 잘못 설정한 것이다.

「그알」 본방과 유튜브, 그리고 「궁금한 이야기 Y」까지 도합 10년간 범죄 콘텐츠를 만들며 느끼는 게 있다. 사건과 그 메시지를 더 많은 이에게 전달하기 위해서는 딱딱한 방식보단 흥미를 좀 가미한, 누긋한 방식이 더 좋다는 것. 「그알」이 더 쉽고 빠른 이해와 몰입을 위해 스토리텔링 방식으로 사건을 전달하는 이유다. 야심차게 준비한 메시지가 아무에게도 닿지 않는 것만큼 쓸쓸한 일은 없기 때문이다.

문제는 흥미라는 녀석이 수단 아닌 목적으로 앞설 때 생긴다. 시청률, 조회수 등 한눈에 보이는 성과 지표는 연출자로 하여금 그것들을 끌어올리는 갖은 방식을 고민하게 만들고 그 고민이 길을 잘못 찾아들면 흥미가 그 자체로 추구해야 할 목적이 되는데, 더 큰 문제는 내가 그저 감정의 동요만을 목표로 삼는지, 연출 의도를 위해 그 동요를 활용하는지를 연출자 스스로도 인지하기 쉽지 않다는 데 있다.

최근에 한 범죄 프로그램의 홍보 기사를 보고 깜짝 놀란 적이 있다. 직업이 직업인지라 새로운 범죄 프로가 나오면 꼭 출연자 구성, 진행 방식, 오프닝과 엔딩에서 던지는 메시지 등을 살피고 내 나름대로 진정성을 가늠해보곤 하는데 그 프로그램은 제목만 보고 모니터링을 포기했다. 정확히는 시청할 필요가 없다고 판단했다. 범죄자를 대놓고 악마화하는 표현을 제목으로 내세운 프로였다.

　　2020년, 텔레그램 n번방 사건의 주범 조주빈의 신상이 공개된 후 취재진 앞에 선 그는 고개를 빳빳이 들고 "악마의 삶을 멈춰주신 데에 감사드린다"는 황당한 말을 한다. 성착취물을 제작하고 유포한 추악한 성범죄자의 입에서 나온, 자신에게 어떤 '지위'를 부여하는 그 뻔뻔한 발언에 사람들은 경악을 금치 못했고, 동시에 범죄자를 '악마'로 지칭하는 관행이 사라져야 한다는 목소리도 커졌다. 그 뒤로 언론은 물론 범죄 프로들도 해당 표현을 자제하려는 자정의 노력을 했는데 불과 2년 뒤에 제목에서 대놓고 악마를 말하는 프로그램이 론칭된 것이다. 여기에 더해 범죄자의 성별을 강조하는 제목을 단 범죄 프로가 나와 나는 또 한 번 놀랐다. 이제는 어느 정도 자리 잡은 줄 알았던 사회적 합의를 과거로 되돌리는 결정들을 마주할 때마다 드는 무력감과 회의감은 매번 새롭게 무겁다.

작년에는 이런 일도 있었다. 「그알」에서 다뤘던 실종 사건을 심리 전문가와 함께 진술 분석 위주로 살펴보는 유튜브 콘텐츠를 준비하고 있었는데, 담당 피디가 근심 가득한 표정으로 다가와서는 "실종자 부모님께서 유튜브에 대한 거부감이 너무 심해 콘텐츠 제작이 어려울 것 같다"고 했다. 자세한 이유를 들어보니 본방에서 해당 사건을 다룬 뒤, 한 유튜브 채널이 샤머니즘적 방식으로 실종된 아들을 찾는 영상을 올렸는데 그 방식과 내용이 너무나 기이하고 황당해서 부모님이 충격을 받으셨다는 거다. 그전에는 실종된 아들을 찾는 데 도움이 되는 일이라면 매체를 가리지 않고 협조했지만 그 일을 계기로 입장이 바뀌었다고 했다. 특히 '유튜브'라면 결사반대한다는 것. 실종자 부모님께 우리 채널에서 사건을 재조명하려는 이유와 목적을 충분히 설명한 뒤 제작을 마무리할 수 있었지만, 그것과 별개로 흥미가 목적이 되어버린 범죄 콘텐츠가 얼마나 실체적으로 유해한지를 새삼 깨달은 무서운 경험이었다. 정당성을 잃어버린 범죄 콘텐츠는 피해자에게 또 한 번의 상처를 남기는 추가 범죄와도 같다. 피해자에 대한 예의를 갖추고 프로그램을 본연의 목적에 부합시키겠다는 각오로 제작에 임하는 것. 이것이 내가 생각하는 연출자가 갖춰야 할 기본 태도다. 흥미만을 추구하게 된 범죄 프로는 그저 '진지함을 표방만 하는 예능'이 된다. 다큐가 예능이 되고 예능이 다큐가 될 수는 있지만 탐사 보도 프로그램은 어떤 경우든 예능이 될 수 없다.

'범죄의 예능화'에 대한 고민이 본격적으로 시작된 건 유튜브 팀을 맡으면서다. 우리가 만드는 콘텐츠에는 웃음도 있고, 농담도 있지만 그래도 꼭 지키려는 기준이 있는데, 사건을 통해 말하고 싶은 메시지를 우리 스스로 소화한 뒤, 그걸 꼭 짧게나마 영상에서 보여주자는 거다. 이는 20분 내내 웃고 떠들다가 마지막에 부랴부랴 피해자를 기리거나 경각심을 고취하는 문구를 내보내는 식의 기계적인 제작 공식을 따른다는 뜻이 아니다. 타당한 기획 의도가 바탕에 깔리고 사람들의 관심을 불러일으키는 흥미 요소가 상식선에서 활용되었다는 전제하에 마지막으로 한 번 더 우리의 기획 의도를 상기시키고자 한다는 뜻이다. 교양 피디라면 누구나 알고 있을 기본기와도 같은 방법이지만 오히려 그렇기에 쉽게 간과되기도 하는 그것을 우리는 매번 실행에 옮기려고 애쓴다.

기본기에 가장 충실하고자 했던 시리즈는 「스모킹건」이었다. 사건을 시간순으로 되짚으며 프로파일러의 분석이 빛을 발할 몇몇 결정적 구간에서 권일용 교수가 구독자들에게 질문을 던지고 그에 대한 답을 그가 다시 들려주는 방식으로 콘텐츠를 구성했다. 특히 질문에 "실종 사건 발생 시 가장 먼저 확인해볼 것은?" "방화의 계획 여부가 중요한 이유는?"과 같이 보는 이도 함께 고민해볼 만한 지점이나 실제 범행이 일어났을 때 이행할 수 있는 사항이 담길 수 있도록 신경 썼다. 실시간으로 상호작용할 수 있는 유튜브의 특성을 활용해 시청자들의 몰입과 참여를, 또 사유를 북돋고자 한 장치였다. 주로 실제 인명 피해가 있는 사건을 소재로 삼기에 편집을 하면서도 팀 내 시사를 여러 번 거치면서 내용 중 걸리는 점이 있다면 적극적으로 수정했다. 이는 철학이 아닐지언정 오락도 아니고자 하는 우리의 의지이자 당장의 기분(재밌다! 스릴 있다!)보다 지속적인 사유(왜 그런 일이 발생했는가? 막기 위해 무엇이 바뀌어야 하는가?)에 초점을 맞추고자 하는 우리의 절실함이다.

이처럼 목적의 정당성에 몰두하는 또 다른 이유는 내가 이 일을 좀 오래 하고 싶어서다. 언젠가 사람들이 공포영화를 보는 심리를 다룬 기사를 봤다.[1] 미국의 한 대학에서 공포 체험 이후 뇌의 반응을 연구한 사례가 소개되었는데 공포가 부정적인 정서를 불

박진영, 「[박진영의 사회심리학] 호러에 열광하는 이유」, 동아사이언스, 2018년 11월 4일 자.

러일으킬 것이라는 예상과는 달리 실험 참가자 대부분은 공포 체험 전보다 후에 행복감을 더 크게 느꼈고 스트레스도 줄어 있었다. 공포 체험 이전에 비해 마음이 불안하고 피로하다고 응답한 사람의 수도 큰 폭으로 줄었다. 스크린 너머에 있는 무서운 존재를 간접적으로 경험한 뒤 그것이 사라진 현실에서 느끼는 안도감이 평소의 스트레스, 불안, 두려움을 해소해준다는, 공포물을 보는 것이 생산적인 행위에 가깝다는 내용의 기사였다. 기사를 읽은 나는 범죄 콘텐츠를 보는 심리도 이와 유사한 면이 있지 않을까 하는 생각을 했다. 끔찍하고 잔인한 범죄를 간접적으로 경험하고 그 위험이 사라진 뒤 느끼는 안도감, 즉 '내겐 저런 일이 생기지 않아서 다행이다'와 같은 안심이 일상의 불안과 두려움을 잠시나마 잊게 한다면? 그러나 그 '대리 경험'이라는 것이 공포 체험처럼 가상의 사건을 통해 이뤄진 거라면 비교적 가벼운 마음으로 임할 수 있겠지만, 만약 누군가 실제로 겪은 불행한 사건을 통해 이뤄진 거라면 안도감이 들었다는 사실만으로 시청자는 무의식중에 죄책감을 느낄 수 있다. '범죄를 소비하는' 행위의 중심에 있는 제작자들도 이런 죄책감으로부터 완전히 자유롭지 못하다. 앞서 말한 불온함에 대한 공포를 다시 말하고 있는 것이다.

356

이 죄책감을 덜기 위해 나와 우리 팀은 온당하기 위해 필사적으로 노력한다. 콘텐츠에서 끊임없이 의미를 길어 올리고, 어떻게 하면 더 나은 고민과 사유를 제공할 수 있을지를 공부한다. 범죄 콘텐츠를 생산하는 입장에서 스스로에게 범죄를 단지 수단화하지만은 않았다는 최소한의 편안함을 제공하는 동시에 보는 이에게도 자신이 범죄를 심리적 이익만을 위해 소비하지 않았다는 최소한의 편안함을 제공하고자 하는 것이다. 그래야만 시청자들이 우리 채널을 마음 편히 떠나고, 다시 찾아올 수 있다. 이것이 사회에 필요한 이야기를 모두가 지치지 않고 계속해서 해나갈 수 있는 방법이라고 생각한다. '범죄의 예능화'에 대한 내 경계警戒와 고민은 현재 진행형이다.

방송국에서 유튜브 하는 사람의 비애

"너 언제까지 거기 있을 거냐?"

5년 전 유튜브 팀으로 온 뒤 가장 많이 들은 말이다. 정확히 세어보진 않았지만 지난 5년간 적어도 백 번 이상은 들었을 거다. 더 정확히는 "너 방송 안 하고 언제까지 유튜브에 있을 거냐?"는 말인데 이 짤막한 문장에 숨은 의미는 다음과 같다.

너 왜 유튜브 하고 있냐?

너 왜 방송 계속 안 하냐?

유튜브 오래 할 건 아니지?

질문의 의도를 좀더 적나라하게 번역하자면 다음과 같다.

방송 피디가 왜 유튜브나 하고 있냐?

그동안 쌓은 방송 경력이 아깝지 않냐?

너 잘못된 길로 가고 있는 거 알지?

주변의 모든 사람이 내가 잘못된 길로 가고 있으며, 방송 피디로서 한창 경력을 쌓을 시기에 구태여 도태되는 길을 걷고 있다고 생각했다. 예능국에서 교양국으로 옮겨온 것도, TV에서 유튜브로 넘어온 것도 전혀 후회되지 않았지만 회사에서 마주치는 사람마다 이런 질문을 던져오니 흔들리는 순간이 아예 없지는 않았다.

질문을 가장 많이 받은 때는 내가 유튜브 팀으로 넘어온 그해였다. 때는 2019년 4월이었는데 연말까지 로비, 복도, 엘리베이터에서 끊임없이 같은 질문을 받았다. 독특했던 것은 일을 막 시작한 직후에 그 질문을 유튜브 팀에서도 받았다는 거다. 오랜 기간 방송 일을 함께 한 동료, 스태프들은 내가 유튜브를 하게 된 걸 유배라도 가는 양 심히 걱정스러워했다. 회사에서 오다 가다 만나는 사람들이 '밥 먹었냐'고 안부 묻듯 던지는 "너 언제까지 거기 있을 거냐?"는 질문을 나는 "재미없어질 때까지요" 정도로 가볍게 받아쳤지만 문제는 교양국 내 인력 배치에 관여하는 선배들(시피, 국장, 본부장)까지 "이제 방송 해야지?"처럼 반쯤은 강요 섞인 권유를 농담 반 진담 반으로 던지기 시작했다는 거다. 시간이 갈수록 농담의 농도는 옅어졌고 연말이 다가오자 시피는 방송으로 복귀할 것을 진지하게 제안했다.

이쯤 되면 회사에서 월급 받는 일개 사원은 어쩔 도리가 없다. 나는 유튜브 팀에 왔던 그해 연말, 방송에 복귀하는 것으로 잠정 결론이 났고 마침 내가 유튜브 팀에 오기 직전 잠시 머물렀던 「SBS 스페셜」의 시피이기도 했던 교양D 담당 시피는 내가 당시 제작했던 '맥시멀리스트의 비움 안내서'라는 미니멀리즘 실험 다큐를 정규 프로그램화해보자고 제안했다. (그때 방송으로 돌아갔다면 그렇게 또 한 번 새로운 프로그램을 기획하게 됐을지도 모른다.) 그러나 반 치 앞도 모르는 게 피디 인생이라고, 연말이 오기 전 시피가 갑자기 교체됐고 새로운 시피는 그나마 유튜브 콘텐츠 제작 경험이 있는 내가 팀에 남아주기를 바랐다. 자연스레 나의 방송 복귀는 없던 일이 됐고 이듬해부터 「그알」 채널에 차근차근 성과가 쌓이며 점차 "너 언제까지 거기 있을 거야?"는 질문을 받는 일은 줄었다.

어쩌다 보니 애초에 6개월만 맡기로 했던 유튜브 팀에 5년 넘게 몸담고 있다. 종전의 단일 팀 체류에 있어서 최장 기록이었던 「그알」 본방 팀에서의 2년 6개월을 훌쩍 넘어선 긴 시간이다. 지루한 건 못 참는 내가 한 팀에 이렇게 오래 있을 수 있는 이유는 단순하다. 이곳에서는 끊임없이 새로운 도전을 할 수 있기 때문이며,

360

심지어 여기는 새로운 도전을 해야만 살아남을 수 있는 필드다. 그 5년 사이 방송사는 물론이고 규모 있는 콘텐츠 사업자들은 전부 유튜브 플랫폼에 뛰어들었고, 연예인은 물론 대중에게 조금이라도 알려진 인물이라면 누구나 SNS 계정을 운영하듯 유튜브 채널 하나쯤은 굴리는 시대가 됐다. 구독자, 조회수 경쟁은 그래서 5년 전과 비교하기 어려울 만큼 시시각각 치열해지고 있으며 이전보다 공을 더 많이 들여도 이전과 같은 성과를 기대하기 어려운 환경이 되어버렸다. 새로운 미디어 환경에 떠밀려 지상파 방송이 밟아야 했던(혹은 여전히 밟고 있는) 내리막길을 짧은 시간 안에 압축적으로 되밟고 있는 기분이다.

콘텐츠의 생명이 TV보다 짧고, 변화의 주기도 빠르며, 시청자의 끈기를 기대하기 어려운 유튜브 생태계에서의 돌파구는 지금껏 늘 새로움이었다. 아무리 뛰어난 투수라도 투구 폼이 타자에게 읽히면 난타당하듯 당장 유튜브계를 주름잡는 콘텐츠라도 그 포맷이 반복되면 결국 시청자에게 패턴을 읽히고 외면당하기 마련이다. 한때 세간에 화제를 몰고 왔다가 몇 달 사이 사람들의 기억에서 증발된 유튜버가 얼마나 많았는지를 떠올려보면 고개가 끄덕여질 거다. 「그알」 채널을 담당하는 내게 새로운 도전이란 이미 대중에게 익숙한 「그알」을 기저에 둔 채, 사람들이 예상하고 기대하는 바를 뒤집고 비트는, 뜻밖의 무언가를 만들어내는 작업이다.

「그알저알」이나 「그알 마피아」도 당시로선 '여기 「그알」 공식 채널 맞냐'는 반응이 쏟아지게 만든 몽외의 시도였고 시사교양 프로그램 최초로 유명 디자이너와 협업해 각 잡고 엠디를 만들었던 일도 '「그알」이 별걸 다 한다'는 소리를 들어가며 추구해본 새로움이었다. 특히 엠디 제작은 무게감 있고 올드한 「그알」을 좀더 친근하고 젊은 느낌으로 브랜딩하고 「그알」에 비교적 관심도가 낮은 젊은 세대에게 어필하기 위한 작업이었는데, 그 매출이 4억 원을 넘어서며 기대 이상의 성과를 거두었다. 그 뒤로 매년 새로운 엠디를 제작해 판매하고 때로는 오프라인 팝업스토어도 기획하며 프로그램의 영향력을 신대륙인 디지털 영역으로, 네모난 화면 밖으로 확장하고 있다(엠디 판매 수익 전액은 기부된다).

「그알」이라는 프로그램의 이미지가 분명한 덕에 뭘 해도 '듣보' 소리는 면할 수 있지만, 그 분명함 탓에 새로운 뭔가를 도모하는 일이 갑갑하게 여겨지기도 한다. 쉽게 말해서 「그알」은 유튜브에서 갖고 놀기 어렵다는 뜻이다. 이는 채널을 처음 맡았을 때부터 시작된 고민이었고 그때보다 훨씬 더 치열해진 환경에 놓인 지금은 그 고민이 더 깊어졌다. 그래서 이제는 남 아닌 내가 스스로에게 이런 질문을 던지고 있다.

"내가 언제까지 여기 있을 수 있을까?"

이 질문이 시작되면 다음 질문이 꼬리를 문다.

"여기가 아니라면 그다음은 어딜까?"

예능국, 교양국, 유튜브…… 이후의 나는 어디로 가게 될까? 물론 나는 아직 이 팀이 좋다. 「그알」이라는 거대한 울타리에 부딪힐 때마다 새로움이라는 무기로 그것을 밀어냈고, 그 결과 지금 「그알」 팀의 가동 범위는 5년 전 그것에 비해 훨씬 더 넓어졌다. 겉보기에는 웃고 떠드는 모양새였을지라도 그 과정은 막다른 골목에 다다라서야 벽을 밀어낸, 경로를 벗어나서야 목적지에 도달한 외롭고도 지난한 시간이었다. 이 팀이 그랬고 내 피디 일생도 그랬다. 나는 여전히 고민한다. 지금 내가 이곳에서 해볼 수 있는 새로운 도전으로는 또 뭐가 있을지, 유튜브 팀 다음에 내가 도달할 목적지는 또 어디가 될지.

내가 공황장애라니!

넌 편한 데서 일해서 좋겠다.

유튜브 팀에서 일하는 나를 바라보는 동료들의 시선은 대체로 이렇다. "너 거기 편해서 안 돌아오는 거지?"와 같은 노골적인 말을 하는 사람도 있고, "나 요새 너무 힘든데 유튜브 팀에 자리 없나?"라며 우회적인 표현을 쓰는 사람도 있지만 내포된 의미는 같다. 유튜브가 방송보다 더 편할 거라는. "너 언제까지 거기 있을 거냐?"는 질문에는 언제까지 너만 거기서 편하게 일할 거냐는 비아냥도 어느 정도 섞여 있을 것이다.

그렇다면 그들의 판단은 전부 오산인가? 유튜브 팀에 와서 몸이 편해진 건 사실이다. TV 채널을 통해 정해진 요일, 정해진 시간에 방영되는 프로그램을 만드는 일은 숱한 야근과 밤샘을 동반하며 주말을 삭제시키고 남들 출근할 때 퇴근하는 비일상을 일상으로 만드는 고된 일이기에 지금 내가 하고 있는 일의 노동 강도를 방송과 정량적으로 비교하긴 어렵다. 그렇기에 편한 데서 일해서 좋겠다고 하는 동료들의 말을 일일이 부정할 이유도, 그 말에 발끈할 이유도 없다. 그들이 분명 나보다 힘들게 일하고 있고, 나는 비교적 편하게 지내고 있으니까. 그런데 최근 몸이 변하고 있다는 걸 느끼면서 생각에도 변화가 생겼다. 방송할 때보다 지금이 더 편하다고 느끼는 건 내 오인일 수도 있겠다는, 어쩌면 지금이 예전보다 더 힘든 걸지도 모르겠다는 생각이 들기 시작한 것이다.

시작은 3년 전이었다. 숨을 들이쉬고 내뱉는, 당연한 생리 작용인 호흡이 좀 불편하다는 걸 감지했다. 호흡은 내가 의식하지 않아도 몸이 알아서 해내는 자연스러운 행위였는데 언젠가부터 내가 숨을 마시고 숨을 내뱉고 있다는 사실이 의식되기 시작했고, 의식되자 신경 쓰이기 시작했다. 불편한 느낌은 점점 더 분명해졌다. 그때만 해도 코로나19 후유증이라 생각했다. 코로나19에 감염됐을 때에도 호흡 곤란 증세를 일주일쯤 심하게 겪었기 때문이다. 감염 후 1년이 지난 시점에 와 후유증이 생겼다는 게 좀 이상하긴 했지만 그 외에 다른 원인이 있을 거라고는 생각하지 못했다. 금방 사라질 줄 알았던 증상은 생각보다 오래 지속됐고 나는 코로나19 후유증 전문 클리닉을 운영하는 종합병원을 찾아가 저선량 폐CT, 심장 초음파, 천식 검사 등 코로나19 감염으로 손상됐을지 모를 호흡 기관의 상태를 체크했다. 걱정과 달리 호흡 기관에는 문제가 전혀 없었다. 혹시 몰라 매년 말에 받던 종합 건강 검진도 당겨서 받았지만 몸에 별다른 문제는 없었다. 오히 려 폐활량은 작년 검사 때보다 좋아졌다며 칭찬을 받기도 했다. 의사는 코로나19 후유증으로 호흡 불편을 겪는 사람 이 나 말고도 꽤 많다며 시간이 지나면 나을 테니 걱정 말 라고 했다. 하지만 그로부터 1년이 지나도 상태는 호전되 지 않았다.

내 몸의 변화가 코로나19 후유증만으로는 설명이 안 되는 것 같다는 생각이 점점 짙어지던 때, 아내가 조심스 럽게 말을 꺼냈다.

"정신건강의학과에 가보는 건 어때?"

사실 아내의 이런 제안이 처음은 아니었다. 병원 검사 결과 몸에 아무런 문제가 없다는 걸 알았을 때부터 아내는 공황장애와 같은 심리적 질환의 가능성을 언급했으나 곧 이듣지 않았다. 왜냐하면 나는 그 고된 방송 일을 10년 넘 게 하면서도 정신건강의학과를 찾은 일이 단 한 번도 없었기 때문이다. 시사 교양 피디라는 직업이 끔찍한 범죄도 자주 접해야 하고 감정 소모도 많다 보니 우울증이나 공황장애를 겪는 동료가 적지 않았지만 나처럼 낙천적이고 유쾌한 성격을 지닌 사람은 그런 일과 멀 거라 여겼고, 실제로도 그랬다. 주변 동료들에게도 '도피디'는 늘 즐겁게 일하는 사람, 스트레스 안 받고 일하는 사람으로 정평이 나 있었고, 나 스스로도 항상 스트레스 덜 받으며 즐겁게 일하려고 노력했다. 누구보다 단단하다고 믿었던, 방송을 만들 때도 견고했던 내 정신 건강이 남들이 다 편한 보직이라 평하는 유튜브 팀에 와서 무너질 리는 더더욱 없다고 생각했다.

호흡을 의식하며 하게 되는 기간이 길어지면서 내 굳건한 믿음에도 조금씩 금이 가기 시작했다. 그러다 몸의 변화가 일상에 불편을 끼치는 일까지 생기자 문제의 근원이 호흡에만 있진 않을 거라는 예감을 마냥 덮어둘 수만은 없었다. 우선 미용실에서 목 아래로 가운을 걸치고 있는 시간이 괴로웠다. 한 달에 한 번 미용실 의자에 가만히 눈 감고 앉아 머리 손질을 받는 일은 일상 속 즐거운 시간 중 하나였는데 어느 순간부터 그 시간이 답답하게 느껴졌다. 미용실에 가는 일이 점점 두려워졌고, 결국 나는 별 볼 일 없는 내 머리카락을 한 시간 가까이 공들여 다듬어주던 단골 1인 미용실을 떠나 15분 만에 싹

둑 잘라주는 프랜차이즈 미용실로 갈아타야 했다. 「그알저알」 촬영 중 호흡이 불편해지며 게스트와 대화하는 데 애를 먹는 빈도도 점점 더 늘었고, 팀원들과 회의하거나 외부 미팅을 하면서도 대화를 원활하게 이어가기 어려워 의식적으로 말수를 줄여야 하는 순간도 잦아졌다. 결정적으로 뇌 MRI를 찍기 위해 좁고 동그란 동굴 같은 촬영 장비 속으로 머리가 들어가는 순간 밀려오는 공포를 참지 못하고 "못 하겠어요! 내보내주세요!" 소리치고 탈출한 뒤로 아내의 걱정을 진지하게 받아들이기로 했다.

그렇게 나는 난생처음 정신건강의학과에 방문했다. 이름 모를 기계 앞에 앉아 몸에 이것저것 붙인 뒤 몇 가지 검사를 진행했고 의사와 얘기를 나눴다. 의사는 결과지를 보여주며 내 상태를 설명했다. 스트레스 지수가 높지만 스트레스 대처 능력이 좋은 상태며 피로도 역시 높지 않았다. 역시 난 스트레스 안 받는 성격이 맞았네. 내심 흐뭇해하며 의사의 얘기를 마저 듣는데 두 번째 검사 결과지에 그려진, 의학에 문외한인 내가 봐도 어딘가 불길한 그래프가 눈에 띄었다. 자율신경 균형도 검사 결과라고 했다. 그래프 상의 빨간 막대가 교감 신경, 파란 막대가 부교감 신경 활성도를 나타내며 두 막대가 비슷한 높이를 보이는 게 정상인데 내 눈앞에 서 있는 막대는 대충 봐도 빨간 막대의 키가 파란 녀석의 서너 배는 됐다. 즉, 교감 신경이 매우 활성화된 상태였다. 부교감 신경이 흥분하면 몸이 편안한 상태가 되고, 교감 신경이 흥분하면 몸이 긴장한 상태가 되는데 나는 늘 몸이 긴장한 상태였다는 게 결과의 핵심이었다.

이후 의사와 한 시간 남짓의 상담이 이어졌다. 의사는 내가 겪고 있는 신체 증상이 공황장애 증상과 일치한다고 말하며, 단정 지을 수는 없지만 휴식 없이 계속 일해온 게 원인일 수도 있다고 조심스레 말했다. 아니, 잔인한 스케줄을 소화하며 방송을 만들 때에도 공황과는 거리가 멀었는데, 남들 다 편하다고 부러워하는 유튜브 팀에 와서 주말도 꼬박꼬박 쉬고, 밤샘도 없이 남들 출근할 때 출근하고 퇴근할 때 퇴근하면서 그 어느 때보다 즐겁게 일하고 있는데 몸이 쉬질 못해서 문제가 생겼다니…… 받아들이기 어려웠다. 어찌 됐든 그래프 모양으로 보나 전문가 소견으로 보나 내가 공황장애에 시달리고 있다는 건 반박하기 어려운 사실이었다.

병원을 다닌 지 1년이 다 되어가는 지금은 의사가 당시 말한 '몸에 휴식을 주지 않고 일한다'는 말의 의미를 정확히 이해한다. 돌아보니 방송할 때보다 퇴근 시간은 빨라졌지만 퇴근 후에도 나는 일을 하고 있었다. 물론 방송을 만들 때도 퇴근 후 현관에 신발을 벗어내버리듯 일 생각을 깨끗이 떨쳐내진 못했지만, 업무가 힘들었기에 휴식만큼은 장렬히 누리려고 애썼다. 특히「그알」피디 시절에는 고된 과정을 거쳐 방송 하나를 털고 나면 일주일의 휴가가 주어졌고 그 시간엔 정말 아무 생각 없이 쉬기만 했다. 반면 유튜브 팀에 온 뒤로는 방송 일을 할 때만큼 노동 강도가 높진 않았지만 마음 편히 쉴 수 있는 날은 더 없었다. 플랫폼 특성상 영상 피드백이 24시간 내내, 밤낮으로 꽂혔고, 유튜브 채널 관리 앱에 접속하면 언제 어디서든 성과를 실시간으로 확인할 수 있었다. 조회수, 수익, 댓글은 물론 시청자의 성별, 나이, 클릭률 등 구체적인 정보도 간단한 손가락 놀림 몇 번이면 얻을 수 있었다.

공황장애 진단을 받고 퇴근 후에는 휴대전화와 거리를 두려고 노력하지만 콘텐츠를 제작하는 입장에서 오늘 저녁 공개된 영상에 대한 대중의 반응을 실시간으로 확인하고 싶은 욕구를 다음 날로 미루기는 쉽지 않다. 게다가 영상이나 내용에 예상치 못한 문제가 있을 수도 있기에 댓글 확인은 필수다. 영상 업로드 후 댓글로 피드백을 확인하고 부랴부랴 영상을 수정하거나 자막을 정정하거나 썸네일을 바꾼 경험이 있기에 퇴근 후라도 긴장을 늦출 수 없었다.

업무가 업무인지라 일상에서 일을 완전히 떼어놓을 수 없는 건 어쩔 수 없다지만, 그것이 상시적인 긴장 상태로까지 이어지는 이유는 아마도 내가 갖고 있는 중압감 때문인 듯하다. 이 일을 시작할 때부터 가졌던, 「그알」이 30년 넘게 쌓아온 위상에 해를 끼치면 안 된다는 강박과 후배들이 고생하며 만드는 본방에 누가 되지 않아야 한다는 부담이 내게 은근한 압박으로 작용한 것 같다. 게다가 「그알저알」을 시작으로 몇몇 영상에 직접 진행자로 출연하면서부터는 시청자들에게 내가 마치 「그알」을 대표하는 피디처럼 인식된 경향이 있는데, 이것은 내게 현장을 뛰어다니며 나보다 더 고생하고 있는 후배들에 대한 민망함과 내 실수가 프로그램 전체의 실수로 비칠 수 있다는 더 큰 부담감을 안겼다.

　　공황장애와 함께한 지도 벌써 3년, 그러나 나는 여전히 일과 멀어질 수 없는 사람이다. 그러나 아픈 원인을 알게 되었기에 나를 방치하지도 않는다. 나는 처방받은 약을 꾸준히 먹으며 한 달에 한 번 병원을 찾아 의사와 상담한다. 일로부터 내 정신을 잘 발라내려는 노력도 하고 있다. 그렇게 나는 잃어버린 일과 삶의 균형 감각을 되찾아가는 중이다.

시청에 불편을 드려 사과드립니다

인스타그램이 됐든, 유튜브가 됐든 아무튼 '파란 딱지'가 붙는 공식 채널을 운영한다는 건 쉬운 일이 아니다. 이것 좀 사달라든, 이것 좀 봐달라든, 여기에 좀 공감해달라든 다수를 향해 메시지를 계속 던져야 하는데, 그게 '본체'의 이미지와 크게 달라서도, 사회 통념에서 크게 벗어나서도 안 되기 때문이다. 본체가 유명할수록, 공익성을 띨수록 그 난도는 더 올라간다.

「그알」 채널을 맡는다는 게 '유튜브 좀 시작해볼까?' 수준의 가벼운 일이 아니라는 건 5년 전 채널을 정식으로 오픈한 바로 그 주부터 통감할 수 있었다. 유튜브와 「그알」의 상성을 정확히 파악해내지 못했던 운영 초반, 나의 크고 작은 판단 착오로 구독자들의 따끔한 피드백을 받는 일이 종종 있었는데, 첫 주에 바로 그 첫 사건이 일어나고 말았다. 당시 채널의 주요 콘텐츠는 지난주 방송을 요약한 「어제 그알」(현재는 「짧은 그알」), 전주 방송을 담당한 피디가 취재 뒷이야기를 들려주는 「그알 비하인드」, 그리고 그간 방송에서 다룬 주요 사건을 요약한 「그알 레전드」, 이렇게 세 가지였다. 문제는 '레전드'였다. '그알 레전드'는 당시 네티즌들이 과거 방송 중 다시 보고 싶을 정도로 흥미로웠던 에피소드를 부르는 일종의 관용어였다. 살인사건, 실종 사건 등 강력 범죄를 다룬 편이 주로 '그알 레전드'로 꼽혔는데, 나는 '사람들이 많이 쓰는 익숙한 용어니까 괜찮겠지'라는 안일한 생각으로 그것을 공식 콘텐츠 제목으로 사용했다. 그렇게 첫 영상이 올라갔고, 댓글 창은 곧 떠들썩해졌다.

레전드? 「그알」 미친 거 아니에요?
사람 죽은 사건이 레전드라구요?
공식 채널 수준이 이 정도인가요?

제목의 부당함을 비판하는 댓글이 줄을 이었다. 댓글 창은 점차 제작진의 결정에 항의하는 댓글과 그 항의에 항의하는 댓글이 뒤엉키며 시비를 따지는 토론장이 되어갔다. '범죄 사건을 레전드라 칭하는 건 적절하지 않다'는 의견과 '레전드는 요즘 어디에나 흔히 쓰이는 표현인데 뭐가 문제냐'는 의견이 충돌했다. '그알 레전드'라는 제목을 확정 짓는 과정에서 염려되는 바가 없던 건 아니지만 이 정도로 즉각적인 반발이 있을 거라고는 예상치 못했던 우리는 황급히 긴급 회의를 열었고 제목 선정에 신중하지 못했음을 인정하며 타이틀을 「그알 캐비닛」으로 바꾸기로 했다. 그리고 그것을 수정·공표하는 것보다 빠르고 정확한 사과가 선행돼야 한다는 결론을 내리고 유튜브 커뮤니티 공간에 진심을 담은 사과문을 게재했다. 야심 차게 채널을 오픈하자마자 공식 사과를 올리게 된 셈이었다. 당시 초보 운영자였던 나는 이 사회에 「그알」이 미친 영향, 그 덕에 「그알」이 받은 호의, 그렇게 「그알」에 부여된 책무를 체감하며 식은땀까지 줄줄 흘리면서 퇴고에 퇴고에 퇴고를 거쳐 사과문을 게시했고 구독자들은 우리의 빠른 인정에 곧바로 달라진 반응을 보여주었다.

빠른 수정 감사합니다.
캐비닛이 훨씬 좋아요! 그알 응원합니다!
실수 인정하는 모습 좋네요!

몇 시간 전 따끔한 질책을 보냈던 구독자   374

와 사과문에 지지를 표한 구독자는 서로 다를 수 없었다. 상반된 반응처럼 보이지만 이들은 그저 「그알」을 좋아하고 아끼는 마음에 채널이 올바른 방향으로 나아갈 수 있도록 합당한 의견을 보내온 동일한 사람들이었다.

구독자 반응에 지옥과 천당을 오갔던 그날로부터 정확히 한 달이 지난 금요일 저녁, 또 한 번 일이 터졌다. 그날은 채널에 화성 연쇄살인사건을 요약한 「그알 캐비닛」 콘텐츠가 올라가는 날이었고, 나는 영상 업로드 후 집에 돌아와 저녁을 먹고 소파에 비스듬히 누워 TV를 보며 금요일 밤에서 주말로 넘어가는 시각의 여유를 만끽하던 중이었다. 그때 팀원에게서 전화가 왔다. 해당 편의 담당 피디였다.

"여보세요."

"추노 님! 지금 댓글 창 난리 났어요!"

"왜요?"

"썸네일 때문인가봐요. 댓글 좀 봐주세요!"

유튜브에서는 영상 업로드 전 해당 영상을 대표하는 썸네일 이미지를 선택해야 하는데, 썸네일은 시청자들이 해당 영상을 볼지 말지 결정하는 데 결정적인 역할을 하기에 본 영상 못지않게 신경을 써야 한다. 「그알」 채널은 보통 영상을 대표하는 이미지를

「그알」 유튜브 팀은 직책과 연차 구분 없이 서로를 닉네임으로 부르며, 내 닉네임은 추노다.

배경에 깔고 그 위에 한두 줄 정도의 문구를 얹어 썸네일을 뽑는다. 담당 피디가 썸네일 후보 몇 개를 만들어 팀 채팅방에 올리면 팀원들이 의견을 덧붙여가며 최종안을 확정하는데, 문제가 터진 당시에는 나를 포함해 팀원 모두가 다년간 방송 일만 했지 썸네일 제작 경험은 없어서 관련 고민이 부족한 상태였다. 나는 소파에서 벌떡 일어나 자세를 고쳐 앉고 댓글들을 살폈다.

「그알」 정신 나갔나요?
당장 바꾸세요. 썸네일!!
썸네일 너무 끔찍하네요. 내려주세요!

「그것이 알고싶다」 800회 특집으로 방송된 '화성 연쇄살인사건' 편은 특집인 만큼 평소보다 더 많은 공력이 투입됐고, 특히 사건이 일어난 지역과 피해자의 모습을 미니어처로 제작해 사건 장소별로 피해자의 미니어처를 배치하는 등 시각 자료를 적극적으로 활용했다는 점이 특징이었다. 나는 그중에서도 화성 3차 사건 피해자의 미니어처 이미지를 썸네일에 사용했는데, 범인의 악행을 시각적으로 명확히 보여주면서도 실제 사진이 아니라 거부감이 덜 것이라고 생각해서였다. 그럼에도 범죄 피해 상황을 그대로 구현한 모습에 거부감을 느낀 시청자가 많았다.

　나는 최대한 빠르게 사태 진압에 나섰다. 우선 썸네일 이미지를 피해자 미니어처에서 용의자 몽타주로 바꿨다(그때는 범인 이춘재의 존재가 드러나기 전이었다). 그리고 '썸네일 선정이 적절하지 못했으며 불편을 느낀 구독자분들에게 사과 말씀을 드린다. 앞으로 더 신중하게 썸네일을 제작하겠다'는 내용을 담은 사과문을 해당 영상의 댓글로 작성해 상단에 고정시켰다. 한 달 전「그알 레전드」사건을 겪은 터라 단시간 내에 대응할 수 있었고 구독자들은 또 한 번 우리의 수정과 사과를 받아들여주었다.

　우리는 덕분에 이날 이후로 기준을 세웠다. 피해 이미지의 썸네일 사용을 최대한 지양하기. 되도록 범인의 얼굴, 용의자 몽타주 등 우리가 기억해야 할 이미지를 활용하기. 피해자 이미지가 필요하다면 시청자들의 트라우마를 자극하거나 거부감과 불편함을 야기하지 않을 정도로 후처리를 한 뒤 사용하기. 반면 예외적으로 실종 사건이나 제보 영상과 같이 피해자의 얼굴을 공개하는 게 사건 해결에 직접적인 도움이 된다면 그 이미지를 적극 활용하기도 한다.

　애정 담긴 구독자들의 의견은 소중하지만 쏟

아지는 모든 의견을 다 반영하는 건 현실적으로 불가능하다. 그래서 문제가 제기되면 사과와 수정이 필요한 건인지, 해명이 필요한 건인지, 아니면 특별한 대응 없이 넘어가도 될 만한 건인지를 재빨리 파악하려 애쓴다. 그럼에도 쉽사리 판단이 서질 않아 골머리를 앓았던 적이 있는데, 썸네일 사건이 있고 1년이 지난 2020년 여름의 일이었다.

　그날도 금요일 저녁이었다. 도마 위에 오른 건 이번에도 썸네일이었다. 다만 이미지가 아닌 문구가 문제였다. 2010년 부산에서 아동 성폭행 살인을 저지른 김길태를 다룬 영상의 썸네일에 '외로운 늑대형 범죄자'라는 표현을 쓴 게 화근이었다. 항의가 폭주한 건 아니지만 범죄자를 미화하는 표현을 썼다며 비판하는 의견이 꽤 보였다.

　어떻게 그런 표현을…… 실수하신 겁니다.
　범죄자를 미화하시면 안 되죠!
　「그알」도 이런 식으로 어그로 끄나 보죠? 당장
　수정하세요!

　댓글들을 살펴보며 고민에 빠졌다. '외로운 늑대형 범죄자'는 범죄자를 미화하거나 괜한 관심을 끌기 위해 부러 붙인 수식어가 아니라 '은둔형 범 378

죄자'를 가리키는 용어였기에 별다른 고민 없이 썸네일에 사용했던 건데, 이런 배경 지식을 싹 지우고 나니 그 단어가 범죄자를 미화한다고 느낀 구독자들의 의견도 수긍이 됐다. 우선 이 표현이 실제로 학계에서 사용되는 전문 용어인지 아니면 단지 전문가들이 관습적으로 사용해온 용어인지 확인하고 싶었다. 그래서 가까운 범죄 전문가들에게 연락해 '외로운 늑대형 범죄자'라는 표현의 정체를 물었는데 돌아온 답변은 명쾌했다.

"범죄심리학에서 사용하는 공식 용어예요. 문제 될 거 없어요."

"김길태는 정확히 외로운 늑대형이 맞습니다. 제대로 표현하신 겁니다."

범죄 전문가 입장에서 보면, 그리고 단어의 학술적 의미로만 보면 틀린 게 없다는 얘기였다. 하지만 나는 1년 만에 또다시 짤막한 사과문을 작성했다.

기존 썸네일의 "외로운 늑대형 범죄자"라는 표현은
범죄자를 미화하는 것 같다는 지적이 있어서 썸네일을
교체했습니다. 불편함을 느끼신 모든 분께 사과의 말씀
드립니다.

내 인생에 이렇게 사과를 자주 한 시절이 있었나 싶어 살짝 현타(?)가 오고, 약간은 억울한 마음도 들어 전문가들의 의견을 인용해 해명을 덧붙일까 생각했지만 그냥 깔끔하게 사과하는 게 맞는다는 생각이 들었다. 구독자들이 항의한 이유는 단순했다. 추악한 범죄자가 조금이라도 미화되는 게 싫다는 것. 그로 인해 피해자 유족이 상처받는 게 싫다는 것. 그런 마음 앞에서 '외로운 늑대형 범죄자'가 실은 학계 용어이며 그 쓰임이 틀리지 않았다는 사실은 중요하지 않다. 용어가 갖는 권위나 정통성이 모든 상황과 맥락에 앞설 순 없는 거니까. 항의 댓글 중 '늑대는 무슨 죄냐'고 묻는 말이 꽤 있었는데 늑대에게 민망해서라도 사과를 해야 했다.

시간과 장소를 따지지 않고 실시간으로 전해지는 피드백은 나를 종종 긴장 모드에 밀어넣기도 하지만, 덕분에 피디 일을 시작하고 처음으로 세상과 호흡하며 영상을 만들어가는 느낌도 받는다. 그러다 보니 자연스레 내가 만드는 콘텐츠가 시청자들이나 우리 사회에 어떤 의미를 갖는지를 의식하고 고민하게 된다. 역설적이게도 위험한 취재를 다니며 본방을 만들던 때보다 비교적 가벼운 마음으로 유튜브를 만드는 지금 더 시사 교양 피디에 가까운 마인드를 장착하게 된 것 같다. 과거엔 호기심으로 취재를 시작했다면 지금은 내가 만들어 세상에 내놓는 것의 의미, 그것이 사람들에게 미칠 영향까지 생각하고 있으니까. 선배들이 꾸준히 방송으로 돌아오라고 하는데도 공황장애 약을 먹어가면서까지 유튜브를 놓지 못하는 데에는 이런 이유가 있다. 여기에선 세상과 소통하고 고민하며 기획을 할 수 있기에. 늘 시간에 쫓겨 촬영하고 편집하느라 결과물 완성에 직접적으로 도움이 되지 않는 고민은 할 수 없었던, 방송 하나를 끝내면 부랴부랴 휴식한 뒤 또다시 시간에 쫓겨 결과를 만들어내야 했던, 과거에는 소망할 수조차 없었던 숙고의 기회와 시간을 가질 수 있기에. 어쩌면 이제야, 비로소, 나는 시사 교양 피디가 된 것 같다는 생각을 한다.

기획은 알코올에서 나온다(?)

"기획은 원래 짬 내서 하는 거야."

방송을 만들 때 기획하고 싶어도 그럴 시간이 없다고 볼멘소리를 하면 선배들은 이렇게 대답하곤 했다. 실제로 방송 팀에서는 피디에게 기획할 시간을 따로 주지 않다 보니 제작하면서 기획안도 알아서 써야 했고 그래서 기획을 하려면 정말로 짬을 내야 했다. 그게 미덕으로 여겨지기도 했다. 그 때문에 기획안을 써내는 피디는 본분을 다한 사람, 그러지 않은 이는 기획 의지가 없거나 게으른 사람으로 분류되기도 했다.

유튜브 팀의 장점은 시간이 많다는 거다. 방송할 땐 늘 시간에 쫓겨 소모된다는 느낌을 자주 받았는데 이곳에선 비운 만큼 채우는 시간이 존재한다. 주어진 충전 시간을 활용하는 방법은 사람마다 다르겠지만 방송 일을 할 땐 업무가 너무 고되다 보니 쉬는 것 외에는 다른 것을 잘 하지 않았다. 기획은 새로운 아이디어를 떠올리는 일이고 그것을 위해서는 그 기반이 되는 재료를 쌓아야 하는데 추가 재료를 들일 시간이 없다 보니 입사 전 쌓아놓은 재료를 써먹다가 점점 고갈되었고 그 와중에 할 건 해야 하니 마른걸레 쥐어짜듯 기획을 내놓고는 자괴감에 빠지는 일도 허다했다.

그런 면에서 유튜브 팀은 기획하기 참 좋은 환경이다. 유튜브, OTT에서 쏟아지는 다양한 콘텐츠를 모니터링할 시간도 충분하고 틈틈이 극장이나 전시장에 가서 딴 세상을 경험할 여유도, 한강을 바라보며 객쩍은 공상이나마 마음껏 할 여유도 있다. 내가 그 어느 때보다 기획을 활발히 할 수 있는 이유도 여기에 있다. 머리에 새로운 생각을 채워넣기 위해서는 제작에만 매달릴 게 아니라 '가욋일' 할 여유 시간을 충분히 갖는 게 생각보다 더 중요하다는 것을 그 시간을 가져보고 나서야 사무치도록 느끼고 있다.

고백하건대 나의 가욋일에 저런 고상한 행위만 포함되는 건 아니다. 사실 나는 여유 시간이 생기면 극장, 전시장보다는 술자리로 더 많이 향한다. 가끔 사람들이 기획 아이디어가 어디서 나오냐고 물어보면 알코올에서 나온다고 답하기도 하는데, 정확히는 사람들과 나누는 '대화'에서 나온다. 그리고 그 대화를 오래, 끈덕지게 나눌 수 있는 가장 편한 곳이 술자리여서 나는 술자리를 좋아한다(목적어를 잘 봐야 한다). 이게 결코 술을 더 마음 편히 마시려는 수작[*]이 아닌 것이, 실제로 술 마시는 자리에서 나온 아이디어가 왕왕 콘텐츠화되었기 때문이다. 권일용 교수와 소주, 맥주를 섞어 마시며 프로파일러 시절에 해결한 사건 이야기를 듣다가 「스모킹권」이 탄생했고, 황민구 소장과 소주를 연거푸 마시며 법영상분석가의 고충을 듣다 「영상분석보구서」가 탄생했다. 박지선 교수가 영화 시나리오를 쓰는 게 꿈일 정도로 영화를 진심으로 좋아한다는 사실, 유성호 법의학 교수가 역사 속 인물의 죽음에 관심이 많다는 사실을 몰랐다면 「지선씨네마인드」와 「사인의 추억」 같은 새로운 형식의 콘텐츠를 기획할 수 없었을 거다.

형사, 변호사, 프로파일러, 범죄심리학자, 법의학자, 법영상분석가. 래퍼를 꿈꾸고 예능 피디를 지망했던 나의 술자리가 범죄 쪽(?) 사람들로 채워지리라곤 상상도 못 했다. 이렇게 보니 '인생은 참 독특하게 흘러가는구나' 하는 생각이 절로 든다. 술자리에서 다음 날 절대 확인하고 싶지 않을 어설픈 프리스타일 랩

표준국어대사전에서 수작의 첫 번째 뜻이 '술잔을 서로 주고받음'인 것은 마침 공교로운 일이다.

이나 하던 사람이 범죄 전문가들과 술잔을 기울이며 진지하게 사건 얘길 나누는 모습이 스스로도 가끔 어색하게 느껴지지만 분명한 건 대한민국 각 분야의 최고 전문가들과 격의 없이 이런저런 대화를 나눌 수 있는 것 자체가 내겐 큰 영광이며 일의 기쁨이라는 거다(가끔 이들과도 프리스타일 랩을 한다. 한쪽만 이득(?)인 관계는 없는 것이다).

내겐 너무나 귀여운 쉰여덟 살

권일용 교수는 알고 지내는 남성 범죄 전문가 중 내가 유일하게 형이라 부르는 사람이다. 내일모레 환갑을 바라보는 머리 희끗한 사람을 형이라고 부르는 게 종종 어색하지만 막상 대화를 나눠보면 나이 차이에서 오는 위화감이 전혀 없다. 그의 이름 앞에 늘 붙는 '국내 1호 프로파일러'라는 다소 무겁고 권위 있어 보이는 호칭과 달리 그는 누구보다 순수하고 의외로 허술하며 때로는 귀엽기까지 하다. 인생을 통틀어 1000명이 넘는 악질 범죄자를 상대했음에도 순수함을 잃지 않은 게 경이롭기까지 한데, 아마 일용이 형이 5월 5일 어린이날에 태어나서 그런 게 아닐까 막연히 추측한다.

지금은 나뿐만 아니라 많은 이의 머릿속에 옆집 아저씨와 같은 푸근한 인물로 자리 잡았지만, 내가 본방을 연출하던 시절만 해도 현직의 '권일용 경감'은 제작진에게 베일에 싸인 존재였다. 당시 「그알」 팀은 표창원, 박지선 교수 등 국내 최고 범죄 전문가들의 자문을 받고 있었는데, 학교에 적을 둔 교수와 달리 실제 현장에 나가 범죄자들을 직접 대면하는 프로파일러 권일용 경감은 우리에게 또 다른 시각을 보여줄 수 있는 인물로 여겨졌다. 하지만 경찰청 본청 소속 프로파일러를 섭외하는 일은 만만찮았다. 경찰청으로부터 승인을 받아야 했는데 현직 프로파일러가 방송에 출연하는 건 적절하지 않다는 이유로 매번 반려됐다.

그러던 2017년 봄, 모두 모여 회의를 하고 있는데 누군가 문을 벌컥 열고 들어오며 들뜬 목소리로 외쳤다.

"권일용 경감 퇴직한대!"

"오! 진짜?"

"대박! 섭외 들어가자!"

권일용 경감의 퇴직은 「그알」에 엄청난 희소식이었다. 누군가가 직장을 그만둔 게 다른 누군가에게 이토록 기쁜 일이 될 수 있다니. 지금 생각해보면 그날 회의실의 풍경은 꽤나 어처구니없고 우스꽝스러웠다. 그 누구도 권일용 경감의 퇴직 사유를 궁금해하지 않았고 걱정하지도 않았다. 그저 그토록 모시고 싶었던 현장 전문가를 드디어 만날 수 있게 되었다는 사실이 반가울 뿐이었다. 그렇게 권일용 경감은 은퇴 직후부터 이런저런 강력 사건의 자문을 해주며 「그알」의 든든한 범죄 전문가로 활약해주었다.

나와 권일용 경감의 사적인 첫 만남은 2016년 〈강남역 살인사건〉 편을 취재할 때 이뤄졌다. 현직에 있어 방송 출연을 거의 하지 않던 시기였지만, 당시 워낙 큰 사건이었던 터라 경찰청도 공식 입장을 밝히고자 이례적으로 취재 요청을 받아들였다. 오로지 구전만 되던, 베일에 싸인 존재인 '권일용'이라는 사람을 드디어 만날 기회가 온 거였다. 나는 긴장되는 마음을 안고 경찰청 본청으로 향했다. 서울청, 부산청, 전남청 등 지방경찰청은 숱하게 다녀봤지만 본청 방문은 그때가 처음이었는데, 역시 본청이어서인지 입장 시스템부터 남달랐다. 마치 공항에서 출국 심사를 하듯 몸수색, 소지품 검사를 하고 엑스레이 촬영 장비처럼 생긴 기계 안으로 취재용 가방과 카메라를 통과시켜 이상 여부를 확인했다. 이야, 본청은 다르긴 다르구나. 이색적인 경험에 감탄하고 있을 때쯤 그가 모습을 드러냈다.

"아, 늦어서 미안합니다. 이분 바로 통과시켜드려."

오, 저분이 권일용 경감……. 정제된 매너와 카리스마가 돋보이는 첫인상이었다. 우린 보안 검색대 위에 부려놓은 짐들을 주섬주섬 집어들고 그를 졸졸 따라갔고, 그가 혼자 사용하는 것으로 보이는 꽤 널찍한 사무실에서 인터뷰를 진행했다.

당시 내 초점은 살인사건 자체보다 그 사건이 불러온 여성혐오 의제에 더 맞춰져 있었는데, 그는 경찰로서 사건에 대한 입장만 밝힐 수 있는 조심스러운 상황인 것에 미리 양해를 구했고, 그날의 인터뷰는 사건 담당 프로파일러의 분석 결과를 듣는 선에서 마무리됐다. 인터뷰가 끝난 뒤에도 권일용 경감은 '내가 현직에 있어 인터뷰에 제약이 많다'며 적극적으로 협조하지 못한 데 대해 재차 양해를 구했다. 그러고는 언제 소주나 한잔하자며 마지막 인사를 건넸다.

소주 한잔합시다. 그땐 이 말이 으레 하는 밥 한번 먹자 정도의 인사치레라고 생각했다. 그런데 그 후에도 문자로 연락을 주고받거나 페이스북 게시물에 댓글을 남길 때마다 그의 마지막 문장은 늘 '언제 소주 한잔합시다'였다. 그 말만 1년이 넘도록 띄엄띄엄 주고받다 권일용 경감의 퇴직 소식을 들었고, 우린 그제야 풍문과도 같았던 그 소주 한잔을 실물로 영접했다. 사석에서 만난 그는 경찰청 본청 입구에서 본 카리스마 넘치는 프로파일러의 모습과는 사뭇 달랐다. 스무 명을 살해한 꿈찍한 연쇄살인범과 면담했던 이야기를 진지하게 하다가도 난데없이 실없는 농담을 던졌고, 현직에서 겪은 외롭고 고된 경험담도 짠한 유머로 승화시켜 유쾌하게 들려주었다. 그러다 술에 얼큰해져선 누가 시킨 것도 아닌데 자리에서 일어나 율동을 하기 시작했다. 은퇴한 국내 1호 프로파일러의 예상치 못한 댄스 폭격이 무척 당황스러웠지만 춤추는 그의 표정이 어찌나 해맑던지 이내 웃음이 터져나왔다. 그때 처음 느꼈다. 아, 이 사람의 본질은 귀여움이구나.

무대를 마치고 술기운이 오른 그는 내게 처음으로 호형호제를 제안했다.

"야, 도 피디! 앞으로 형이라 불러~"

"아이고, 교수님. 제가 어떻게 형이라 부릅니까."

"싫어? 싫어도 안 돼. 형이라 불러~"

"알았어요. 형~"

다음 날 아침, 우리는 간밤의 약속에 다소 멋쩍음을 느끼며 서로를 다시 피디와 교수로 불렀지만 또다시 술만 먹으면 주사처럼 호형호제를 부르짖었다. 그렇게 몇 번의 시행과 착오가 반복된 끝에 언제부턴가 맨정신에도 반말과 높임말을 섞어 쓰는 친근한 사이가 됐고 덕분에 제작비가 부족했던 유튜브 초기에 국내 1호 프로파일러를 염가(?)에 모셔 당시로서는 흔치 않았던 '프로파일러의 시선으로 범죄를 다루는 콘텐츠'를 여럿 제작하고 채널의 인지도도 쌓을 수 있었다.

지금의 일용이 형은 소속사에 속해 일정 관리를 받으며 천만 영화에 출연하고 대한민국 대표 예능 프로그램을 섭렵하고 다니는 연예인에 가까운 존재가 되었지만, 그럼에도 여전히 내가 협업을 제안하면 조건도 따지지 않고 어린아이처럼 호기심 가득한 표정으로 귀를 쫑긋 세우고는 그 내용부터 들어주는 고마운 형이다. 처음 함께 술잔을 나누던 때나 지금이나 변함없이 순수하고 허술하며 귀여운 사람. 일용이 형이 변한 게 있다면 딱 두 가지다. 하나는 이제 술값은 일용이 형이 낸다는 것과 얼큰히 취하면 자리에서 일어나 "그대의 연예~인이 되어~"로 시작하는 싸이의 〈연예인〉을 부르며 춤을 춘다는 것. 이러나저러나 참 사랑스러운 형이다.

「그알」유튜브 최대 주주

팀에서 장난스럽게 '「그알」 유튜브 채널 최대 주주'라 부르
는 사람이 있다. 박지선 교수다. 2019년부터 지금까지 팀
에서 제작한 모든 콘텐츠를 수익순으로 정렬했을 때 가장
상단에 자리한 영상이 '박지선 범죄심리학 교수와 미제사
건 파헤치기', 그 바로 아래에 있는 영상이 '박지선 범죄심
리학 교수와 살인범의 심리 파헤치기'다. 두 영상의 조회
수 총합은 1000만 회를 넘긴 지 오래며, 상위 10개로 영상
순위의 범위를 넓혀봐도 「지선씨네마인드」 두 편을 포함
해 총 네 개 영상의 주인공이 그다. 상황이 이렇다 보니 그
에게 붙는 '그알 채널 최대 주주'라는 수식어는 있는 그대
로의 눈부신 공적을 반영하는 지극히 당연한 표현이다(참
고로 2대 주주는 권일용 교수다).

　박지선 교수는 이외에도 다양한 수식어가　　　392

잘 어울리는 사람이다. 나는 그와 함께하는 콘텐츠를 외부에 소개하거나 홍보할 때 국내 최고의 범죄심리학자, 그앓이들이 가장 사랑하는 범죄심리학자, 영화를 사랑하는 범죄심리학자와 같은 말을 주로 사용한다. 널리 알려진 사실은 아니지만 그는 국내에서 처음으로 범죄심리학 박사 학위를 딴 '국내 1호 범죄심리학 박사'이기도 한데, 내가 '국내 1호 프로파일러 권일용'처럼 그 사실을 널리 알리겠다며 영상에서 몇 차례 언급하려고 했지만 매번 당사자에게 가로막혔다. 쑥스러워서일 것이다.

내가 10년 가까이 범죄를 다루며 만나본 범죄심리 전문가만 해도 최소 열 명이 넘는데 그중에서도 박지선 교수를 집어 '국내 최고의 범죄심리학자'라 칭하는 이유는 명확하다. 그가 늘 내 예상을 뛰어넘는 분석을 내놓는 사람이기 때문이다. 그리고 그 예외성은 「그것이 알고싶다」에서 「지선씨네마인드」에 이르기까지 그가 줄곧 보여준 그만의 인장과도 같다. 본방을 연출하던 시절을 떠올려보면 박지선 교수와의 인터뷰는 확실히 남다른 구석이 있었다. 보통의 인터뷰는 Q(질문)와 A(답변)를 적당한 분량으로 주고받는 형태를 띠기 마련인데, 그와의 인터뷰는 첫 번째 Q가 생략되고 기나긴 A로 시작되곤 했다.

"제가 먼저 쭉 말씀드릴게요."

인터뷰 촬영이 시작되면 박지선 교수가 늘 먼저 건네는 말이었다. 즉, 자신이 분석한 내용을 먼저 이야기하겠다는 것이다. 그러면 나는 기나긴 A를 듣기 위한 형식상의 Q를 던진다.

"이번 사건 어떻게 보셨나요?"

그러면 그는 짧게는 20분, 길게는 40분간 분석을 줄줄 풀어놓는다. 그 시간이 지난 뒤에야 피디가 추가 질문을 던지고 답을 듣는 본격적인 인터뷰가 시작된다. 이런 방식이 가능했던 이유는 그가 인터뷰를 정말 철저히 준비했기 때문이다. 박지선 교수는 제작진이 사전에 전달한 사건 자료를 가장 낱낱이 살펴보는 전문가였다. 인터뷰가 진행되는 동안 박지선 교수 쪽 테이블 위에는 항상 출력된 사건 자료가 있었고, 인쇄된 텍스트 사이사이에는 분석 내용을 메모한 빨간 글씨가 빼곡했다.

박지선 교수와의 인터뷰가 특별했던 가장 큰 이유는 앞서 언급했듯이 그가 늘 예상 밖의 분석을 내놓는다는 데 있었다. 사건을 취재하는 피디들은 그 자신이 전문가는 아니지만 취재 과정에서 사건 자료를 학습하고 사건 관계자에게 직접 이런저런 이야기를 들으며 자연스레 사건에 대한 이해도가 일정 수준 이상에 이른다. 그래서 보통 취재 막바지에 이뤄지는 전문가와의 인

394

터뷰는 피디의 예상을 크게 벗어나는 일이 별로 없다. 방송에서 범죄 전문가의 역할은 그들의 공신력 있는 목소리로 해당 사건에서 주목해야 할 지점을 짚어주고, 관련 인물들의 말과 행동에 숨겨진 심리를 분석하며, 사건을 바라보는 올바른 방향을 제시해주는 것으로 충분한데, 여기에 더해 우리가 상상도 못 할 엄청난 분석을 내놓길 기대하는 건 과욕이다. 그럼에도 박지선 교수는 내가 자꾸 그런 욕심과 기대를 품게 만드는 사람이었다. 그만큼 전적이 화려해서다.

범인이 여성일 가능성을 처음으로 제시했던 '배산 대학생 피살사건' 편에서 그는 당시 목격자가 없다는 사실에 주목해 범인이 건장한 남성과는 거리가 먼 외형을 지녔을 거라는 의견을 내놓았다. 그전까지 등산객이 자주 오가는 등산로에서 벌어진 사건의 목격자가 아무도 없다는 사실에 주목한 사람은 없었다. 그저 목격자가 없어 안타깝다는 생각만 했을 뿐, 여기에 의문을 갖고 해석을 덧붙일 생각은 하지 못했는데 박지선 교수는 바로 이 지점을 간파한 것이다. 그의 분석은 사건의 범인이 여자일 가능성을 뒷받침하는 하나의 중요한 축이 되었다. 살인 누명을 썼다며 「그알」 팀에 편지를 보내왔다가 오히려 돈 때문에 친구를 살해한 사실이 만천하에 까발려진 '살인범의 걸음걸이' 편에서는 범인이 쓴 낱말을 하나하나

뜯어보며 해석한 끝에 당초 억울함을 호소하는 듯 보였던 편지를 살인범이 자신의 범죄를 고백하는 편지로 재정의하기도 했다. 이 방송을 통해 시청자들은 '「그알」의 역대급 반격'이라며 그 어느 때보다 통쾌함을 느꼈고, 당시 방송에 모두 담지 못한 박지선 교수의 분석 내용은 내가 유튜브 팀으로 옮긴 뒤 콘텐츠로 별도 제작했다. 해당 영상은 조회수 540만 회, 댓글 6000개에 달하는 폭발적인 반응을 끌어냈고 아마도 이 시점부터 박지선 교수에 대한 그알이들의 무한 사랑이 본격화된 걸로 보인다.

박지선 교수와 나는 「그알」 본방 때부터 알게 돼 햇수로 10년이나 된 인연이다. 나는 방송이 끝날 때마다 진심을 담아 그에게 감사의 문자 메시지를 보냈고, 그도 나를 늘 '천재 피디'(나를 왜 이렇게 부르는지 정확히는 모르겠지만 오직 내게만 붙이는 별칭이라기에 그저 행복해할 뿐이다)라 부르며 남다른 애정을 보여주었다. 게다가 함께 「그알저알」「그알마피아」「지선씨네마인드」 등을 하며 꽤 많은 밥자리, 술자리를 가졌는데도 나와 또래인 박지선 교수가 '지선이 누나'가 된 시간은 나보다 열여섯 살이나 많은 권일용 교수가 일용이 형이 된 시간보다 몇 곱절은 더 길었다.

사실 '지선이 누나'는 호칭에 크게 개의치

않는 성격인데 내가 주저한 부분이 컸다. 다년간의 사회생활을 통해 관계가 충분히 여물지 않은 상태에서 호칭을 살갑게 바꿔버리면 상대와 빠르게 가까워질 수도 있지만 동시에 상대와 빠르게 멀어질 수도 있다는 걸 깨달았기 때문이다. 그래서 나는 일하면서 알게 된 사람 중 관계를 오래 이어가고 싶은 소중한 이들에겐 계속해서 존칭을 사용하며 적당한 거리를 유지하려 한다. 박지선 교수와도 이러한 이유로 꽤 오랫동안 애써 깍듯한 관계를 유지해왔는데, 2년 전 함께한 술자리에서 술김에 내가 "이제 누나라고 부를게!"라고 존댓말까지 물러가며 호칭을 바꿔 부르고, 누나도 맘대로 하라며 내 제안을 쿨하게 받아준 후로 그는 내게 '지선이 누나'가 됐다.

그러나 호칭만 변했다 뿐 나는 여전히 지선이 누나를 그전과 같이 깍듯이 대한다. 그러지 않을 수도 없는 것이 평소에는 웃음도 많고 아이돌 가수와 카카오 프렌즈를 좋아하는 그가 함께 작업만 하면 카리스마를 뿜어내기 때문이다. 고도의 전문적인 직업인을 깍듯이 대하지 않기란 불가능하지 않나. 이렇게 멋있는 사람이 오직 나만을 '천재 피디'라 불러주고 피디들 중 오직 내게만 '누나'를 허했다는 사실은 남들은 잘 모르는 나만의 자랑거리다. 이 부분만큼은 앞으로도 독점하고 싶다.

내 범죄 쪽(?) 가장 친한 친구

요즘 내가 가장 자주 만나는 범죄계(?) 인물은 황민구 소장이다. 국내에서 법영상분석이라는 다소 생소한 분야의 학문을 처음 연구한 사람으로, 영상의 조작 여부를 판단하고 범인을 특정할 수 있는 단서를 발견하는 등 영상 속에 숨겨진 진실을 찾는 일을 한다. 일상을 기록하는 기기가 과거에 비해 늘면서 영상 자료가 사건의 중요한 증거로 더 빈번히 활용되며, 그에 따라 법영상분석가의 역할 또한 커지고 있다. 「그알」에서도 사건 관련 사진이나 영상이 있으면 꼭 황민구 소장에게 자문을 받는다.

본방을 만들던 시절에는 주로 미제 사건의 현장 사진 분석을 의뢰하다 보니 황민구 소장도 범죄심리학자, 법의학자와 마찬가지로 강력 범죄를 주로 분석하는 줄 알았다. 그러나 유튜브 팀으로 와서 따로

398

만나 이야기를 나눠보니 평소 그가 의뢰받는 건들은 성격이 많이 달랐다. 명품 가방을 샀는데 알고 보니 가짜였던 사건, 피부과 홍보 사진을 믿고 시술을 받았는데 조작된 사진이었던 사건, 남편이 음란 동영상 속 여성을 자신으로 의심하는 사건……. 그의 이야기를 듣던 나는 '그런 가벼운 사건도 다 분석하시냐'며 웃었는데 그는 진지한 표정으로 딱 이렇게 답했다.

"그럼요. 그분들에겐 일생일대의 사건이에요."

뒤통수를 한 방 제대로 맞은 느낌이었다. 내 딴에는 세월호 참사, 국정 농단 사건, 백남기 농민 사망 사건 등 공적 영역의 굵직한 사건의 자료를 분석하는 사람이 사적 영역의 비교적 가벼운 성격의 사건까지 분석할 여유가 있느냐는 질문이었지만 이내 부끄러워졌다. 다년간 탐사 보도 프로그램을 제작하며 살인, 실종, 아동 학대와 같은 강력 사건에 너무 익숙해져서인지 내가 무의식중에 사건의 경중을 나누고 있었던 거다. 그는 어떤 사건이든 당사자에게는 삶이 뒤흔들리는 중요한 일이기에 그 성격을 가리지 않고 사건을 받는다고 했다.

황민구 소장의 소신에 깊이 공감한 데다 영상 속에서 누구도 간파하지 못하는 사실을 찾아내는 그의 남다른 능력을 소개하고 싶어 2021년, 황민구 소장 이름의 끝 글자를 따와 「영상분석보구서」라는 새로운 유튜브 시리즈를 시작했다. 사건 영상은 물론 미확인 비행 물체UFO나 귀신이 찍힌 듯한 미스터리한 자료들도 분석해 시청자들의 궁금증을 해소해주는 콘텐츠였다. 대외적으로 공표한 목적은 일상 속 범죄에 대한 경각심 제고, 예방법 공유, '증거는 반드시 찍히고 발각된다'는 경고의 전달이었고, 마음속으로 품고 있던 숨은 목적은 입이 떡 벌어지는 놀라운 분석 결과를 별일 아니라는 듯 새침한 표정과 말투로 설명하는 그만의 독특한 매력을 그앓이들과 공유하겠다는 거였다. 「영상분석보구서」는 시즌 2까지 제작된 뒤 현재는 매달 한 번씩 이슈 영상 및 그앓이 제보 영상을 분석하는 「월간 황민구」로 간판을 바꿔 달아 이어지고 있다.

시즌제로 제작하던 콘텐츠를 부러 정기 콘텐츠로 바꾼 가장 큰 이유는 황민구 소장을 자주 보고 싶어서였다. 황민구 소장과 이런저런 콘텐츠를 제작하며 자연스레 함께하는 술자리도 늘었고, 쌓여가는 소주병만큼 우정도 깊어졌다. 속내를 터놓는 사이가 되고 법영상분석가의 고충을 듣다 보니 그는 누구보다 사명감이 강하고 정의롭고 그래서 괴로운 사람이었다. 그가 하는 일은 영상에 드러난 시각적 사실만을 있는 그대로 전하는 것 뿐인데 수많은 사람이 그를 흔들고 있었다. 의뢰인은 자신에게 유리한 분석 결과를 받아보기를 원했고, 원하는 결과가 안 나오면 다른 영상분석가를 찾아 떠났다. 얼마간의 돈을 받은 엉터리 분석가들은 의뢰인이 '의뢰한 결과'를 써주었고 의뢰인은 그 결과를 들고 황 소장을 다시 찾아와 따졌다. 그러나 그는 그런 상황 속에서도 굳건함을 잃지 않았다. 내가 아는 황민구의 정의란 이런 추잡함을 비웃기라도 하듯 절대로 자기가 본 바를 왜곡하지 않는 것이다. 나아가 억울한 피해자를 위해 대가 없이 영상을 분석해주는 것, 기꺼이 재판정의 증인까지 되어주는 것이다.

나라면 그럴 수 있을까? 어느 순간부터 그에게 우정을 넘어 존경의 마음을 품게 된 이유다. 그런 그를 위해 내가 할 수 있는 일은 그가 지치지 않고 자기가 옳다고 믿는 길을 계속 걸어갈 수 있도록 영상 분석의 중요성, 법영상분석가의 역할과 고충을 알리는 콘텐츠를 열심히 만드는 것이다.

황민구 소장과 나는 주민등록상 생일이 겨우 11일 차이밖에 나지 않는 동갑내기다. 하지만 박지선 교수의 경우와 마찬가지로 소중한 관계를 오래 이어가고 싶은 마음과 그의 소신, 사명감, 직업관을 존중하고 존경하는 뜻에서 배우 정우성과 이정재처럼(?) 서로 존댓말을 써왔는데 이번에도 술김에 서로 말을 놓았고 올해부터 공식 친구가 됐다. 그전에도 술 마시면 둘이 손 꼭 붙잡고 거리를 활보하고 다니는 친구 사이였지만, 지금은 맨정신에도 카카오톡과 SNS로 애정 표현을 할 정도로 친밀도가 더 높아졌다.

황민구 소장은 명실공히 국내 최초의 법영상분석가이자 국내 최고의 법영상분석가다. 그리고 나는 그의 직업 앞에 '국내 유일'이라는 수식어를 더하고 싶다. 황민구 소장 외에도 사건 영상 분석을 업으로 삼고 있는 사람들이 있지만, 법영상분석가의 정의가 영상 속에서 진실을 찾고 그것을 있는 그대로 밝히는 것이라면 내가 아는 한 우리나라에 법영상분석가는 황민구 소장 한 명뿐이다. 그래서 민구는 외롭고, 그래서 민구는 소주를 자주 찾고, 그래서 나도 민구와 함께 소주를 자주 마시다 보니 소주가 더 좋아졌다. 민구가 더 지치기 전에 민구의 뒤를 이을 소신 있고 정의로운 제2의 황민구가 나타나길 진심으로 바란다. 그날이 오면 꼭 셋이 함께 소주를 마시고 싶다.

이순신 장군보다 더

어릴 적부터 내겐 롤 모델이 딱히 없었다. 가정과 학교에서 본받을 만한 사람을 찾는 건 결코 쉽지 않은 일이었다. 이유도 모르고 엄마와 헤어진 뒤 함께 살게 된 아버지도, 촌지를 대놓고 요구하는 담임 선생님도 존경의 대상이 될 순 없었다. 그래서 학교에서 존경하는 인물을 써내라고 하면 늘 애꿎은 이순신 장군을 소환했다. 대학에 진학해서도, 사회생활을 시작한 뒤에도 내가 롤 모델로 삼고 싶은 사람을 만나긴 어려웠고 오히려 '저렇게 되진 말아야겠다'는 생각이 절로 들게 하는 사람만 잔뜩 만났다.

지금은 감사하게도 이순신 장군 외에 존경하는 사람이 주변에 많이 생겼다. 피디라는 직업이 주는 기쁨 중 하나가 일로 다양한 분야의 새로운 사람을 사귈 수 있다는 건데, 그중에서도 「그알」과 유튜브를 하며 내가 우러를 만한 사람들을 만나게 된 건 삶에 있어 매우 큰 수확이다. 우선 박준영 변호사. 약촌 오거리 살인사건, 삼례 나라슈퍼 사건, 화성 8차 사건 등 살인 누명을 썼던 사법 피해자들의 재심을 이끌어내 사건의 진실을 밝히고 그들의 빼앗긴 명예를 되찾아준 분이다. 오로지 억울하게 누명 쓴 사람의 재심 변호만 맡으며 지금도 열 건 이상의 사건을 진행하고 있다.

그리고 이호 법의학 교수. 사실 법의학자는 신념 없인 선택하기 어려운 직업인데, 의대에 진학해놓고도 '돈 잘 벌리는' 피부과, 안과, 성형외과가 아닌 공부를 가장 오래하고도 돈은 돈대로 적게 벌리는 일을 굳이 택해야 하기 때문이다. 그렇기에 나는 이호 교수뿐 아니라 국내에 있는 예순 명의 법의학자 모두에게 경애의 마음을 품고 있다. 그러나 그중에서도 이호 교수가 법의학을 선택한 계기는 여태껏 내 심금을 울린다. 그가 의대생이었던 1989년, 민주화운동가 이철규 씨가 수원지에서 사망한 채 발견되었는데 당시 정황과 시신 상태로 보아 그의 사인은 경찰에 의한 고문치사였다. 그러나 사건은 실족에 의한 익사로 정리됐고 그렇게 의문사로 남았다. 당시 이호 학생은 이 사건을 지켜보며 '앞으로도 나는 약자의 편일 테고 사람은 계속 죽어나갈 테니, 그런 억울한 죽음에 대해서 누군가는 얘기할 필요가 있겠다'는 생각을 했고 '그게 나라면? 내가 하지 뭐'라는 마음을 먹고 법의학을 선택했다고 한다. 나는 이 이야기를 직접 들으며 큰 울림을 느꼈고 절로 존경하는 마음이 생겨 종종 그가 있는 전주에 가면 먼저 연락드리고 술을 얻어 마시곤 한다.

앞서 한 차례 소개했던 법영상분석가 황민구 소장도 내게 친구이자 존경의 대상이다. 법의학자가 시신을 부검해 사건의 진실을 밝힌다면 법영상분석가는 영상을 부검해 사건의 진실을 밝히는 사람으로, 본질적으로는 매우 비슷한 일을 한다고 볼 수 있다. 법의학자와 법영상분석가 모두 소신과 사명감 없이는 해나갈 수 없는 일이기에 그 세계를 알면 알수록 그들을 존경하지 않을 수 없다.

이 셋의 공통점은 숭고하다고도 할 수 있는 일을 하고 있음에도 결코 그것을 과시하지 않는다는 데 있다. 내가 흠모의 눈빛이나 멘트를 날릴 때면 그들은 하나같이 쑥스러워하며 대단치도 않은 일에 웬 법석이냐는 반응을 보인다. 그럼 난 그들이 보인 겸양의 미덕에 또다시 감동한다. 또 다른 공통점은 셋 다 본업을 벗어난 사석에서는 누구보다 웃긴 사람들이라는 거다. 공익을 위한 일을 하는 동시에 자신을 한없이 낮추며 주변 사람들에게 건강한 웃음까지 줄 심적 여유를 가진 그들을 좋아한

다. 그리고 그런 사람들을 바로 옆에서 지켜보며 함께할 수
있음에 감사하다.

'대지없' 그리고 '엿맘'

피디라는 직업은 필연적으로 다양한 사람과 인연을 맺게 된다. 작가, 스태프, 출연자, 매니저, 소속사 대표, 협찬 대행사……. 스태프에만 촬영 감독, 미술 감독, CG 감독, 음악 감독, 조명 감독, 종편 감독, 기술 감독, 음향 감독, 자막, 의상, 분장 담당 등 일일이 나열하기 어려울 만큼 많은 사람이 포함된다. 피디는 이 모든 이와 직간접적으로 소통하며 팀을 이끌어야 하기에 동시다발적인 데다 돌발적이기까지 한 업무 환경에서 오는 스트레스를 피할 순 없지만 그럼에도 함께 새로운 콘텐츠를 만들어가는 과정에서 만들어지는 동료애와 그것이 완성되어 세상과 만나는 순간에 피어나는 성취감은 그 무엇으로도 대체할 수 없는 큰 기쁨이다. 그래서 피디들은 밤을 꼴딱 새우며 신세 한탄을 하다가도 어느새 실실 웃으며 편집기 앞에 앉아 있고, 이깟 방송 일 때려치운다 하다가도 어느새 새로운 기획안을 쓰고 있는 광기 어린 자신을 자주 발견한다.

지난 16년간의 피디 생활을 돌아보면 나를 기쁘게 한 것도, 나를 힘들게 한 것도 결국은 사람이었다. 그토록 만들고 싶었던 예능 프로그램을 제작할 수 있는 예능국을 1년 만에 박차고 나온 것도 사람 때문이었고, 전혀 관심 없던 시사 교양 프로그램을 즐겁게 만들 수 있었던 것도 사람 때문이었다. 예능 피디에서 교양 피디가 되고, 교양 피디 중에서도 범죄 전문 피디가 되어온 과정은 내게 '어떤 일을 하느냐' 이상으로 '어떤 사람과 일하느냐'가 중요하다는 사실을, 느리지만 꽤 분명하게 깨닫는 시간이기도 했다.

내겐 정말로 함께 일하는 사람이 매우 중요하다. 콘텐츠를 만들어 선보이는 일만큼이나 새로운 팀원 뽑는 일에도 심혈을 기울이는 이유다. 경력이 필요 없는 막내 피디나 작가를 뽑을 때마저 주변에서 과하다고 할 정도로 숙고에 숙고를 거친다. 곁에서 보면 업무 능력을 그만큼 꼼꼼히 체크하는 것 같지만 길어봐야 하루도 안 되는 짧은 면접 시간 동안 그 사람이 향후 몇 년간 보여줄 능력치를 꿰뚫어 보는 건 사실 불가능하다. 내가 그때 보려는 건 단 하나다. '이 사람이 기존 구성원들과 즐겁게 일할 수 있는 사람인가.' 팀워크에 해가 되지 않을 만큼의 소양을 갖추고 있는지, 이 일을 대하는 진심이 어느 정도인지를 확인하는 거다. 이런 특성은 면접 준비를 성실히 해왔을 상대에게 전형적인 질문을 던져서는 확인할 수 없기에 얼핏 업무와 관계없어 보이는 질문과 과제를 통해 간접적으로 확인하는 편이다. 다년간의 피디 생활을 통해 우리 팀, 그리고 우리 업무에 잘 적응할 만한 사람을 가려내는 혜안이 생긴 덕에 우리 팀은 어지간한 팀보다 훌륭한 인재가 더 많은 듯하다. 나의 자부다.

내게 '가장 함께 일하고 싶은 사람이 누구냐' 묻는다면 나는 주저하지 않고 "나만큼 애정을 갖고 일할 사람"이라고 답한다. 그러나 나도 이 대답의 비현실성을 안다. 하나의 콘텐츠가 완성되는 데는 수많은 사람의 공력이 동원되지만 영상이 터져서 조명을 받는 사람도, 실패해서 비난을 받는 사람도 메인 피디다.

방송국은 소수의 공채 피디와 다수의 프리랜서 스태프들이 함께 일하는 구조인데, 공채 피디에게 기획의 기회와 제작비가 주어지면 그들은 그 자원을 활용해 프리랜서 피디, 작가, 스태프와 콘텐츠를 만든다. 크레디트credit에 제작진 모두의 이름이 올라간다고는 해도 결국 주목받는 건 '연출' 옆에 붙는 메인 피디의 이름인지라, 이런 시스템 하에서 그들이 '주인 의식'을 갖고 일에 모든 에너지를 쏟아주기를 바라는 건 엄밀히 말해 욕심이다. 일에 온정신을 쏟을 수 있는 사람은 메인 피디 한 사람뿐이며, 그래서 메인 피디만큼 애정을 갖고 일할 사람을 만나는 건 불가능에 가깝다(그럼에도 현장에는 온 마음과 온몸을 바쳐 일하는 분이 정말로 많다).

이런 비대칭적 구조 속에서 내가 현재의 팀원과 팀원 될 이들에게 해줄 수 있는 일은 팀 자체에 애정을 가지도록 업무 환경을 만들어주는 것뿐이다. 뭐 특별한 건 없다. 평소에는 맛있는 커피를 마음껏 먹게 해주고, 연말이면 팀 자체 시상식을 통해 팀원들의 노고에 감사의 마음을 표한다. 나를 포함해 팀원 모두 서로를 닉네임으로 부르고 존대하며, 나이, 연차, 직급에 관계없이 누구든 좋은 아이디어가 있으면 기획할 수 있는 환경을 만들고자 노력하기도 했다(참고로, SBS 본사에서 닉네임 제도를 활용하고 있는 팀은 「그알」 유튜브 팀이 유일하다).

「그알」 유튜브 팀의 가장 큰 자랑거리는 팀원들이 대체로 팀에 애정을 많이 느낀다는 점이다. 팀에 대한 애정도를 정확히 확인하긴 어렵지만 수치화할 수 있는 하나의 기준이 있다면 근속 기간일 텐데, 이제 만 5년이 조금 넘은 채널의 팀원 평균 근속 기간은 4년 가까이 되니 팀장으로서 더할 나위 없이 감사한 일이다. 굳이 근속 기간을 따지지 않더라도 회의나 시사 시간에 목격하는 그들의 초롱초롱한 눈빛과 들뜬 표정에서 이 일을 대하는 진심이 느껴진다. 이들과 함께하기에 출근하는 내 발걸음은 월요일에도 예외 없이 언제나 가볍다(나 혼자만의 생각일까). 어떤 날은 오늘 촬영은 얼마나 재미있을지, 오늘 회의 시간엔 또 무슨 얘기로 웃음이 터질지 기대되기도 한다.

언젠가 동료 피디가 내게 이런 질문을 했다.

"팀원들이랑 잘 지내는 비결이 뭐야?"

나는 그런 거에 무슨 비결이 있냐며 웃어넘기려 했지만 그는 진지했다. 내게서 꼭 해답을 얻고 싶어하는 눈빛이었다. 사실 이전에도 다른 선배들에게 여러 차례 들어온 질문이었다.

너희 팀은 항상 즐거워 보이더라?
너희 팀은 뭐 그렇게 웃을 일이 많은 거야?

질문이라기보다는 감상에 가까운 표현이었기에 늘 대수롭지 않게 허허 웃으며 지나쳤는데 이번엔 달랐다. 그렇다면 그 누구에게도 알려준 적 없는 나만의 숨은 비법을 알려줄 수밖에.

"너무 큰 기대를 안 하면 돼."

내 대답을 들은 그의 반응이 정확히 기억나진 않지만, 아마 별 감흥을 주진 못했던 것 같다. 하지만 나로선 질문에 대한 가장 솔직한 답을 준 거였다. 실제로 내가 팀원들과 잘 지내는 비결이 있다면 정말 그것뿐이었으니까. 앞서 방송 시스템 하에서 프리랜서 피디, 작가, 스태프들이 나만큼 일에 애정을 갖길 기대하는 건 욕심이라고 했던 것과 같은 맥락이다.

누군가에게 무언가를 기대하기 전에 내가 그 사람에게 그만큼의 기대를 갖는 것이 합리적인지를 따져보는 건 중요하다. 상대에 대한 호감과 필요 때문에 기대가 부지불식간에 커지는 순간이 있는데, 이를 이성으로 한번 제압해주는 것이다. 기대를 하는 사람과 받는 사람, 그 둘 다를 위해서다. 그런 판단이 선행되지 않은 상태에서 내 욕심만으로 상대에게 큰 기대를 걸었다가 그만한 크기의 실망을 느끼며 관계가 어그러지는 경우를 많이 봤다. 지나친 기대는 업무 관계에서 열정페이와 같은 불합리한 기만으로 이어질 수 있다. 그래서 나는 팀원들을 향한 과도한 기대를 견제하려고 하며 상식적인 기대만을 품은 채 그들이 그 기대를 충족시켜줄 땐 감사를 표하고,

그에 미치지 못하면 그의 부족한 점을 채워주고자 노력한다.

물론 여기서 말하는 '상식의 정도'는 추상적이며 누군가를 향한 기대가 무 자르듯 쉽게 마름질될 수 있는 마음은 아니기에 나 역시 때로는 팀원들을 필요 이상으로 몰아붙이고 그들에게 무리한 요구를 하기도 한다. 나는 나의 이런 한계를 인정하고 스스로 일종의 안전장치를 두었는데, 예를 들어 내가 A라는 팀원에게 100의 기대를 갖고 있다면 A가 80만 해주어도 만족해보기로 한 거다. 이게 어찌 가능하냐 싶겠지만 이런 식의 마인드 컨트롤을 꾸준히 하다 보면 놀랍게도 어느 정도는 가능해진다.

「그알」 유튜브 팀에서만 통용되는 밈이 있다. '대지없'과 '엿맘'인데, '대세에 지장 없음'과 '엿장수 맘대로 하세요'를 줄인 말이다. 썸네일, 제목, 자막 등 팀원이 만든 사항을 팀장이 확인하고 결정해줘야 하는 상황이 일상적으로 있는데, 내가 보기에 아주 마음에 들진 않지만 이 정도면 괜찮다 싶을 때 쓰던 말이 '대세에 지장 없음'이었다. 이 말을 워낙 많이 쓰다 보니 자연스레 '대지없'으로 줄여 말하게 됐고, 이제는 팀원들이 먼저 "추노님, '대지없'인가요?"와 같은 식으로 물어온다. '엿맘'은 '대지없'의 후속 표현으로, 역시 내가 워낙 자주 쓰다 보니 밈이 되었다. 이 둘을 함께 활용하면 '대세에 지장 없으니 엿장수 맘대로 하세요'라는 의미가 되는데, 의역하면 '이 정도면 괜찮으니 알아서 진행하세요'란 뜻이다. '대지없'과 '엿맘'의 저변에는 '팀원이 80만 해줘도 만족한다'는 내 신념이 깔려 있고 팀원들도 두 표현을 모두 긍정의 의미로 사용하고 있다. 이런 내 태도에 대해 주변에서는 대개 이런 반응을 보인다.

욕심내서 일해도 모자란데 그런 식으로 해서 일이
제대로 되겠어?
애정이 있으니까 기대도 하는 건데 팀원들에 대한
애정이 부족한 거 아냐?

하지만 '기대'라는 측면에서 내가 그들을 대하는 마음은 '일로 만난 사이'에서 팀장 역할을 하는 이가 지켜야 할 예의를 이행할 수 있도록 해주는 장치일 뿐, 그것이 일에 대한 내 욕심, 팀원들에 대한 내 애정에 흠집을 내진 않는다. 오히려 좋은 사람들과 더 오래, 더 즐겁게 일할 수 있는 기반이 된다. 내가 팀원, 스태프들과 채널 초기부터 지금까지 오랜 시간 즐거운 마음으로 함께 일할 수 있는 이유, 내가 이 회사를 지난 16년간 큰 불만 없이 다닐 수 있었던 이유도 여기에 있다. 사랑하지만 집착하지 않는 것. 팀원들의 자유와 재량을 인정하고 보장하는 것. 그게 내 비결이라면 비결이다. 자, 다 같이 외쳐보자. 대세에 지장 없으니 엿장수 맘대로!

저한테 감사하지 마세요

나는 기본적으로 그앓이분들에게 존경의 마음을 갖고 있다. 본방을 보면서 유튜브 콘텐츠까지 챙겨 본다는 건 사회 문제나 사회 현상, 사회적 약자, 피해자 구제 등 무거운 주제에 기꺼이 관심을 둔다는 뜻이기 때문이다. 그래서 「그알」 채널 구독자수가 늘고, 우리 콘텐츠의 조회수가 잘 나온다는 건 여타 유튜브 채널이 잘 되는 것과 분명 다른 의미를 갖는다고 생각한다. 플랫폼 특성상 매일 의무적으로 조회수, 구독자수를 확인하고는 있지만 그앓이들의 존재를 떠올리면 내가 하는 일의 의미도 되새김질할 수 있고 내가 유낳괴('유튜브가 낳은 괴물')가 되어가고 있는 것만은 아니라는 위안도 얻는다.

채널이 구독자수 175만 명의 대형 채널이 되고 내가 여러 콘텐츠에서 직접 진행까지 맡고 있다 보니 길거리나 카페, 식당, 술집 등 곳곳에서 나를 알아보고 인사하는 그앎이분들을 종종 만난다. 미술관 구석에서 몰래 조용히 방귀를 뀌었는데 직원분이 달려와 인사하거나 이사할 집을 찾아 이것저것 따져 묻는 와중에 기존 세입자분이 알은체를 하거나, 지하철 옆자리에 앉은 분과 인사를 나눈 뒤 정적 속에서 먼 길을 동행해야 하는 순간처럼 조금은 민망하고 당황스러울 때도 있지만, 연예인도 아니고 대단할 것도 없는 내게 굳이 인사를 건네는 그들을 만나고 나면, 동시에 감사의 마음을 담은 말을 듣고 나면 항상 가슴 한편이 따뜻해진다.

처음엔 이런 경험이 무척 어색했다. 「그알저알」 진행을 맡으며 유튜브 콘텐츠로 이제 막 얼굴을 알리던 때만 해도 채널은 작가도 없이 피디 서너 명이 본방에서 파생되는 스핀오프 콘텐츠 정도만 겨우겨우 내놓고 있었다. 당시에도 가끔 길에서 나를 알아보고 '「그알」 잘 보고 있다'며 인사해오는 분들을 만날 수 있었는데 매번 정말 민망하기 그지없었다. 물론 나도 수년 전 본방을 제작했지만 이제는 후배들이 그 역할을 하고 있기도 하고, 내가 하는 일이 프로그램에 기여한 바가 미미하다고 여겼기 때문이다. 그래서 나는 늘 이렇게 대꾸했다.

"아이고, 감사합니다. 저는 지금 「그알」 방송

은 안 하고 있고요. 후배들이 열심히 만들고 있는데 고생하는 후배 피디들에게 마음 잘 전달하겠습니다. 저한테 감사할 필요는 없어요. 하하.”

내게 인사를 건넨 이들은 그저 「그알」에 대한 반가움, 고마움을 표현하고 싶었을 뿐 내가 지금 본방을 만들든 유튜브 팀에 있든 상관없을 텐데 혼자 민망함을 못 이겨 괜히 구구절절 해명만 늘어놓느라 그들의 마음을 온전히 받아들이지 못했다.

「그알」 콘텐츠만 7년 넘게 만들고 있어도 여전히 감사 인사에는 쑥스러운 마음이 스멀스멀 올라온다. 대가 없이 정말 순수하게 「그알」에 열성을 가진 그들에 비해 나는 발령 나기 전까지는 에피소드 한 편 제대로 본 적 없는 무지렁이에 가까웠기 때문이다. 업무상의 이유로 「그알」을 제대로 처음 접했고, 절대 안 간다고 버티며 외면한 끝에 반강제로 끌려간 팀이 「그알」이었는데, 이런 내가 그알이분들로부터 호의를 받을 자격이 있는 걸까, 그들의 마음을 한껏 받으려면 좀더 묵직하고 똑똑한, 한마디로 뭔가 「그알」다운 피디여야 하지 않을까, 이런 송구한 마음이 무의식의 영역에 떠다니고 있었던 것 같다.

돌이켜보면 「그알」 피디로 일하던 때가 내가 직업인으로서 가장 빛나던 시기였다. 사회 문제에 큰 관심이 없었고, 그래서 그에 대한 철학도 사유도 없었을 뿐더러 꿰고 있는 사건 하나 제대로 없었던 나였지만, 그런 나의 무지가 「그알」 제작에 큰 걸림돌이 되진 않았다. 무식하면 용감해진다고 초반에는 나의 무식함이 오히려 취재할 때 장점으로 작용하기도 했다. 2015, 2016년 연달아 동료 피디들과 함께 '올해의 피디상'을 수상하는 성과도 냈고, 평균 시청률도 1등을 유지했다. 반대로 내가 가장 잘 안다고 자부했던 힙합을 주제로 한 「방과 후 힙합」은 처참한 실패를 기록하며 흑역사로 남고 말았다.

내 경험상 피디가 무언가를 만들고자 할 때, 그 무언가를 잘 아는지 여부는 그다지 중요하지 않다. 오히려 잘 알고 있는 것으로 무언가를 만들면 내용이 다소 강론처럼 흐를 여지가 크고 보는 이의 눈높이를 헤아리지 못해 공감과 이해를 이끌어내지 못할 가능성도 크다. 일방향적이어서 지루한 콘텐츠가 되는 것이다. 여러 탐사 보도 프로그램 중에서도 「그알」이 유독 애정과 관심을 오래 얻고 있는 이유 역시 취재 내용을 일방적으로 풀어내며 '그것을 알려주는 방식'이 아닌 스토리텔링을 활용해 '그것을 함께 알아가는 방식'을 택하고 있기 때문일 것이다. 교조적인 강의보다 참여형 수업이 더 흥미로운 법이니까.

그래서 피디에게 가장 중요한 태도는 '모른다

는 걸 인정하는' 태도일 것이다. 내가 모르는 무언가를 만들 때뿐만 아니라 내가 잘 아는 무언가를 만들 때도 이 태도는 유효하다. 「방과 후 힙합」의 도 피디는 힙합을 좀 아는 편이었지만 대중이 힙합 프로그램에서 원하는 게 뭔지, 힙합에 대한 대중의 이해도가 어느 정도인지는 몰랐다. 아니, 알아보려는 노력조차 하지 않았다. 피디들 중에서는 내가 그래도 힙합을 잘 아는 편 아닐까 하는 자신이 있었고, 그래서 다른 의견을 귀 기울여 듣지 못했다. 「그것이 알고싶다」의 도 피디는 자신이 시사적이지 않다는 사실을 너무나 잘 알고 있었다. 그래서 자신이 취재하는 게 무엇이든 그것을 더 잘 알기 위해 현장에서 부딪혀가며 배웠고, 그 과정에서 얻은 날것의 정보와 통찰을 영상에 담기 위해 애썼다.

많이 아는 것보다 덜 아는 게 더 나을 때도 있는 법이다. 그러니 무지했던 나의 그때를 더는 부끄러이 여기지 않으려 한다. 그리고 이런 이유를 들어 이런 다짐도 해보고자 한다. 앞으로는 그얗이분들의 인사를 마냥 말쑥한 얼굴로 기쁘게 받아야지. 왜냐하면 우리는 현재 같은 궁금증과 같은 관심사를 가진 비슷한 사람들이니까.

마치며

피디는 특별한 직업처럼 보이지만, 뜯어보면 방송사 조직의 일원으로 회사의 수익을 위해 일하는 월급쟁이일 뿐이다. 나는 월급쟁이치고 꽤 강하게 윗선에 주장을 피력하고 내가 하고 싶은 일과 하기 싫은 일을 솔직하고도 정확하게 표현하는 편이었다. 그런 내가 교양국에서 수년간 이것만은 못 하겠다고 외쳤던 「그알」과 누구보다 오랫동안 동고동락하고 있다. 내가 정말 하고 싶은 게 무엇인지, 내가 잘하는 게 무엇인지 나조차 모르는 것 같다. 잘 안다고 착각하며 살 뿐.

16년 전 피디 공채에 합격한 뒤 예능국, 교양국을 거쳐 유튜브까지 하게 된 나는 나도 나를 모른다는 사실을 인정하기로 했다. 내가 어떤 사람인지 섣불리 단정 짓고 울타리를 치기보다는 그게 뭐든 부딪

421

혀가며 내가 어떤 사람인지 알아가는 과정의 중요함을 깨달았기 때문이다. 그 과정은 곧 성장과 배움의 시간이었다. 삶에서 성장과 배움만큼 큰 즐거움이 있을까. 본의 아니게 차선을 변경하고 경로를 이탈하며 포장이 덜 된 도로를 달려왔지만, 그래서 그 여정이 즐거웠던 것인지도 모르겠다.

이제는 나를 둘러싼 모든 것을 그대로 받아들인다. 지금껏 내가 가장 많은 시간을 쏟은 것도, 가장 잘하는 것도 결국「그알」에 있다는 것. 지금 하는 일이 그 어느 때보다 즐거우며 이 일을 함께하는 사람들이나 만나게 된 사람들 모두가 좋다는 것.

이 책을 쓰는 동안 나와 함께 카페 이곳저곳을 전전해준 아내에게 애틋한 마음을 전한다. 나의 기억이 되어준 동료들에게도 감사를 보낸다. 자신의 이야기를 책에 담을 수 있도록 기꺼이 허락해준 분들에게도 고마운 마음을 전한다. 내 주변 모든 이의 호의와 선의에 빚지며 살아왔음을 책을 쓰며 다시 한번 절감했다.

앞으로도 나는 계속해서 나를 알아갈 것이다. 알아가기를 피할 수 없을 것이다. 몇 년 뒤의 내가 어디에서 어떤 일을 하고 있을진 모르겠지만, 목적지를 모르고 덜커덩덜커덩 달리는 내 여정이 왠지 모르게 지루하진

않을 것 같다.

스릴 너머

초판인쇄 2024년 8월 23일
초판발행 2024년 9월 2일

지은이   도준우
펴낸이   강성민
편집장   이은혜
책임편집   박지호
마케팅   정민호 박치우 한민아 이민경 박진희 정유선 황승현
브랜딩   함유지 함근아 박민재 김희숙 박다솔 조다현 정승민 배진성
제작   강신은 김동욱 이순호

펴낸곳   (주)글항아리
출판등록   2009년 1월 19일 제406-2009-000002호

주소   10881 경기도 파주시 심학산로 10 3층
전자우편   bookpot@hanmail.net
전화번호   031) 955-2689 (마케팅) 031) 941-5157 (편집부)
팩스   031) 941-5163

ISBN   979-11-6909-294-4 03680

www.geulhangari.com